Anonymous

Kunst und Handwerk

2. Band

Anonymous

Kunst und Handwerk
2. Band

ISBN/EAN: 9783743632592

Hergestellt in Europa, USA, Kanada, Australien, Japan

Cover: Foto ©Thomas Meinert / pixelio.de

Weitere Bücher finden Sie auf **www.hansebooks.com**

Kunst und Handwerk.

Ein Roman

vom Verfasser der

„Abenteuer eines Emporkömmlings."

Zweiter Band.

Frankfurt a. M.
J. D. Sauerländer's Verlag.
1861.

11. Capitel.

Das Haus Blaguéoni. Geschichte eines Unberühmten, durch den Andere zur Berühmtheit gelangen.

In einer der vielen kleineren Zwischengassen, welche die großen, zwischen dem boulevard des Italiens und der rue Rivoli liegenden Hauptstraßen verbinden, befindet sich das bureau de musique, zugleich — wie auf dem kolossalen Aushängeschilde zu lesen, — agence internationale des théatres, agence de la maison transantlatique Wind & Co., agence de concerts etc. — der Herren Blaguéoni & Comp. Diese Männer rühmen sich, großen und weitausgreifenden Einfluß auf die musikalischen Angelegenheiten der „capitale du monde" auszuüben, und wie Homer sagt, „sie behaupten den Ruhm."

Bevor die Herren Blaguéoni & Comp. sich ganz dem Dienste Polyhymniens weihten, hatten sie in ihrer Heimat — dem Hauptorte eines südlichen Departements — einen nicht unerheblichen Handel mit Südfrüchten getrieben, dabei aber — vielleicht im Vorahnen der künftigen Größe — immer eine gewisse Vorliebe für Musik gezeigt. Sie waren die eifrigsten Besucher der cafés chantants, und so oft sie nach Paris gingen, um Contrakte über Lieferungen von Oliven und getrockneten Pflaumen abzuschließen, verschafften sie sich Freimarken zu den dortigen Concerten, kauften Contremarken vor den Theatern, wodurch sie die letzten Akte mancher Opern um ein Drittel des Eintrittspreises zu sehen bekamen, und brachten die neuesten Quadrillen von Musard, oder Arrangements von Auber'schen und Bellini'schen Opern für die musikalischen Damen ihrer Kundschaft mit. Auf diese Weise lernten sie die Handgriffe des Musikalienhandels kennen, vorerst nur in kleinem Maßstabe und in beschränktem Kreise, bis ein zufälliges Ereigniß sie veranlaßte, ihre Thätigkeit weiter zu entfalten.

In dem Hause eines reichen Pariser Epicier, dem die Herren Blaguéoni & Comp. alljährlich Orangen und muscat de lunel lieferten, wohnte ein deutscher Musiker. Der Mann war, geblendet von den glänzenden Beschreibungen des Pariser Musiklebens, womit alle deutschen Zeitungen damals ihre Spalten füllten, begeistert von der Idee, daß Beethoven's Symphonien in Paris den größten Triumph gefeiert hatten, nach der Weltstadt gekommen, um sich daselbst niederzulassen.

Er suchte weder Ruhm noch Reichthümer, seine Wünsche waren bescheiden, und doch nicht erreichbar, weil sie andere Verhältnisse bedingten als die in den eleganten Kunstkreisen vorherrschenden.

Er war zuerst Klavierlehrer in der kleinen deutschen Residenz Zopfheim gewesen und hatte viel Unterricht in den Familien jener Klasse großer Herrn ertheilt, die zu allen Zeiten von denselben Grundsätzen geleitet und von denselben Ansichten über gesellschaftliche Verhältnisse ausgehend, den Künstler, vorzugsweise aber den Tonkünstler, im günstigsten Falle als Modeartikel des eleganten Lebens betrachten, sonst aber als Zerstreuungsmittel oder endlich als ein Individuum, das man manchmal für die Erziehung der Kinder braucht, und mit dem man den Gewohnheiten und Vorurtheilen unserer „aufgeklärten" Zeit gemäß, etwas höflicher umgehen muß, als mit den Lakeien. Ein Hauptrepräsentant dieser Klasse war der oberste Direktor der Hofkapelle, der zugleich die hohe Stellung eines Generals der Zopfheim'schen Armee einnahm. Er verstand zwar gar nichts von Musik, und das ist insofern nicht auffallend, als an den meisten Höfen, und vorzugsweise an den deutschen, die unwissendsten Hofschranzen zu Leitern von Kunstinstituten berufen werden; dieser zeichnete sich aber noch insofern vor Anderen aus, als er es im Dienste Bellonen's nur bis zum Oberstlieutenant und

Hofkapelldirektor gebracht hatte, dagegen als Hofkapelldirektor, also quasi im Dienste Polyhymniens zum General avancirte.*) Zuerst hatte er während der Befreiungskriege im Reservekorps gedient; er war ein einziger Sohn, und mußte sich als solcher seinem Stamme erhalten. Als nach dem Sturze des korsischen Usurpators — dessen treuester Anhänger der Regent von Zopfheim war, so lange der Stern von Wagram und Austerlitz leuchtete, — die legitimen Wachparaden wiederbegannen, zeichnete sich der inzwischen bis zum Hauptmann avancirte Held des Reservekorps durch jenen besonderen Diensteifer aus, der, neben der Frömmigkeit, in vielen Gegenden Deutschlands zu den höchsten Stellen führt. Sein scharfes Auge entdeckte jeden nicht ganz

---

*) Der Verfasser versichert dem Leser, daß ihm bei dieser Beschreibung durchaus keine bestimmte Persönlichkeit vorschwebt; als besten Beweis für diese seine Versicherung stellt er die Behauptung auf, daß wohl in einem halben Dutzend deutscher Residenzen jene Hof= und sonstigen Musiker, die überhaupt etwas Anderes lesen, als lobende Berichte über ihre, und tadelnde über fremde Leistungen, und denen dieses Buch in die Hände fallen sollte, in dem hier entworfenen Porträte das *ihres* Hofintendanten zu erblicken meinen werden. Wem übrigens die Schilderung übertrieben oder gehässig erscheinen sollte, der lese die Autobiographie des einst hochberühmten großen Sängers Franz Wild, und zwar *die Capitel, wo er seine Erlebnisse an den Höfen zur Zeit seines höchsten Ruhmes* erzählte, oder erkundige sich nach dem Schicksale des ehemaligen Kapellmeisters J. Bott in Cassel.

blankgeputzten Knopf auf dem Rocke des Soldaten und
in Angelegenheiten von passe-poils, Gamaschen, Auf=
schlägen ꝛc., die in unserem Vaterlande noch heute (1860)
nichts von ihrer Wichtigkeit verloren haben, war er
Orakel. Bald stieg er bis zum Oberstlieutenant, und
der Regent von Zopfheim, der sich viel mit allgemeinen
Reform= oder vielmehr Uniformplänen beschäftigte, über=
trug ihm nach dem Tode des bisherigen Hofkapelldirek=
tors dessen Stelle. In dieser vollbrachte er ein Werk,
durch das er allgemeine Bewunderung der Hofleute, und
die höchste Gnade seines Herrn errang. Er gewöhnte
die Hofmusiker an Disciplin in derselben Weise, als er
früher die Rekruten für den Militärdienst trainirt hatte.
Sie durften vor den höchsten Herrschaften wie vor ihm
nie anders als in voller „Montur", den Frack bis an
den Hals zugeknöpft, und mit „vorschriftsmäßiger" Kra=
vatte erscheinen, und mußten auch in diesem Aufzuge,
selbst in der größten Hitze, ihren „Dienst verrichten".
Kommen und Gehen, Niedersitzen und Aufstehen war
nach Reglement festgesetzt, im Orchester durfte sich Keiner
umwenden, um das Pulikum zu betrachten, Keiner in
den Hofconcerten die Augen von seinem Notenpulte ab=
wenden. Um dieser Einrichtungen willen erhielt der Hof=
kapelldirektor als Beweis der gnädigen Huld und Zu=
friedenheit seines Monarchen den Oberstenrang; als aber
gar bei Anwesenheit eines fremden Fürsten die Kapelle,
nach dem Mittagessen zum Musiziren kommandirt, in
militärischer Ordnung vorbeidefilirte — der Kapellmeister

voran, die Mitglieder zu zweien nebeneinander in gleicher
straffer Haltung, den Kopf links nach den Herrschaften
gewandt, die Instrumente und den Bogen anderthalb
Zoll über dem Knie haltend — da ließ der entzückte
Regent gleich am andern Morgen seinen lieben Obersten
herbeirufen, um diesem für die ihm und dem fremden
hohen Gaste bereitete, in ihrer Art einzige Ueberraschung,
zu danken, und belohnte ihn auch in Bälde, am Tage
des höchsten Geburtsfestes durch Beförderung zum General.
Inzwischen hatte der fremde hohe Gast, der einiges Ver=
ständniß für Musik besaß, die drei besten Mitglieder der
Zopfheim'schen Kapelle in seine Dienste berufen, wo sie
etwas besser bezahlt wurden, und in offenem Fracke und
in leichter weißer Cravatte musiziren durften. Dafür
priesen sie ihn auch bis zu seinem Tode als den liebe=
vollsten und gnädigsten Herrn in Deutschland; die Zopf=
heimer hingegen haben im Jahre 1848 arg rebellirt,
trugen deutsche Röcke, buntfarbige Halstücher mit weit
umgelegten Halskragen, runde Hüte und langes Haar,
und besuchten demokratische Clubbs. Als der Umschwung
eintrat, wurden sie wieder loyale Unterthanen, und waren
froh, bei der Reorganisation der Hofkapelle, die mit
andern Dingen zu gleicher Zeit restaurirt ward, ihre
Stellen mit verminderter Besoldung — der Staats=
haushalt verlangte diese Oekonomie — wieder erlangen
zu können. Doch ist ihnen die Errungenschaft des
schwarzen Fracks und einer weniger steifen Cravatte ge=
blieben. Und nun kehren wir zu der Geschichte des

deutschen Musikers, der im Hause des Pariser Epicier wohnte, zurück.

Er hatte die talentvolle Tochter des Zopfheimer Generals und Hofkapelldirektors unterrichtet. Dieser mochte ihn nicht leiden, weil er nicht zur Hofkapelle gehörte, daher den Vorschriften des Reglements nicht zu gehorchen brauchte, anderseits aber auch nicht leicht entbehrt werden konnte, da er nicht bloß den besten Unterricht ertheilte, sondern auch die Töchter des Hofmarschalls und des Oberstjägermeisters zu seinen Schülerinnen zählte, und zwischen den Musik-treibenden jungen Hofdamen große Rivalität bestand.

Unser Freund war ein stiller bescheidener Mann; er besaß aber etwas von jenem Künstlerstolze, welchen die vornehmen Herren nur dann ertragen, wenn er mit den weltmännischen Manieren, die allein ihnen einigermaßen imponiren, vereinigt erscheint, sonst aber von ihnen als Bettelstolz verhöhnt und verfolgt wird.

Der General wollte eines Tages dem Musiklehrer gegenüber denselben Commando-Ton anschlagen, auf den er die Kapelle dressirt hatte; er fand Widerstand, es kam zu einer Scene, und der Künstler, dem es einleuchtete, daß er nicht gut mehr in einer kleinen Residenz bleiben könne, wo der mächtigste Höfling sein erbittertster Feind war, entschloß sich rasch, den schon lang gehegten Plan der Reise nach Paris auszuführen. Er hatte sich ein Sümmchen erspart, mit dem er bis zur Feststellung seines Erwerbs auszukommen gedachte. Er suchte in

Paris, dem gepriesenen Eldorado der Intelligenz, nichts als eine von Launen der Großen und von ihren täglichen, willkürlichen und unwillkürlichen, Demüthigungen unabhängige bescheidene Existenz; und er hoffte diese um so zuverlässiger zu finden, als manche seiner deutschen Collegen, die wenig Bedeutendes leisteten, als chef d'orchestre, oder als Lehrer in Instituten und als Componisten für die Jugend — wie wird doch dieser Ausdruck mißbraucht! — nicht nur eine bescheidene, sondern verhältnißmäßig glänzend zu nennende Stellung, die sie auch in ihren Briefen in den lebhaftesten Farben schilderten, gefunden hatten. An diese Landsleute wandte er sich auch bei seiner Ankunft zuerst, in der Ueberzeugung, sie würden ihm mit Rath und That beistehen; mit diesem Schritte begann eine Reihe bitterer Enttäuschungen.

Diese Herren hatten, nach den löblichen Gewohnheiten der Deutschen — die ehrenwerthen Ausnahmen sind leider sehr selten — im fremden Lande alles Deutsche abgestreift, und suchten ihr höchstes Ziel darin, Manieren und Unmanieren des Volkes, unter dem sie lebten, nachzuahmen, um vielleicht für einen Eingebornen zu gelten. Anstatt dem Landsmanne Rath und Aufschluß über künstlerische Verhältnisse zu ertheilen, belehrten sie ihn vor Allem, wie er sich kleiden, sich in Kaffeehäusern und an der table d'hôte benehmen, wo er wohnen, wann er essen und trinken solle; sie machten ihn auf seine schlechte Aussprache des Französischen aufmerksam, wenn er je vous brie, je barle, trés pien sagte, sie bemerkten

ihm, daß er eine leichtere degagirtere Haltung annehmen
müsse, um den Franzosen nicht als lourdeau zu erscheinen, sie fanden immer an ihm auszusetzen, umzu-
modeln, und versäumten keine Gelegenheit, ihr Geschick
mit den Leuten umzugehen, ihren „chic" ihren „fion" zu
rühmen. Der ruhige, bescheidene Mann ertrug das plumpe
Schwadroniren seiner Landsleute, worin so viele Deutsche
die leichte französische „blague" nachzuahmen vermeinen, geduldig und nachsichtig; wenn es ihm unleidlich
zu werden drohte, dann dachte er an die Dressur der
Zopfheimer Hofkapelle, und daß ein überlauter freier
Mensch doch noch immer eine angenehmere Erscheinung
sei, als der stumme Knecht. Erst als sie im Uebermuthe und in der Ueberschätzung des fremden Landes
auf Unkosten des eigenen so weit gingen, daß sie selbst
die deutsche Tonkunst herabsetzten, deren ernste Richtung
verhöhnten, von veralterter Mozart'scher und Haydn'scher,
langweiliger Spohr'scher Musik sprachen, Auber, Adam
und die Italiener als die Männer priesen, welche die
Zeit verstünden — wobei es natürlich an selbst-
gefälliger Andeutung über die eigene Wirksamkeit und
über das Talent, „gangbare Compositionen" zu schreiben,
nicht fehlte — da empörte sich der Künstler in ihm,
und er brach für immer mit den Renegaten.

Nicht mit Unrecht dachte er, daß eine derartige gemeine Wichtigthuerei eigentlich nur Leuten eigen ist, die,
durch ihre Fähigkeiten auf eine untergeordnete Stellung
angewiesen, sich durch günstige Verhältnisse zu einer

höheren empor geschwungen haben; bei den großen, berühmten Künstlern hoffte er bessere Aufnahme und höhere Anregung zu finden. Diese wurde ihm auch in vollem Maße zu Theil; es darf den Vorkämpfern der romantischen Schule jener Zeit nicht abgesprochen werden, daß sie nicht bloß die oberflächliche weltmännische Lebensart der heutigen Virtuosen zur Schau trugen, sondern daß wahre Bildung und Collegialität bei den meisten unter ihnen zu finden war. Aber sie konnten nichts für ihn thun, sie waren nur allmächtig in ihrer Clique, und für diese taugte er freilich nicht.

Als Musiker war er keine Specialität, als Mensch besaß er nicht viel „esprit", hatte etwas unbeholfene, eckige Manieren, war mäßig, sparsam, und weit entfernt von der wüsten Genialität, die unter den Epigonen Byron's herrschte. Er wußte nichts von Saint Simonistischer Lehre, von Emanzipation des Weibes, von phalanstère; und all' die sozialistischen Comödien, die mit der Emphase und dem lächerlichen Pathos gespielt werden, dessen nur die Pariser fähig sind, wenn sie einmal aus dem Bereiche des Praktischen und Positiven herausgehen, befremdeten ihn, schüchterten ihn ein, und widerten ihn zuletzt an. Er zog sich — schweren Herzens — auch von diesen Bekanntschaften zurück, und war in dem großen Strudel des Pariser Lebens gar bald vergessen.

So vergingen Monate; seine Mittel versiegten nach und nach. Deutsche junge Kaufleute, die er zufällig in

dem Gasthause, wo er sein bescheidenes Mittagsmahl
einnahm, kennen lernte, empfahlen ihn als Musiklehrer
in Handelshäusern zweiten und dritten Ranges, mit
denen sie in Verbindung standen; die ganz unbedeutenden
Honorare aber, die er, zumal als ganz Unbekannter und
als Fremder erhielt, reichten nicht hin, seine bescheidenen
Bedürfnisse zu decken; er mußte von der ersparten Baar-
schaft, die er mitgebracht, zuschießen. Gerne wäre er
nach Deutschland zurückgekehrt, aber falsche Scham, und
Hoffnung, die beiden verschwisterten Feindinnen des
Irrenden, hielten ihn zurück.

Die getäuschten glänzenden Erwartungen, die eigene
Scheu und Unbeholfenheit, die ungewohnte Pariser Lebensweise, die einerseits den deutschen behaglichen Gewohnheiten des Oft-Essens und der gemüthlichen Wirthshaus-
Gesellschaftlichkeit widerspricht, anderseits durch die allgemeine fieberhafte Beweglichkeit, durch immerwährenden
Wechsel der Erscheinungen, durch die lärmenden Vergnügungen, durch den Taumel der Lustbarkeit, durch
Verwandeln der Nacht zum Tage, die Nerven in immerwährender Spannung erhält — ja selbst der Conversationston der Pariser, die Ernstestes mit Leichtigkeit und Leicht-
fertigkeit besprechen, und dem Unbedeutendsten, wenn das
trügerische Licht der Mode es beleuchtet, Wichtigkeit
beilegen und Aufmerksamkeit widmen — alles dieß drückte
den armen deutschen Klavierlehrer nieder und schwächte
seinen Muth. Seine Verhältnisse wurden immer miß-
licher, die Hoffnung auf Besserung schwand immer

mehr — der Moment endlich, wo diese Hoffnung wieder aufzuleben schien, war es — wie das im Leben nur zu oft vorkommt — der ihre letzte Kraft verzehrte.

Ein berühmter deutscher Künstler, ein Koryphäe der Romantiker, begegnete ihm eines Tags Abends auf dem Boulevard und erkundigte sich angelegentlich und freundlich nach seinen Erlebnissen in Paris. Er benutzte die Gelegenheit und deutete behutsam und bescheiden die mißliche unverschuldete Lage an, in der er sich befand. Der Künstler drückte in warmen Worten aufrichtiges Bedauern aus; „aber,‟ meinte er, „ich bin wahrhaftig in diesem Augenblicke nicht besser daran als Sie, lieber College; ich und mein Freund‟ — er nannte einen gleich ihm gefeierten Künstler — „haben vorgestern unser letztes Geld auf ein Souper verwandt, das wir einer Compagnie Recensenten, Blaustrümpfen, Dichterlingen und sonstigen Lärmmachern schon seit langer Zeit so zu sagen schuldeten. Wenn ich Ihnen mit dem Kredit, der mir bei Véry und Haumann*) offen steht, dienen kann, so verfügen Sie ohne Scheu darüber. Aber in Bezug auf andere Hilfsmittel kann ich Ihnen nur sagen: nous tirons tous le diable par la queue. Doch erzählen Sie mir, wie und warum sind Sie eigentlich nach Paris gekommen?‟

---

*) Für die Leser, welche in den Details des Pariser Lebens weniger bewandert sind, bemerken wir, daß Véry ein altberühmter Restaurant mit theuren Preisen ist, und Haumann einst der Mode-Schneider war.

Der arme Musiklehrer, den das Wort College aus dem Munde eines so berühmten Mannes überglücklich und alle Leiden vergessen machte, legte seine Gründe und Hoffnungen in lebhafteren und entschiedeneren Worten dar, als er in jeder anderen Stimmung gewagt hätte. Der berühmte Mann hörte ihn aufmerksam an. Als jener von der Hoffnung einer freien künstlerischen Eristenz sprach, die ihn nach Paris geführt hatte, lächelte er mitleidig und sprach:

"Ich will Ihre schönen Illusionen nicht ganz zerstören; vielleicht gelingt es mir und einigen Freunden, denen ich, ohne indiskret zu sein, das was Sie mir mitgetheilt haben, vertrauen darf, Ihnen eine sorgenfreiere Zukunft zu bereiten. Einstweilen fassen Sie Muth, Sie wissen: Apollo und Plutus kehren gar selten in der Wohnung Eines Sterblichen ein."

Mit diesen Worten verließ der berühmte Musiker den unberühmten Collegen, und dieser, von Dankgefühlen und Hoffnungen erfüllt, gewährte sich den langentbehrten Genuß, unter Landsleuten und Bekannten ein Glas Wein zu trinken. Er ging nach dem kleinen Gasthause, wo sich fast allabendlich einige deutsche Gewerbsleute und Kaufleute kleineren Schlages versammelten. Ihnen erzählte er, wie gut, wie freundlich der berühmte Landsmann gegen ihn gewesen, sie stießen auf dessen Wohl an, sangen deutsche Lieder, und froh und vergnügt trennten sie sich.

Nach diesem freudigen Abend vergingen mehrere

Wochen, ohne daß dem deutschen Musiklehrer irgend eine Kunde ward, daß der berühmte Landsmann sich seines Versprechens erinnert hätte. Ihn aufzusuchen scheute er, er wollte nicht unbescheiden erscheinen. So harrte er geduldig und hoffnungsvoll einer Nachricht.

Während dieser Zeit verfiel einer seiner wenigen Schüler in ein Scharlachfieber, und die Eltern der andern, die dieß erfuhren, unterbrachen in der Angst vor etwaiger Ansteckung den Unterricht ihrer Kinder für einige Zeit. Er verkaufte das wenige Entbehrliche das er besaß. Der Erlös, der um so geringer war, als er dem Käufer gegenüber seine gedrückte Stimmung nicht zu verbergen verstand, reichte für weitere zwei Wochen hin, dann waren alle Quellen versiegt.

Er ging den harten Gang nach der Wohnung des berühmten Landsmannes, um durch seinen Besuch die Erinnerung an das gegebene Versprechen zu erwecken. Er fand den Künstler um zehn Uhr Morgens noch im Bette, vom nächtlichen Gelage ermüdet, abgespannt, einsylbig, fast mürrisch; ganz erschrocken entfernte er sich schnell, ohne ein Wort von den drückenden Verhältnissen, die ihn hergeführt, zu sprechen. Sein Muth sank gänzlich. Der Gedanke, sich an irgend einen Bekannten um ein Darlehen zu wenden, war ihm schrecklich; und läßt sich denn auch für einen braven, soliden, wenig unternehmenden Mann, der sein bisheriges Leben hindurch in Ausgaben und Einnahmen die größte Ordnung gehalten, etwas Qualvolleres denken, als in fremdem

Lande, nach kurzem Aufenthalte, Schulden machen zu müssen?

Zwei Tage lang kämpfte er, um die Scheu zu besiegen, wollte diesen oder jenen, der ihm freundlich gesinnt schien, ansprechen, aber es gelang nicht — das Wort erstarb auf der Lippe, er schwieg und — hungerte. Endlich als die Noth auf's Höchste gestiegen, als der Muth gänzlich gebrochen war, mußte er, um Brod zu kaufen, den Schritt thun, den er bisher vermeiden zu können gehofft — er mußte sich von seinem letzten, seinem theuersten Gute trennen. Er besaß eine reichhaltige musikalische Bibliothek, worunter eine Sammlung ziemlich werthvoller Partituren, von älteren und neueren Oratorien, Opern und Symphonien, die Frucht theils angestrengtesten Fleißes — er hatte viele derselben selbst aus den Einzelstimmen zusammengestellt — theils jahrelanger Sparsamkeit, die allein ihm den Ankauf dieser von jeher kostspieligen Musikaliengattung ermöglicht hatte. Wie bereits erzählt, hatte er alles Verwerthbare geopfert, nur seine Bibliothek, sein Palladium, glaubte er nicht angreifen zu müssen. Wenn er sich in die Mysterien einer Messe von Palestrina vertiefte, vergaß er eine Zeit lang das Elend, das ihn umgab, das immer dräuender, immer grausamer den ehernen Faden um ihn schlang. Nun schwand der letzte Trost.

Der arme Musiker schämte sich, seine Bibliothek einem Musikalienhändler persönlich zum Verkauf anzubieten; von dem Versuche, sich an einen der bedeuten=

deren Virtuosen, die er kannte, zu wenden, um wenigstens den Schatz in würdige Hände zu bringen, hielt ihn die Erfahrung, die er an dem berühmten Landsmanne gemacht, zurück. Von den Musikern kleineren Schlages endlich hatte er zu viel Spott darüber, daß er sich mit „dergleichen altem Zeuge abgebe," ertragen müssen, als daß er ihnen gegenüber nur ein Wort von seiner Lage und von dem beabsichtigten Verkaufe gesprochen hätte. Der Moment drängte. Er fand einen Weg, der ihm bequemer und weniger demüthigend dünkte, der aber — wie das in ähnlichen Verhältnissen nur zu häufig der Fall ist — der vom Ziele entferntteste war.

Der Sohn des Epicier, bei dem er wohnte, war eine Art von Literat, der für kleinere Journale Kritiken über die Vaudevilles und Farcen schrieb, die in den Pariser Theatern zweiten, dritten und gar keinen Ranges aufgeführt werden, dabei jedoch über alle Kunstfächer apodiktische Urtheile fällte.

Er hatte sich, als der deutsche Musiker die bescheidene Wohnung im obersten Stockwerke bezog, an ihn gedrängt, und ihn durch seine Erzählungen von den vielen berühmten französischen Tonkünstlern, die seine Freundschaft und sein Lob suchten, einen Augenblick verblüfft. Als er sah, daß der neue Miethmann kein Mensch war, der zu irgend einer Ostentation gebraucht werden konnte, keine Specialität, sondern ein ganz gewöhnlicher ehrenwerther Mann, und daß er nicht einmal für hochtrabende Phrasen empfänglich war, bekümmerte er sich weiter nicht um ihn.

An Diesen wandte sich nun der arme Musiker mit der Bitte, er möge ihm bei seinen vielen Verbindungen mit hochgestellten und berühmten Musikern zum Verkaufe der Bibliothek behilflich sein. Der Krämerssohn versprach natürlich Alles mit Leichtigkeit, nannte in einem Athem eine Menge berühmter Musiker, zu denen er in vertrautester Beziehung stünde, und bei denen seine Verwendung genügen würde, um sie zum Ankauf der Bibliothek zu bewegen.

In Wahrheit jedoch befand er sich in nicht geringer Verlegenheit. Er hatte noch mit keinem der berühmten Männer je ein Wort gewechselt. Diese sandten ihm hie und da bei der ersten Vorstellung ihrer neuen Opern eine Eintrittskarte, damit er die Claque verstärke, ließen ihm auch manchmal von ihrem Agenten ein Souper bezahlen, um einen Lobpreiser mehr zu gewinnen; aber weiter reichten seine Beziehungen zu ihnen nicht; denn er besaß damals weder den Ruf in der Journalistik noch die Bedeutung für die Künstler, zu der wir ihn später gelangt sehen werden.

Uebrigens war er in allen Angelegenheiten, wo nicht die Eitelkeit oder Gewinnsucht angeregt ward, ein ganz guter Kerl, und hätte dem armen Musiker, dessen Lage, wenn er sie auch ihrem ganzen Elende nach noch nicht kannte, ihm doch eine sehr mißliche schien, recht gerne einen Dienst geleistet.

Er verfiel auf den Gedanken, sich an die Herren Blaguéoni zu wenden, die eben nach Paris gekommen

waren, um ihre Contrakte über Lieferung von Süd=
früchten und Muskatweinen abzuschließen, und dabei ihre
musikalischen Nebengeschäfte auszuführen. Durch seine
dringenden Vorstellungen brachte er es dahin, daß sie
einige der Partituren, welche der Musiker als besonders
werthvoll bezeichnet hatte, dem Verleger, bei dem sie ihren
gewöhnlichen Bedarf an Quadrillen und airs variés
kauften, zur Beurtheilung zeigten. Dieser, dem die
Namen Orlando di Lasso*) und Benedetto Marcello nicht
bekannter waren, als der Inhalt der Zend-Avesta, wies
sie an einen berühmten Componisten, d. h. dessen Werke
eben am besten bezahlt wurden, und dessen Urtheil er
als maßgebend bezeichnete.

Der berühmte Tondichter hatte während seiner Studien=
jahre einmal einen Orlando di Lasso nennen hören, der
vor dreihundert Jahren aller Arten Vocal=Compositionen
componirt, und einen Benedetto Marcello, der Psalmen
David's in Musik gesetzt hatte; weiter ging seine Kennt=
niß auch nicht. Als ihm die Herren Blaguéoni die
Partituren zeigten, blätterte er flüchtig darin, lächelte
vornehm, und meinte: „Wer soll heutzutage dergleichen
Zeug singen?"

Die musikalischen Südfrüchtehändler wollten nach dem
Urtheile des Künstlers, den sie am höchsten schätzten,
nichts weiter mehr von dem Ankauf der Bibliothek hören;

---

*) Oder vielmehr Roland de Lâtre, wie neueren Forschun=
gen zufolge der eigentliche Name des großen Meisters lautete.

doch der Journalist, der sich einmal vorgenommen hatte, dem armen deutschen Musiker zu helfen, gab sein Vorhaben nicht auf.

Er verstand unter all' den in diesem Kapitel Vorgeführten am wenigsten von Musik, aber — er kannte die Menschen; er wußte, daß sein deutscher Protégé ihm nichts Unbedeutendes gerühmt haben würde, und daß der große französische Componist zu jenen gehörte, die nur für die eigene Musik Ohren haben. Er stellte dieß den Herren Blaguéoni in so eindringlicher Weise und so lange vor, bis sie sich endlich zu einem letzten Versuche herbeiließen. Sie gingen nach der öffentlichen, (damals königlichen, später republikanischen, jetzt kaiserlichen) Bibliothek, und boten die Partituren scheinbar zum Verkaufe an. Der Kustos der musikalischen Abtheilung, ein gründlicher Kenner der Musik-Literatur, und der eben die Sammlung der Werke des Orlando di Lasso zu vervollständigen suchte, stellte den Herren Blaguéoni für die geschriebenen Partituren, die sie ihm zeigten, ein so günstiges Angebot, daß sie mit ihrem merkantilischen Scharfblicke sogleich erkannten, daß ein vortheilhafter Handel zu machen sei, und einen raschen Entschluß faßten. Ohne den Journalisten, den Vermittler zwischen ihnen und dem Musiker, zu benachrichtigen, eilten sie zu dem letzteren, und feilschten und schacherten so lange, bis sie von dem Bedrängten die ganze Bibliothek um den Preis erstanden, der ihnen für die Werke des Lasso allein geboten worden war. Dann gingen sie nicht zu dem Kustos, sondern zu einem großen und reichen Herrn, der ein Verehrer altklassischer Vokalmusik und Präses einer Dilettantengesellschaft war, die sich ausschließlich mit jener Gattung beschäftigte; und dieser, der gerne als großer Kenner galt, bezahlte ihnen, als sie sich auf das Urtheil des Kustos beriefen, — den er nicht befrug, um als Selbstcompetenter zu erscheinen — einen sehr hohen Preis für die angebotenen Musikalien. Zu spät erfuhr der Journalist, der Sohn des Epicier, wie sehr sein deutscher Protégé übervortheilt worden war; er war heftig erzürnt, und wollte moralische Entrüstung zeigen, doch die Herren Blaguéoni beschwichtigten dieselbe durch ein delikates Diner, das sie ihm und seiner Freundin offerirten.

Was aber that der deutsche Musiker? Als er am Abend nach dem Verkauf seiner Bibliothek nach Hause kehrte und die Stelle, wo sein Altar, seine Laren gestanden hatten, leer sah, überkam den Armen ein fürchterlicher Schmerz. Er ging in's Weinhaus, um sich zu betäuben und kehrte spät in der Nacht heim. Sein von Kummer und Entbehrungen geschwächter Körper vertrug diese ungewohnte Aufregung nicht. Er verfiel in ein heftiges Fieber, das ihn in kurzer Zeit hinraffte. Am Tage seines Todes erwachte er für kurze Zeit aus dem Delirium. An seinem Bette saß — der berühmte Virtuose, der zuerst seine Hoffnungen getäuscht hatte. Er war mit den günstigsten Nachrichten und Anträgen gekommen, befand sich selbst in der Lage, dem Landsmanne ein Darlehen anzubieten; aber er kam zu spät; er fand einen, der irdischer Hilfe nicht mehr bedurfte. In seinen Armen verschied der deutsche Musiklehrer, getröstet, treu und gottergeben.

Der berühmte Virtuose eilte zu seinen Collegen, erzählte ihnen mit von Thränen erstickter Stimme die Leidensgeschichte, die wir eben mitgetheilt haben. Viele bedeutende Künstler und andere, die als solche gelten wollten, wohnten dem Leichenbegängnisse des Mannes bei, von dem sie entweder nie reden gehört, oder keine Notiz genommen hatten. An seinem Grabe wurden Reden gehalten; ein berühmter Dichter, der nicht einmal dessen Namen kannte, rührte die ganze Versammlung durch eine Apologie des Verklärten, „der inmitten einer egoistischen Zeit, wo Alles nur der Ostentation lebt, still und verborgen das Ideal der Kunst allein anbetete, und im Anschauen der Gottheit versunken war, während Andere um das goldene Kalb tanzten." Ein Bildhauer erbot sich ein einfaches Denkmal mit allegorischen Reliefs aus eigenen Mitteln zu beschaffen. Der Journalist, der Sohn des Epicier, erregte die allgemeine Aufmerksamkeit durch eine mit Wärme und Geist geschriebene kurze Geschichte der Erlebnisse des fremden Musikers, der, wie er sagte, „dem Drucke der engen Verhältnisse, dem Kastengeiste Deutschlands entfliehend," ohne Empfehlungen, ohne Ruf, ohne Mittel, — der Lügner! — nur dem inneren Freiheitsdrange folgend, nach Paris, dem Tempel der Künste, dem gelobten Lande, wo allein der Künstler sich frei fühlt, gewandert war, und da als ein frommer Priester der Kunst seine irdische Wanderschaft beschlossen hatte. Man sprach in den Pariser Salons von diesem eigenthümlichen deutschen Musiker, den man sich als eine Hoffmann'sche Figur, etwa als einen zweiten Kapellmeister Kreisler vorstellte; man erkundigte sich, ob er vielleicht eine Frau, Kinder, oder auch nur eine Maitresse hinterlassen habe, die man unterstützen könnte? Das dauerte drei Tage; am vierten trat eine neue Tänzerin in der Oper auf, und der Musiker war vergessen.

12. Capitel.

Die Geschichte des Hauses Blaguéoni.

Den Herren Blaguéoni war nach dem Verkaufe der Werke von Benedetto Marcello und Orlando di Lasso noch eine ansehnliche Zahl von Partituren Haydn'scher und Mozart'scher Symphonien geblieben; sie dachten nach, in welcher Weise sie mit diesen ein eben so gutes Geschäft realisiren könnten, wie es ihnen mit jenen gelungen war.

In Paris konnten sie nicht auf einen vortheilhaften Verkauf hoffen; denn hier waren die erwähnten Symphonien in verschiedenen Ausgaben vielfältig verbreitet. Doch das merkantilische Genie unserer Helden zeigte ihnen einen anderen, zum sicheren Ziele führenden Weg.

Sie unternahmen es, in ihrer Heimat, in dem Departement, wo sie als Geschäftsleute mit Südfrüchten handelten, und als besondere Freunde der Musik sich mit Verkauf von Musikalien abgaben, eine Société d'amateurs de musique zu gründen, bei der sie gleich die Partituren der mitgebrachten Symphonien absetzen konnten. Und es gelang ihnen vollkommen. Der Präfekt des Departements, der im Beginne seiner Laufbahn viel mit Sängerinnen und Tänzerinnen umgegangen war, und sich für einen Kunstverständigen halten mochte, protegirte das Unternehmen; einige alte Legitimisten, die sich langweilten, und doch auch die neue Gesellschaft nicht besuchen wollten, fanden es zeitvertreibend und bon genre, sich um musikalischer Zwecke willen mit der roture zu vermengen; die neuen Adeligen, die, bei all' ihrem Enthusiasmus für die Julidynastie und deren Prinzipien, doch immer den kriechendsten Respekt für alte Namen bewahrten, beeilten sich, Mitglieder eines Vereins zu werden, an dem sich ac's, ec's und üy's betheiligten; alte napoleonistische Offiziere endlich, die in ihrer Zurückgezogenheit und ihrem Grimm auf die farblose, egoistische Zeit einen Trost suchten; daß sie auf einem cornet à piston oder auf dem Waldhorn die Lieder des Kaiserreichs spielten, waren bereit, in Gemeinschaft mit Anhängern der verfaulten Bourbons und mit orleanistischen Epiciers die Symphonien des Mannes zu studiren, vor dessen Haus der große Kaiser nach der Einnahme von Wien eine Ehrenwache gestellt hatte. Die Herren Blaguéoni aber machten vortreffliche

Geschäfte. Sie wurden Mitdirektoren und Cassirer der Gesellschaft, verkauften ihre Musikalien zu hohen Preisen, erklommen eine weit über ihrer eigentlichen Stellung befestigte Sprosse der gesellschaftlichen Leiter, und erlangten eine Art von politischer Bedeutsamkeit. Denn die Proben und Conzerte des Vereines, bei welchen so viele heterogene gesellschaftliche Elemente mitwirkten, führten nach und nach eine Annäherung zwischen Persönlichkeiten herbei, die sich bisher ganz und gar ferne gestanden waren. Die Häupter alter Familien, die eine Einladung des Präfekten früher mit Hohn abgewiesen haben würden, konnten, nun er Ehrenpräsident des Vereins war, nicht umhin, wenn auch vorerst nur in musikalischen Angelegenheiten, mit ihm zusammen zu treffen. Es wäre auch unhöflich gewesen, sich von dem Banket auszuschließen, das er am Jahrestage der Gründung veranstaltete. So bereitete sich eine Fusion vor, die ganz vollständig wurde, als sich der junge arme Vicomte Känguruec in die Tochter des Banquiers Bauchamp (er hieß eigentlich Beaujambe, hatte aber diesen Namen in den schöner klingenden umgewandelt) während des Einstudirens eines Duo aus dem chaperon rouge verliebte, und sie für die Mitgift einer halben Million zur Vicomtesse erhob.

Die Herren Blaguéoni sandten hochpreisende Artikel über die Leistungen und Persönlichkeiten der société des amateurs du departement de* und über ihre eigenen Verdienste nach Paris, an den jungen Epicier-Journalisten, den wir im vorigen Kapitel bereits vorgeführt haben. Dieser brachte die Artikel mit passenden Zusätzen in den verschiedenen Journalen der Hauptstadt unter; in den legitimistischen ward hervorgehoben, daß nur die alten Familien die Kunst wahrhaft zu beschützen verständen, und um dieser willen auch die gerechtesten Bedenken und jede Zurückhaltung aufgäben; in den orleanistischen ward die Fusion hervorgehoben, welche unter dem Patronate der heiligen Cäcilie vor sich gegangen war, und die Regierung des Bürgerkönigs als die neue Aera der Versöhnung, des Friedens und der Künste dargestellt. Die amateurs du departement de * waren entzückt, ihre Namen gedruckt und gelobt zu lesen; sie glaubten fest, was die Herrn Blaguéoni andeutungsweise, jedoch mit der zum geschickten Rückzuge nothwendigen Reserve zu verstehen gaben, daß sie nämlich in direkter Verbindung mit den einflußreichsten Organen der Presse stünden; sie gewöhnten sich, die Südfrüchtenhändler mit jener Rücksicht und jener Liebenswürdigkeit zu behandeln, welche die Franzosen jedem zollen, der die Feder einigermaßen zu handhaben versteht; sie prüften endlich nicht einmal die Rechnungen des Vereines, welche trotz der bedeutenden Beiträge alljährlich ein größeres Deficit aufwiesen. Die wenigen Stimmen, die hie und da Bedenken gegen die wenig ökonomische Gebahrung der Herren Sekretäre und Cassirer (die Blaguéoni vereinigten die Functionen beider) äußerten, wurden leicht beschwichtigt. Das Einemal erklärte sich der Herr Präfekt — der eben wegen seiner Bemühungen um die Versöhnung der Parteien vom

Ritter zum Officier der Ehrenlegion befördert worden war — bereit, das Deficit aus seinen Mitteln zu bestreiten; ein Jahr darauf war es der Vicomte Känguruee, dem die Blaguéoni die Heirath arrangirt hatten, der alle Discussion über Geldangelegenheiten durch sein thätiges Einschreiten beseitigte. Man sieht, unsere Helden verstanden es, sich für alle Eventualitäten zu rüsten; nichtsdestoweniger fühlten sie, daß ihr weitausgreifendes Genie in einer Provinzstadt zu beengt sei, und daß sie einen größeren Wirkungskreis suchen mußten: die Gelegenheit, das Vorhaben in's Werk zu setzen, kam jedoch früher als sie selbst es vielleicht dachten oder wollten.

Der Präfekt, ihr besonderer Gönner, ward an einen hohen Posten in's Ministerium des Innern berufen. An seine Stelle kam einer, der von den Verdiensten der Herren Blaguéoni wenig Notiz nahm. Es war ein Mann, der sich mehr um die Angelegenheiten des Departement, als um die der Gesellschaft kümmerte, der dem Acker- und Straßenbau viel, den Concerten wenig Aufmerksamkeit widmete, und der von der Kunst, obwohl er sie als ein zum Leben eines gebildeten Volkes nothwendiges geistiges Element betrachtete, nichts wissen wollte, sobald sie als Treibhauspflanze von den sogenannten höheren Ständen gepflegt wurde. Er war daher streng rechtlich, aber sehr wenig angenehm. Er verweigerte es nicht, die Stelle seines Vorgängers als Ehrenpräses der société des amateurs anzunehmen, unternahm aber sofort eine Prüfung des Kassenbestandes und der Rechnungen, der gegenüber die Blaguéoni einen raschen Entschluß fassen mußten. Sie beugten jeder Untersuchung des Vereins=Comite's dadurch vor, daß sie alle Kassen= und sonstigen Rückstände sofort aus ihren eigenen Mitteln ersetzten. Dagegen erklärten sie sich in ihrem eigentlichen Geschäfte zahlungsunfähig. Sie behaupteten hiebei, daß durch die schlechte Olivenernte und durch übernommene bedeutende Lieferungen ihre Mittel schon bedeutend erschöpft gewesen wären, und daß die plötzliche strenge Rechnungs=Forderung des Herrn Präfekten sie gezwungen habe, Alles was ihnen noch geblieben war, der Ehre der Kunst zu opfern. Und was geschah? Die Blaguéoni hatten sich unbestreitbare Verdienste um das amusement, ja selbst um manche wichtigere Angelegenheiten der eleganten Leute erworben; und diese frugen nicht danach, ob sie ihre Geschäfte ehrlich betrieben hatten, oder nicht, ob ihr Bankerott ein gerechtfertigter oder absichtlicher gewesen war. Die gute Gesellschaft bedauerte sie also allgemein als ein Opfer der Herrschsucht des Präfekten, der allgemein als ein unbequemer, harter, allen Kunstsinnes entbehrender Mann verschrieen ward. Unsere Helden aber zogen nach Paris, wo sie einem gewissen Theile der musikalischen Welt durch ihre Berichte aus der Provinzstadt bereits hinlänglich bekannt waren. Sie gründeten ein Musik=Verlagsgeschäft. Das Glück war ihnen günstig. Der Handel mit italienischen Romanzen war noch gewinntragender, als ihr früherer mit italienischen Früchten. Bald gelang es ihnen auch, in einigen Journalen als Kritiker wirken zu können. Sie

verstanden zwar nichts von Musik, doch sie besaßen einige
Gewandtheit und eine nie erröthende Stirn, zwei Eigen=
schaften, durch welche gewisse Kunstkritiker in gewissen Kreisen
einen gewissen Erfolg erzielen. Gleichgesinnte, Verbündete
gesellten sich zu ihnen; bald waren sie der Mittelpunkt
einer Clique, durch welche sie in der Journalistik, in
der Theater= und Musikwelt großen Einfluß üben konn=
ten. Sie erweiterten nun ihre Thätigkeit und errichteten
Agenturen für Concerte 2c. 2c., und da ihnen Geschick
nicht abzusprechen war, und sie Alles unternahmen, was
skrupulöseren und bequemeren Verlegern und Agenten nicht
genehm war, so erlangten sie bald eine große Bedeutung,
deren moralische Berechtigung Niemand prüfte; denn in
der Welt, die wir in diesem Augenblicke beschreiben, gilt der
Grundsatz: réussir c'est avoir raison. Ihr treuester und
tüchtigster Genosse ist jener Journalist, den wir dem Leser
in der Geschichte des deutschen Musikers vorgeführt haben
und der sich den Herren Blaguéoni zuerst näher anschloß,
als sie den Armen, für den er sich verwendete, so
schmählich übervortheilten, ihn selbst aber durch das vor=
treffliche diner versöhnten. Er hat seitdem Carriere
gemacht, und ist derselbe berühmte und gefürchtete
Referent des Modejournals, den Horst zuerst bei der
Fürstin Varazimoff getroffen und dem er die schriftliche
Darlegung seiner Ansichten über die Wagner'sche Schule
zugesagt hatte.

13. Capitel.

Betrachtungen über das Concertgeben. Verhandlungen mit den Blaguéoni's.

Horst kam zu den Herren Blaguéoni & Comp., um sich mit ihnen über die Anordnung mehrerer Concerte, die er veranstalten wollte, zu berathen. Er wollte einige seiner größeren Compositionen vortragen, und in dieser Weise seine künstlerische Bedeutung endlich zur Geltung bringen; denn in den Salons, wo man alle Tage eine anders zusammengesetzte und anders gestimmte Gesellschaft trifft, hatte er bisher die verschiedensten Meinungen hervorgerufen, und das Urtheil über seine Leistungen festzustellen, schien ihm eine wiederholte Berufung an das große Publikum am geeignetsten; seine Ansicht wäre auch eine ganz richtige gewesen, hätte er bei der Veranstaltung seiner Concerte nicht auf die Protektion der Leute gerechnet, die ihn nur vom Salon her kannten.

Concertgeben ist überhaupt heutzutage, wie mehr oder weniger Alles, was zum öffentlichen Musikleben gehört, viel mehr Geschäft, als geistige Leistung, auch mehr Sache des Handwerks, als der Kunst. Die Bedeutung des Concertsaales ist jetzt für den Künstler, wie für das Publikum, eine andere, als sie bis vor etwa fünf und zwanzig Jahren, wo die glänzende Virtuosen-Epoche eintrat, gewesen ist. Damals wirkte der ausübende Musiker fast gar nicht durch seine Persönlichkeit und nur durch seine Leistungen. Er und das Publikum trafen einander nur im Concertsaale. Seine persönlichen Beziehungen reichten nur in den seltensten Fällen über den bescheidenen Kreis geist= und sinnverwandter Freunde hinaus. Das Salonleben existirte nicht für ihn.

Die darauf folgende Aera der Virtuosen=Cäsaren, die da kamen, spielten und siegten, und bei deren Erfolgen auch die Persönlichkeit und andere Hebel mitwirkten, gab auch dem Concertsaale ein verändertes Ansehen. Er wandelte sich zu einer Art von Salon um, in welchem sich die persönlichen Freunde und Verehrer des Künstlers versammelten; der Salon dagegen, und was drum und dran hängt, Salongelehrte, Salondichter, Salonliteratoren und Salongenies*) waren es, unter denen der Künstler seine Concert=Erfolge vorbereitete, oder wenigstens allenthalben preisen ließ. Von jener Zeit her datirt die angenehmere Stellung, welche die Tonkünstler in der Gesellschaft einnehmen, und deren Hohlheit, Unzulänglichkeit, Zwitterhaftigkeit — fast möchten

---

*) Genies nennen die meisten großen Herren (doch nicht alle, es gibt ja auch unter ihnen, wie in allen Ständen, vortreffliche, das Wahre schätzende Menschen) solche Leute, die viele Unterhaltungs=Talente in sich vereinen, die da zierlich musiciren, zierliche Verse machen, zierlich zeichnen, zierliche Tableaux vivants, Sprüchwörter 2c. zu arrangiren verstehen. Von Sceptikern, die nicht alles in den höheren Regionen Schwebende unbedingt bewundern, werden solche Genies als unbedeutende Menschen, von rücksichtslosen Leuten werden sie als Pläsirmichel bezeichnet.

wir sagen deren Erniedrigung — nur die Wenigen recht
kennen, die an das Leben höhere Anforderungen stellen,
als der Salon überhaupt zu befriedigen vermag. Wir
werden am Ende dieses Werkes unsere Ansicht noch
genauer darlegen.

Nach dem Ablaufe der oben erwähnten Periode trat
jene Abspannung und mit ihr die Reaction ein, von
der eigentlich nur die Mittelmäßigkeit Nutzen zog, die
weder nach klassischen, noch nach romantischen Kunst=
anschauungen fragend, allein dem großen Haufen zu
gefallen trachtete. Die Zukunftsmusiker haben, durch ihr
agressives Auftreten, in diese Versumpfung drohende
Apathie einige Bewegung gebracht, für die wir
ihnen und ihrer Schule verpflichtet sein müssen. Freilich
waren sie genöthigt, zu allen Mitteln der Parteipolitik
zu greifen, und wir dürfen sie, sobald wir die sich immer
gleichbleibenden Bestrebungen und Leidenschaften der Men=
schen berücksichtigen, nicht verdammen, wenn sie nicht immer
die Lauterkeit der Absichten, das wahre künstlerische Streben
eines Virtuosen oder eines selbstschaffenden Musikers prüften,
der sich durch Verherrlichung Wagner's und seiner An=
hänger um die Zukunft verdient machte und für die
Gegenwart eine immer zum unbedingten Lobe bereit=
willige Partei in Journalen und Concertsälen gewann.
Wir erlauben uns nicht, ein apodiktisches Urtheil über
einen Prinzipienstreit zu fällen, der, wenn er auch an der
Heftigkeit nachgelassen hat, mit der die Deutschen Alles
betreiben, das hinter dem Schreibtische abgemacht werden

kann, doch noch längere Zeit unentschieden bleiben und erst in einer spätern Periode seinen eigentlichen Ausgang finden wird.

Während der Reaction, die sich gegen das Virtuosenthum einige Zeit lang in Deutschland geltend zu machen schien, traten auch Bestrebungen für Reorganisationen des Concertwesens hervor. Die unter verschiedenen Namen bestehenden Vereine, musikalischen Gesellschaften consolidirten sich, es entstanden neue, und wir sehen jetzt fast in jeder Stadt von einiger Bedeutung derartige Institute, die dem Künstler den dankenswerthen Vortheil bieten, daß er den integrirenden Theil eines künstlerisch geordneten Programmes bildet, daß er vor ein Publikum tritt, das wenigstens Vorbildung für bessere Musik besitzt, daß er alle für künstlerische Zwecke unentbehrliche Hebel (wir nennen hier beispielsweise die Unterstützung des Orchesters) bereits in Bewegung gesetzt findet, daß er die Anordnung all' der kleinen Nebenumstände, die bei öffentlichen Leistungen von Wichtigkeit sind, nicht selbst zu treffen braucht, und daß er weniger von Cliquen, Parteien und sonstigen Einflüssen abhängt, die nur durch persönliches Wirken außerhalb des Concertsaales zu gewinnen sind. Leider aber haben diese Vereine bei ihrem segensreichen Wirken bisher keine größere, als eine lokale Wichtigkeit und auch nur in Städten zweiten Ranges eine wahrhafte Bedeutung für die künstlerischen Verhältnisse gewinnen können. In allen größeren Residenzen, wo sich ein Hof, Adel und sonstige höhere

Gesellschaft befindet, werden diese den Vereinen und ihren für alle Mitglieder gleich geltenden — daher als demokratisch betrachteten — Einrichtungen ferne stehen, wenn sie auch hie und da der Mode und andrer Gründe halber Beiträge zahlen. Und selbst in den Städten, wo die bürgerlichen Elemente vorherrschend, wo die erwähnten Vereine der Brennpunkt des musikalischen Lebens sind, giebt es, — Leipzig vielleicht ausgenommen — noch immer eine Kaste, sei es Geldaristokratie, sei es Patrizierthum, höherer Beamtenstand oder Adelsreste, welche nur die ihr besonders empfohlenen, oder die zu ihren Protégés erhobenen Virtuosen berücksichtigt und nur deren Concerte besucht, wenn nicht das Erscheinen einer Mode-Berühmtheit ein momentanes Abgehen von dieser Regel veranlaßt. Auf diesen Theil der Gesellschaft müssen aber die reisenden bedeutenden Künstler ebenso wie die Handwerks-Virtuosen reflectiren: die ersteren, weil sie in den Vereinen doch nur Einmal wirken können, eine Vielseitigkeit des Talentes daher nicht in vollem Maße entfaltet werden kann, und weil endlich auch der geldliche Vortheil, den die Vereine bieten, nie ein erheblicher zu nennen ist, — die andern (die Handwerker nämlich), weil es ihnen viel sicherer und viel einträglicher ist, mit Empfehlungen und Verbindungen viel besuchte Concerte zu veranstalten, als wenn sie sich erst einem, nur die Leistung berücksichtigenden, Vereins-Publikum vorstellen sollen.

Was hier über das Concertgeben gesagt wurde,

kann nur für Deutschland gelten. In Frankreich und England, oder vielmehr in Paris und London, wo ein= maliges Auftreten mit den seltensten Ausnahmen kaum genügt, den Namen unter das Publikum zu bringen, muß auch der bedeutendste Künstler sich wenigstens dem unterwerfen, was rein zum Geschäfte gehört. Wir wählen absichtlich den Ausdruck Geschäft, und nicht den: Handwerk. Ein jeder Künstler hat die Verpflichtung, von seinen Leistungen den ehrenhaften Gewinn zu ziehen, der ihm die Unabhängigkeit sichert. Die Art, wie er dies thut, unterscheidet ihn eben vom Handwerker.

Als Horst in das Lokal der Herrn Blaguéoni & Comp. trat, war eben ein großer Theil der „Compagnons" daselbst versammelt. Das Aeußere der Gesellschaft wider= sprach eigentlich der Vorstellung, die man mit dem Begriffe von Leuten verbindet, in deren Händen Kunst= angelegenheiten ruhen. Mit Ausnahme des berühmten Journalisten, der sehr elegant gekleidet, und eines zufällig anwesenden italienischen Gesanglehrers, der mit goldenen Ketten und Ringen beladen war, boten die Verleger, Agenten und Kunstrichter Blaguéoni sammt ihren Verbündeten in Kleidung, Haltung und Bewegung ein so eigenthümliches Bild, daß man sie sich unwillkührlich eher zwischen Oliven= und Sardellenfässern feilschend, als in Kunst= angelegenheiten wirkend denken mochte. Der Chef des

Etablissements disputirte mit dem italienischen Gesangs=
lehrer über einige Romanzen, die dieser schon lange
bezahlt zu haben behauptete, während jener auf dem
Gegentheile bestand. Sie suchten einander zu überschreien
und in Argumenten zu überbieten, die eben nicht dem
code du gentilhomme entnommen waren. Nachdem
sie eine Weile gestritten hatten, wurden sie wieder die
besten Freunde und besprachen den Plan eines groß=
artigen Unternehmens, durch welches das Haus Blaguéoni
alle Fäden der musikalischen Angelegenheiten in seine
Hand zu leiten gedachte. In einer Ecke vor dem
Schreibtische saß Herr Cäsar Blaguéoni, der Cousin,
Miteigenthümer des Geschäfts, gleich dem berühmten
römischen Cäsar nach vier Seiten hin zur selben Zeit
thätig. Er schrieb für ein großes Journal die Kritik
eines Concertes, in dem er nicht gewesen, unterstützte
hie und da durch eine Zwischenbemerkung seinen Ver=
wandten in dem Streit über die unbezahlten Roman=
zen, instruirte den Referenten des Modejournals, wie er
die letzte Oper eines, den Blaguéoni's mißliebigen Com=
positeur am besten angreifen und in der Meinung des
Publikums herabsetzen könnte, und vernahm endlich —
wie gesagt alles zu gleicher Zeit — den Bericht des
Concertagenten, des Compagnon der Blaguéoni, über
die in Aussicht stehenden Concerte, über deren Veran=
stalter, ihre Verbindungen und Verhältnisse. In der
Gesellschaft befanden sich noch ein ziemlich en vogue
stehender Componist von Operetten und anderen ephemeren

Erzeugnissen, der ehemals zu den erbittertsten Gegnern der obenbezeichneten Herren gehört hatte, aber der eifrigste Bewerber um ihre Gunst geworden war, als ein Concurrent ihm den Platz in den Theatern und in der Gunst des Publikums streitig zu machen begann, dann ein Deutscher, der an große und kleine Journale seines Vaterlandes Berichte über das Pariser Kunstleben sendete und bei den Herren Blaguéoni & Comp. das Losungswort holte, endlich mehrere musikalische und schriftstellernde Dilettanten, die sich überall an sogenannte Berühmtheiten drängen, um bei den Leuten, welche das Treiben und Leben der Kreise, die hier beschrieben werden, wenig kennen, als bedeutend und einflußreich zu gelten.

Als Horst eintrat, erkannten ihn die Herren Blaguéoni sehr wohl, aber sie nahmen keine Notiz von seiner Anwesenheit. Es lag in ihrer Art, alle jene Künstler, die sich an sie wandten und nicht schon eines bedeutenden Namens genossen, nur in soweit zu beachten, als die Bekanntschaft ihnen Vortheil bot. Sie setzten daher nach kurzer Begrüßung ihre Gespräche mit den früher Anwesenden fort, und diese folgten dem Winke mit jener Coterie-Disciplin, worin die Franzosen unnachahmlich sind, und wodurch sie, im Guten wie im Schlechten, Großes zu leisten vermögen. Selbst der Journalist, dem Horst erst wenige Tage zuvor einen längeren Aufsatz über manche Kunstfragen zugesendet, und die jener in seinen Kritiken vielfach benützt hatte, und der deutsche Correspondent, mit dem er öfters zu-

sammengekommen war, begegneten ihm mit der oberfläch=
lichen Höflichkeit, auf welche auch der fast Unbekannte
Anspruch hat. Eine kleine Weile sah Horst dem
Treiben zu; ein eigenthümliches Gefühl überkam ihn,
wenn er dachte, daß er mit diesen Menschen über
Kunst, Ehre, Ruf sprechen sollte, aber er konnte
sie nicht entbehren; der Weg, den er bisher verfolgt
hatte, führte ihn zu diesen Menschen, die Erfüllung von
Ewalt's Prophezeihungen begann. — Er näherte sich
dem Haupte der Blaguéoni, und setzte ihn von dem
Zwecke seines Kommens in Kenntniß. Der Verleger
hörte ihn mit süßlichem, zweideutigem Lächeln an und
entgegnete: „Wir wollen uns, soweit es mit unseren
massenhaften Geschäften zu vereinigen, für Sie interessiren,
obwohl Sie uns früher von Ihren Plänen hätten unter=
richten sollen, wenn Sie hier in Paris etwas erlangen
wollen; es wunderte uns schon lange, Monsieur Horst,
daß Sie sich nicht mehr bemühten, den Antheil von
Männern zu gewinnen, die, wie Sie wissen, hier Alles
vermögen. Uebrigens wenden Sie sich an unseren Com=
pagnon dort, dem wir das Geschäft des Concert=ver=
anstaltens ausschließlich übertragen haben, da wir unsere
Kräfte den anderen Zweigen der Kunst, dem Verlage
und der Kritik widmen. Ich will Sie dem Herrn
besonders empfehlen. Folgen Sie seinem Rathe." — Er
rief den Agenten herbei. Dieser hatte seinen Rapport an
den Herrn Cäsar Blaguéoni unterbrochen; die beiden
blickten mit spöttischer Miene auf den deutschen Künstler,

in dessen bald erblassenden, bald erröthenden Zügen der Eindruck seines Empfanges deutlich zu lesen war. "Monsieur Appalton" endete der große Chef des Bundes, "ich stelle Ihnen den Herrn Horst vor; nehmen Sie sich seiner an und unterstützen Sie ihn mit Rath und That." Nach diesen Worten wandte er sich wieder zu dem italienischen Gesangslehrer, mit dem er sich leise unterhielt.

Monsieur Appalton, ein ziemlich untersetztes Männchen, dessen Züge eine gewisse gemeine Gutmüthigkeit mit Verschmitztheit gepaart zeigten, lud Horst ein, mit ihm in ein Nebengemach zu treten. Dies Nebengemach war eigentlich eine Art von Magazin, in welchem Kisten, alte Musikalien und ein Paar halbzerbrochene Stühle standen. Auf diesen richteten sich die beiden Unterhandelnden so gut es ging ein.

"Vor Allem," begann Herr Appalton, "sagen Sie mir, ob Sie so viele Connexionen haben, daß Sie auf den Verkauf einer großen Anzahl Billete rechnen können, und daher eines pekuniären Erfolges sicher sind, oder ob Sie ein Concert geben, um sich bekannt zu machen, um Ruf zu gewinnen."

Horst war auf diese Art des Examens über seine Absichten und Verhältnisse nicht gefaßt; er konnte einige Verlegenheit nicht verbergen, als er die Antwort gab, daß seine Connexionen nicht so bedeutend seien, ihm eine bedeutende Einnahme zu sichern. "Mir ist es," meinte er, "doch hauptsächlich darum zu thun, mich dem Publikum in meiner Eigenschaft als Musiker, als Compositeur vorzustellen, wenn ich auch andererseits die Vortheile, die mir eine ziemlich ausgebreitete Bekanntschaft gewähren, so viel als möglich zu benutzen suchen will."

„Erlauben Sie mir," bemerkte Herr Appalton, „Sie antworten mir da wie ein echter Deutscher, der Alles möchte und doch Nichts recht will. Geben Sie ein Concert für Ihre Bekannten, denen Sie Billete verkaufen, dann müssen Sie den Leuten das vorspielen, was diese, nach Ihrer Erfahrung, am liebsten von Ihnen hören; ich will Ihnen Anweisung geben, wie Sie die größtmögliche Anzahl Billete an den Mann bringen, will Sie lehren, wie die Eitelkeit und der Einfluß der Banquiers und der reichen Leute, die in ihrem Hause Salon halten, zu benützen ist, kurz, ich will für Ihre Tasche sorgen und dabei doch das Interesse unseres Hauses auch nicht aus den Augen lassen. Sind Sie aber gesonnen, pour la gloire zu arbeiten, dann dürfen Sie keine pekuniären Angelegenheiten berücksichtigen, dann muß vorgearbeitet werden, dann müssen Sie die Kritik zu gewinnen suchen und sich nicht um die Unkosten kümmern. Gelingt es Ihnen, sich Ruf zu erwerben, dann ist es an Ihnen, denselben auch für andere Zwecke auszubeuten. Vor der Hand aber müssen Sie sich den Bedingungen unterwerfen, unter welchen unser Haus es übernimmt, Ihnen Ruf und Ansehen zu verschaffen."

„Ist denn Ihr Haus das im Stande?" frug Horst naiv.

„Ob es dies im Stande ist?" entgegnete der Gefragte in einem Tone der moralischen Entrüstung gegen den angedeuteten Zweifel. „Wir können einen Künstler erheben, wir können ihn vernichten. Wer mit uns in Verbindung steht, wer es verstanden hat, unsere Gunst zu gewinnen, der hat auch die Presse von Paris für sich. Erstens schreiben wir selbst in die meisten großen Journale, zweitens aber ist unser Privaturtheil maßgebend für die meisten anderen Kritiker und Journale. Sie haben den Monsieur *, den berühmten Referenten, in unserem Etablissement gesehen, den Mann, vor dem die berühmtesten Künstler zittern, für dessen Gunst sie kein Opfer scheuen? Er schreibt, was wir ihm sagen. Wir haben ihn zu dem gemacht, was er ist. Noch vor wenigen Jahren war er der unbekannte Sohn eines Epicier und schrieb Stylübungen für kleine Journale. Heute ist er unter seinem Namen Berichterstatter in einem Blatte, und unter dem Pseudonym Mons. de * in einem anderen. Er ist der Einzige, dem gegenüber das Preßgesetz, welches bekanntlich in den Journalen Pseudonymität und Anonymität nicht erlaubt, eine Ausnahme macht. Das haben wir durchgesetzt. Was wir ihm sagen, das gilt. Denn er selbst versteht von Musik gar nichts, das wird er Ihnen, wenn Sie einmal näher mit ihm bekannt sind, selbst sagen, aber er ist ein geistreicher Mann, führt eine elegante, scharfe Feder, und seine Kritiken sind die beliebtesten; dem lesenden Publikum kommt's ja nicht darauf an, daß ihm eine

gelehrte Abhandlung geboten werde; es will sich ange=
nehm unterhalten und das Neueste erfahren. Und dabei
hat der Mann eine merkwürdige Geschicklichkeit, seine
Kritiken so zu fassen, daß man manchmal glauben sollte,
er besäße gründliche Kenntniß von Musik. Haben Sie
seinen Bericht über die neueste Oper gelesen? Wie geist=
reich schrieb er da nicht über Instrumentation, über
Deklamation, über Recitation!"

„Ja," platzte Horst heraus, „ich glaube wohl, daß
diese Bemerkungen zu dem Glauben verleiten konnten,
der Kritiker besäße gründliche Kenntnisse; denn ich habe
jene ihm schriftlich einige Tage früher mitgetheilt, und
er hat sie dann in seinem Referate benützt."

„Hm! das ist's also!" meinte Appalton, indem er
einen eigenthümlichen, stechenden Blick auf Horst heftete,
„dachte ich mir's doch gleich! Ich rathe Ihnen, lassen
Sie es ja nicht laut werden, daß Sie schreiben, am
wenigsten aber, daß Sie Ihre Ansichten einem Kritiker,
und gar diesem, schriftlich mitgetheilt haben. Aller
Grimm der Getadelten und vielleicht auch der mancher
Gelobten, denen das Lob nicht warm genug erschien,
wird sich gegen Sie wenden, da jenem nichts anzu=
haben ist. Sie scheinen eines noch nicht genau zu wissen,
und ich will es Ihnen sagen, damit Sie sich darnach
richten: Niemanden hassen die Musiker mehr, als
den Collegen, der sich mit Kritik beschäftigt. Sie
ertragen eher den ungerechtesten Tadel des un=
wissendsten Recensenten vom Handwerke, als die

gerechteste und zarteste, ja kaum andeutende
Bemerkung eines Zunftgenossen. Wollen Sie ein
Beispiel als Beweis? Fassen Sie die Stellung unseres
Freundes, des doppelnamigen Journalisten, ins Auge.
Er versteht nichts von Musik, schreibt nichtsdestoweniger
über die Concerte des Conservatoire; seine jährliche Ein=
nahme beträgt fast zwanzigtausend Franken, die ihm höchst
wahrscheinlich nicht aus der Kasse der Redakteure allein
zufließen. Wo er hinkommt, wird er mit Höflichkeiten
überladen und gepriesen, am meisten von den Musikern.
Betrachten Sie dagegen die Stellung eines anderen Kri=
tikers, der aber zugleich Künstler ist: Berlioz. Man sagt,
er componire vortreffliche Musik; bei Euch in Deutschland
genießt er sogar großen Ruf; hier schreibt er für das
Journal des débats. Wer sind seine größten Feinde?
Die Musiker, von denen man doch voraussetzen könnte,
daß sie lieber von einem bedeutenden Componisten, von
einem unparteiischen Ehrenmanne beurtheilt werden möchten,
als von einem Journalisten, dessen einziges Verdienst
der glatte, pikante Styl ist. Der Punkt wäre nun zur
Genüge erörtert; kehren wir zur Hauptsache zurück. Sie
haben den steilen Weg nach dem Tempel des Ruhmes
erwählt, wie die Dichter sagen, und müssen daher die
Kritiker noch mehr berücksichtigen, als die Einnahmen;
ich weise Sie also an Herrn Cäsar Blaguéoni, der sich
hauptsächlich mit dem Ruhme der Künstler beschäftigt.
Setzen Sie sich mit ihm ins Einvernehmen über die
Details, über die Opfer, die Sie bringen können und

wollen. Die eigentlichen Arrangements für die Concerte
will ich allein besorgen. Doch es fällt mir ein, Ihnen
als Deutschen muß ja auch daran gelegen sein, daß die
Blätter Ihres Vaterlandes Sie in ihren Spalten preisen;
zu diesem Zwecke kann ich Ihnen den Herrn Doktor
Laicher empfehlen, der mit allen großen Journalen
Deutschlands in Verbindung steht, mit reaktionären, demo-
kratischen, streng kirchlichen und freigeistigen, wie man es
haben will. Ich will die Angelegenheit gleich ins Reine
bringen. „Monsieur Laicher,“ rief er dem in dem anderen
Zimmer befindlichen und auf den Ruf bereits wartenden
deutschen Journalisten zu, „Sie kennen ja Monsieur Horst
bereits und werden sich seiner annehmen. Verständigen
Sie sich mit ihm. Bei Ihrer genauen Kenntniß der
Pariser Verhältnisse sind Sie im Stande, ihm einige
Andeutungen zu geben, die — mir längere Erplikationen
ersparen würden. Und jetzt, mon cher Monsieur „Orst,“
muß ich Sie verlassen; ich habe noch für eine Masse der
großen Künstler zu thun, die nichts ohne uns unternehmen können. Uebermorgen komme ich zu Ihnen frühstücken, dann wollen wir alles Weitere feststellen.“ Er
packte eine Masse Papierschnitze, die hie und da auf den
Tischen lagen und Commissionen nebst Adressen enthielten,
zusammen, unterhielt sich einen Augenblick leise mit
Herrn Cäsar Blaguéoni, zankte mit dem älteren über
einen unbedeutenden Gegenstand, wobei — wie in dem
Streite mit dem Italiener — nicht die zartesten Redeweisen gebraucht wurden; — der Chef behauptete z. B. er

werde immer betrogen — der Andere entgegnete, das käme nur daher, weil er meistens mit sich selbst zu thun habe — und entfernte sich. Horst wechselte noch einige Worte mit den beiden Chefs, unterhielt sich eine kurze Zeit mit dem doppelnamigen Kritiker und verließ in Gesellschaft des Doctor Laicher, des Agenten für auswärtige Lobpreisungen, das Etablissement der ruhmvollen Blaguéoni & Comp.

Der deutsche Künstler und der deutsche Literat gingen einige Minuten lang schweigend nebeneinander. Jeder von ihnen dachte darüber nach, was er mit dem Andern verhandeln sollte. Horst befand sich in nicht geringer Verlegenheit. Es ging ihm wie so vielen Deutschen, die ihr Vaterland schmähen, über deutsche Ehrlichkeit und Treue spotten, und doch, so oft sie etwas unternehmen, was dem deutschen Ehrlichkeitsgefühle widerspricht, sich gedrückt und beschämt fühlen. Diese Verhandlungen über den eigenen Ruf, über die eigene künstlerische Geltung, die der Franzose als zum Geschäfte gehörend betrachtet, die er leichthin erledigt wie eine bloße Toilettenangelegenheit, war für Horst in hohem Grade peinlich. Ja, er hatte sich den Blaguéoni's gegenüber, trotz ihrer Anmaßung und ihren insolenten Bemerkungen, viel weniger gedemüthigt gefühlt, als gegenüber dem deutschen Literaten, von dem er wußte, daß er, wo es sich um Geldgewinn handelte, keine zarten Rücksichten beanspruchte.

Aber auch bei dem Doktor Laicher regten sich Gefühle,

die mit der Situation nicht im Einklange standen. Als er Horst zuerst kennen gelernt, betrachtete er ihn als einen der vielen, alljährlich nach Paris kommenden klavierspielenden oder geigenden Zugvögel, denen man gelegentlich ein paar Federn ausrupft. Als echter Deutscher begnügte er sich jedoch nicht mit der oberflächlichen Bekanntschaft, er wollte auch wissen, was der Virtuose noch sonst trieb, ob er Bildung besaß, Geld hatte, wissenschaftliche Studien trieb, und welche Restaurateure er besuchte. So erfuhr er, daß Horst nicht zu der Kategorie, die wir eben erwähnten, zu rechnen war; er überzeugte sich, daß er keinen der gewöhnlichen Virtuosen vor sich hatte, denen der äußerliche Erfolg das höchste Lebensziel ist; er lernte Einiges von den Erlebnissen und Schicksalen unseres Helden kennen und zollte ihm soviel Theilnahme und Achtung, als er eben zu zollen fähig war. Er gab ihm manche Aufklärung über die künstlerischen und sonstigen Verhältnisse der Seinestadt, und als Horst sich nach längerem Zögern endlich entschied, Concerte zu veranstalten, rieth er ihm, sich an die Blaguéoni zu wenden, einerseits, weil sie wirklich die für dieses Geschäft Geschicktesten und Brauchbarsten waren, andererseits aber auch, weil er wußte, daß sie ihn an dem Verdienste Theil nehmen lassen würden. Während des Zwiegespräches zwischen Monsieur Appalton und Horst hatte er seine Rede und die Forderungen überdacht, die er in seinem und der Blaguéoni, die ihn vorschoben, Namen stellen sollte; und doch als der entscheidende Moment herankam, als die Verhandlung begann, als er geradaus zu sagen hatte: "die Agenten und ich verlangen so und so viel, damit wir Ihnen nicht hinderlich in den Weg treten, damit Ihre Leistungen hier und auswärts nicht mit Stillschweigen übergangen oder angegriffen werden, und damit, wenn Ihre Concerte im Publikum eine Wirkung hervorgebracht haben, wir Ihnen bei der Gründung einer dauernden und sicheren Stellung in jeder Weise behilflich seien," — als er diesen Handel mit Ehre und Ruf abschließen sollte, überkam ihn ein Gefühl, das fast der Scham glich. Gerne hätte er dem Künstler seine Dienste in uneigennütziger Weise gewidmet; aber seine beschränkten Verhältnisse erlaubten es nicht — er hatte Weib und Kinder zu ernähren und war auf den prekären Erwerb des Handwerkes, das er nun seit Jahren trieb, angewiesen; gerne hätte er ihm gesagt, daß es für den Künstler einen Weg zum Ruhme gebe, mühseliger und langsamer, aber sicherer und edler, als der, auf welchem man die Genossenschaft der Gemeinsten ertragen muß; gerne hätte er ihn vor den Blaguéoni gewarnt, die keine andere Rücksicht beobachteten, als den eigenen Vortheil, denen nur der Besserzahlende als der Bedeutendere gilt; aber das durfte er nicht, er hing ja fast von diesen Leuten ab! Es blieb ihm kein Ausweg als die leidige Selbstvertröstung, daß es ihm vielleicht später gelingen werde, das Unrecht gut zu machen und dem Künstler, den er jetzt mitausbeuten mußte, noch wesentliche Dienste zu leisten.

So traten diese beiden Menschen einander gegenüber, jeder in Mißachtung vor der Handlung des Andern, jeder mit der Scham vor sich selbst. Die gemeinen oder gewöhnlichen Handwerksnaturen sind vor derartigem innerem Zwiespalte gesichert; sie nehmen das Leben, wie es sich ihnen bietet, drehen, wenden sich und schicken sich in alle Verhältnisse; energische, widerstandskräftige Menschen lassen sich in ihrem Wege nicht behindern, sie wissen oft das Schlimmste, das ihnen aufstößt, so anzugreifen, daß es ihnen zum Hebel für ihre Zwecke wird. Aber gebrochene oder unfertige Naturen*) — und leider sind diese unter den Deutschen häufiger zu finden — erkennen das Unrechte, seufzen über den Drang der Verhältnisse, der sie zwingt, gegen ihre Ueberzeugung zu handeln und gehen zu Grunde.

14. Capitel.

Künstlerische Ansichten und Pläne der Herren Blaguéoni & Comp.

Herr Appalton fand sich, dem Versprechen gemäß, am dritten Tage zum Frühstück bei Horst ein; er brachte Herrn Cäsar Blaguéoni mit; Laicher war selbstverständlich ebenfalls anwesend. Man sprach im Anfange erst von

---

*) Cacciarli i ciel per non esser men belli
 Né lo profondo inferno gli riceve.
   Dante inferno, Canto III., 40.

Pariser Angelegenheiten im Allgemeinen; Horst benützte die Gelegenheit, seinen Geist in vollem Lichte zu zeigen, und urtheilte so witzig über die verschiedenartigsten Verhältnisse und Angelegenheiten, entwickelte eine so scharfe Beobachtungsgabe, daß die Blaguéoni und Appalton überrascht waren und im vollem Ernste dachten, sie hätten einen ganz schlauen und energischen Praktikus vor sich, der vielleicht ein ganz nützliches Glied ihrer Clique werden könnte, und daß selbst Laicher an ihm irre wurde und sich einbildete, er habe ihn für besser gehalten als er wirklich war, und habe sich von geistreichen Phrasen über Kunst und von einer fingirten Begeisterung täuschen lassen. Und doch waren sie Alle im Irrthume. Nie war Horst unwahrer, als in den Momenten, wo er sich bemühte, bei Anderen die günstigste Meinung von sich zu erzeugen. Er besaß das eigenthümliche, aber bei vielgereisten und beweglichen Menschen nicht seltene Talent, den Ton der Leute zu treffen, in deren Gesellschaft er sich eben befand. Er konnte Gelehrten gegenüber eben so aufrichtig ernst erscheinen, als den Blaguéoni und Consorten gegenüber cynisch philosophiren. Ein solches Talent ist aber nur einem vollendeten Weltmanne und Egoisten oder einem großen schöpferischen Genie — und dieses ist ja auch oft Egoist — dienlich. Beide benützen die Menschen, Jener für niedrigere, Diese für geistige Zwecke. Für jeden Anderen aber ist das erwähnte Talent eine gefährliche Mitgift im Leben; es erregt das Mißtrauen der Leute, führt zu Inconsequenzen, weil der Geist sich doch nicht immer zu den Masteraden hergibt, und wirkt zuletzt zerstörend auf den Charakter des Eigners.

Das Frühstück war verzehrt. Der Champagner hatte die Gemüther in heitere Laune versetzt, selbst Herr Cäsar Blaguéoni zeigte einige Anlage, anständig zu erscheinen. Horst ließ Kaffee bringen, reichte jedem Gast eine Cigarre — die Laicher mit Kennermiene prüfte, mit einem gewissen Ernste anzündete und dann mit Anzeichen der vollkommenen Befriedigung rauchte — stand vom Tische auf und sprach, indem er im Zimmer auf- und abschritt: „Und nun wollen wir unseren Feldzugsplan entwerfen; theilen Sie mir Ihre Ansichten über die künstlerischen Verhältnisse mit, meine Herren, und legen Sie mir dar, auf welche Weise ich die Aufmerksamkeit des Publikums erregen kann, so daß, wenn ich einmal öffentlich auftrete und Tüchtiges leiste, mein Ruf sich schnell verbreite. Es fehlt mir zwar nicht an ziemlich ausgebreiteter Bekanntschaft, aber ich glaube, die Personen, bei denen ich eingeführt bin, werden, wenn ich Concert gebe, Billete nehmen, aber für meinen Ruf Nichts thun; fast jedes Haus hat schon seinen Schützling, dem gegenüber die Rücksicht verbietet, einen Fremden zu sehr zu unterstützen. Mir ist es vorzüglich darum zu thun, einst nach Deutschland mit einem bedeutenden Rufe zurückkehren zu können, und für diesen Zweck bin ich bereit, jedes Opfer zu bringen und keine Mühe zu scheuen. Lassen Sie mich also Ihre Meinungen vernehmen!" Und dabei stellte er sich vor sie hin, wie ein Minister, der die Sectionschefs zum Berichterstatten berufen hat.

Herr Cäsar Blaguéoni begann: „Wenn es Ihnen darum zu thun ist, Ruf zu erlangen, um das, was man le baptême de Paris nennt, nach Deutschland zu bringen, so müssen Sie die Kritiker um jeden Preis zu gewinnen suchen. Dann sind Sie Ihrer Sache sicher."

„Ganz richtig," bemerkte Laicher, „die Kritik muß gewonnen werden, ich bin aber auch dafür, daß Herr Horst die bedeutenderen Musiker günstig zu stimmen suche, daß er sich sobald als möglich den Professoren am Conservatorium, besonders den älteren, vorstelle und sie um die Ehre ihres Besuches und um die Erlaubniß bitte, ihnen seine Compositionen vortragen und ihren Rath vernehmen zu dürfen; diese Herren, die sich von der jüngeren Generation ignorirt sehen, werden, wenn ein neuer und tüchtiger Künstler, und zumal ein Deutscher, ihnen jene Verehrung beweist, an die sie in ihrer guten Zeit gewöhnt waren, sich ihm gewiß bei jeder Gelegenheit günstig erweisen; und wenn dies auch auf das große Publikum keinen Einfluß mehr ausübt, so kann es doch, wenn die Kritik ihrerseits wirkt, von großem Nutzen sein!"

„Sie scheinen nicht zu wissen," warf Horst ein, „daß ich seit einer Soirée bei Gräfin Rohden mit den Professoren X. und G., und daher auch mit ihrer Partei, auf sehr gespanntem Fuße stehe."

„Sie haben mir davon erzählt," entgegnete Laicher,

„aber das thut wenig oder Nichts; diese Herren gehören schon der Neuzeit, mehr der Periode de la musique futile, wie Cherubini sagte, an, und wenn Sie mit ihnen über Kunstfragen in Streit gerathen sind, so kann dies bei den älteren Professoren, bei den ehrwürdigen Resten der Cherubinischen Periode, Ihnen noch als Verdienst angerechnet werden. Das will ich schon einleiten; vor der Hand müssen Sie sich den beiden Direktoren vorstellen."

„Lassen Sie doch das Conservatoire aus dem Spiele," lallte Herr Cäsar Blaguéoni, „was wollen Sie mit diesen alten Perrücken anfangen; sie thun ja doch für keine Künstler mehr Etwas und leben wie die Ratte Lafontaine's, die sich im Holländer Käse eingenistet hat und von dort heraus über schlechte Zeiten klagt, und die armen Brüder bedauert, die da Hunger leiden müssen."

„Bester Herr Blaguéoni," schaltete Horst ein, „diese alten Künstler haben Anspruch auf die Achtung eines jeden Musikers, und sie genießen sie auch, in Deutschland mehr als hier, wie es scheint. Um das, was sie für Einen thun, handelt es sich nicht, sondern um Erfüllung einer künstlerischen Pflicht."

„Und ich," begann nun Appalton, „bin der Meinung, daß Herr Horst vor der Hand seine musikalischen Zwecke nicht voranstelle, sondern gesellschaftlich zu wirken suche; die Kritiker sind, selbst wenn sie auch ihr Interesse dabei finden — anders ist ja den Meisten überhaupt nicht beizukommen — doch so gelangweilt von all' den obligaten Concertbesuchen und den Referaten, daß es besser ist, den Moment abzuwarten, wo Herr Horst öffentlich auftreten wird, um über diese Angelegenheit mit ihnen zu sprechen. Die Professoren sind auch froh, wenn sie, bevor oder nachdem sie ihre Lektionen gegeben haben, keine Musik zu hören brauchen. Und wie schwer ist es, den richtigen Moment bei Leuten zu finden, die gewohnt sind, daß Fremde sie nur um selbstsüchtiger Zwecke willen aufsuchen! Bei dem Einen trifft man mit einem Virtuosen zusammen, der mit demselben Anliegen, was man anbringen will, gekommen ist; ein Anderer ist sehr beschäftigt; ein Dritter ist im Begriff auszugehen, ein Vierter hat eben seine Lockenperrücke abgelegt und fühlt sich unangenehm überrascht; man wird verlegen, entfernt sich unverrichteter Dinge, oft mit unangenehmem Eindrucke. Das Beste ist, im Voraus von aller Besprechung persönlicher Angelegenheit abzusehen und einen ganz kurzen Besuch abzustatten. — Wenn nun die Herren auch gegen jeden neu Ankommenden Mißtrauen hegen, so verliert dieses sich von dem Augenblicke an, als sie sehen, daß er ein Mann ist, mit dem man sich gut unterhalten kann. Und darauf müssen wir unseren Plan bauen. Herr Horst ist ein geistreicher, gewandter Mann; er soll sich also den Musikern insgesammt vorstellen, aber so wenig als möglich von Musik reden, und nur durch seine Conversation für sich einzunehmen trachten. Hat er einmal die Bekanntschaft angeknüpft, dann ladet er die Matadoren des Conservatoriums und der Kritik zu einem Diner ein; wenn die

Herren gut gegessen haben, läßt sich von Kunst, Musik, Concert und allem Möglichen mit ihnen reden; wir bringen dann in einer halben Stunde mehr zu Stande, als in einem Dutzend offizieller Besuche.

Der Plan klang nicht übel, und wurde von Blaguéoni und Laicher unterstützt: von Jenem, weil er ein mit größeren Unkosten verbundener, daher für die Agentur einträglicherer war, von Diesem, weil er in seinem Hause an frugale Kost gewiesen, jedes Unternehmen unterstützte, bei dem gute Diners und Cigarren in Aussicht standen.

Auch Horst erschien der Plan Appalten's als der beste, weil er die beiden anderen Vorschläge in sich faßte und weil er zugleich seine Eitelkeit anregte. Er ging von dem falschen Grundsatze aus, mit dem so viele Fremde nach Paris kommen, daß man dort die geistreichen witzigen Leute allen Anderen vorziehe. Ja wohl! Wenn sie als Rentiers erscheinen, die sich nur amüsiren wollen! Aber von solchen, die Paris aufsuchen, um einen positiven Zweck zu verfolgen, von Virtuosen oder Geschäftsleuten, die Ruf oder Geld zu erwerben trachten, verlangen die Franzosen vor Allem, daß sie ihr Geschäft betreiben; „qu'ils fassent leurs affaires et non de l'esprit!" und daher scheint es Jenen, welche den eben angeführten Grundsatz nicht erkannt haben, oft unglaublich, daß so viele dumme Kerle gerade unter diesem geistreichen Volke ihr Glück machen, daß gewisse deutsche Musiker und Handlungsbeflissene, die in ihrem Vaterlande kaum anständige Existenz finden konnten, in Paris in kurzer Zeit eine fast glänzende fanden: das kommt daher, daß der lustige, praktische, materielle Franzose gerne tüchtige Handwerker verwendet, die ihm den Artikel, den er gerade braucht, gut zu liefern im Stande sind.

Horst ging alsbald an die Ausführung von Appalton's Plan. Er begann die Besuche bei den Professoren und gedachte bei den Kritikern zu enden. Doch schon nach wenigen Tagen war es ihm unmöglich, den eingeschlagenen Weg weiter zu verfolgen. Die Professoren nahmen ihn meistens sehr günstig auf, und da er jedes Gespräch über Musik vermied, so leiteten Viele unter ihnen aus Höflichkeit, vielleicht auch aus Neugierde, die Unterhaltung auf seine künstlerischen Angelegenheiten, und er mußte Urtheile vernehmen, — ohne, nach Laicher's dringendem Rathe, eine Gegenbemerkung zu wagen — die seiner Geduld und seiner Eitelkeit die härteste Probe auferlegten.

Da war Einer, der die Behauptung aussprach, Beethoven's Septuor wäre sein bedeutendstes Werk, und Alles, was aus der nachfolgenden Periode stammte, sei mehr lärmend als schön. Ein Anderer, der selbst eine Masse, und theilweise sehr langweiliger Quartette geschrieben hatte, meinte: „würde Beethoven nur seine sechs letzten componirt haben, so fürchtete ich ihn nicht; und wenn die Herren Morin & Comp. sich nur mit diesen befassen, so ist es, weil sie eine Specialität zu repräsentiren, Aufsehen zu machen suchen."*) Von Haydn und Mozart

---

*) „S'il n'avait composé que ses six derniers, je ne le

sprachen die Herren nur vorübergehend, und mit dem
Bemerken, daß man ihre Symphonien in Paris öfter
und besser zu hören bekomme, als in vielen Gegenden
Deutschlands — wogegen eigentlich kein entschiedener Ein=
wand erhoben werden konnte; über Schumann und Wagner
urtheilten die Meisten gleich den gewöhnlichen Feuilleton=
schreibern; Bach und Händel wurden nur als alte Con=
trapunktisten anerkannt, als „Curiositäten". Was Horst
jedoch ganz besonders überraschte, war, daß die meisten dieser
Herren, wenn sie auch über die Verflachung der Musik
und über den schlechten Geschmack im Allgemeinen klagten,
doch keinen der von der Mode begünstigten Virtuosen
entschieden tadelten, sondern selbst an dem seichtesten und
unbedeutendsten die Eigenschaften lobten, durch welche sich
allenfalls das Publikum eine Zeit lang, der Künstler
jedoch niemals bestechen lassen kann. Es erschien ihm
ganz unerklärlich, daß bei derartigen Anschauungen
und Grundsätzen, wie sie viele der Professoren aus=
sprachen, die Concerte der Gesellschaft des Conser=
vatoriums, deren Anordnung, Leitung und Ausfüh=

---

craindrais pas." Es wird diese Schilderung manchem Leser
übertrieben erscheinen. Der Verfasser kann als Beweis, daß
Urtheile, wie die oben angeführten, nicht blos in einem Romane,
sondern in der Wirklichkeit, und nicht blos etwa in Paris vor=
kommen, auf die Selbstbiographie Spohr's hinweisen, wo dieser
von Beethoven, dessen Mangel an ästhetischer Bildung und dessen
Compositionen spricht. Und Spohr war gewiß ein Ehrenmann,
und ein **deutscher** Componist.

rung größtentheils in den Händen jener Männer liegt, Leistungen bieten, die fast immer als vollendet, ja in mancher Hinsicht als unerreicht bezeichnet werden können. Daß ein Künstler, obwohl vom wärmsten und echtem Kunstgefühle durchdrungen, sich dennoch zu Concessionen an die Mode und an die Menschen, mit denen er umgeht, herbeilasse — quasi mit dem moralischen Vorbehalte, mit welchem manche Souveräne Verfassungen beschwören, die ihnen lästig sind — konnte er begreifen, weil er ja selbst für einige Zeit eine derartige Komödie durchzuführen versuchte; daß aber umgekehrt Einer mit den frivolsten Grundsätzen, ohne sittliche Grundlage — um uns eines beliebten deutschen Ausdruckes zu bedienen — wirklich das Höchste in der Kunst erreichen konnte, verwirrte ihn.

Horst faßte den Widerspruch nicht, weil er sich in dem entgegengesetzten bewegte, und weil er trotz seiner Vorliebe für Franzosenthum in Kunstfragen doch immer von deutschen Anschauungen ausging, die von den französischen mannigfach abweichen. Diese entspringen meistens der Berechnung der unmittelbaren äußerlichen Wirkung des Kunstwerkes, jene dem oft unfruchtbaren Nachdenken über die Idee, welche dem Kunstwerke innewohnen soll. Jene haben es daher meist mit der Form, mit der Ausführung zu thun, diese mit dem Geiste, mit der Conception. Bei den Franzosen steht das Wie? oft über dem Was? bei den Deutschen mag es vorkommen, daß das Was? allenfalls dem Künstler und seiner Partei klar sei, aber nicht dem Publikum, das schon gegenüber dem Wie? (der Form) des ihm vorgeführten Kunstwerkes keine klare Anschauung gewinnen kann. In französischer Dichtkunst, Malerei und Musik wird die innere Wahrheit sehr oft dem äußeren Effecte geopfert; in Deutschland wird die Wahrheit so lange und so tief gesucht, die Verkörperung der Idee so lange angestrebt, bis das eigentliche Kunstgebilde darüber verloren geht und ein symbolisches Etwas, eine Allegorie daraus wird, daß selbst ein Cornelius zur Feder greifen muß, um uns seine Cartons zum campo santo in Berlin, seine „Doktordissertation" zu commentiren (von den Neukatholiken nicht zu reden). Welches Recht haben wir dann, die Programm=Musiker zu tadeln, wenn sie uns lehren wollen, wie wir ihre Musik anhören dürfen? Wir verdanken jenem Forschen und Ringen nach Wahrheit die höchsten Schöpfungen deutschen Geistes in allen Künsten; leider dient es oft auch als Vorwand für jenes affectirte, zur Schau getragene Streben nach tiefinnerer Bedeutung, worin viele Künstler die Mangelhaftigkeit der Technik verbergen, und wobei von einem Kunstwerke, das durch sich selbst, und nicht durch Anregung von Nebengedanken, die mit der Darstellung nichts zu thun haben, keine Rede mehr sein kann.

Die französischen Kunstanschauungen haben schon deßhalb eine praktischere Richtung, weil durch die Concentrirung der künstlerischen Kräfte in Paris, durch die daraus entstehende Concurrenz, das ehrgeizige Streben nach un=

mittelbarer Anerkennung des Publikums geweckt und genährt wird.

Dadurch, daß die verschiedenartigsten Schulen in ein- und demselben Kreise wirken, — nicht wie in Deutschland in großen Entfernungen getrennt sind — daß die Gegensätze einander immer auf demselben Kampfplatze treffen, und daselbst um den Sieg ringen müssen, entwickelt sich die Thätigkeit, die Spannkraft, in unglaublichem Maße, auch das Urtheil des Publikums wird in steter Entwicklung erhalten. Nur die Thaten, die Leistungen entscheiden hier, nicht, wie häufig in Deutschland, die philosophischen Kunstkritiken, Dissertationen und Disputationen, die von Jüngern und Laien begierig gelesen, oft nicht verdaut werden, fast immer die Köpfe verwirren und die Gemüther erbittern. In Paris geschieht es manchmal, daß das Urtheil des Publikums und der Kritik gerade vermittelnd einwirkt, daß die Extreme an Schärfe nachlassen müssen, und eine Art von unbewußtem Compromiß zwischen den entgegengesetzten Schulen erfolgt. Freilich hat dies nur in den bildenden Künsten zu erfreulichen Resultaten geführt; in der Musik hat es den Impuls zu jenem Eklekticismus, zur Verschmelzung der Stylarten gegeben, über die wir schon im ersten Bande den Stab gebrochen haben. Wir schätzen Berlioz deßwegen so hoch, weil er immer läuternd, immer mehr zur Klarheit strebend, gegenüber der fast unwiderstehlichen Verlockung, durch Concessionen ein großes Publikum für sich zu gewinnen, dennoch seinem Style, seiner Ueberzeugung treu blieb.

Unmittelbar wirken kann aber nur das Genie, durch das Dämonische, das uns erfaßt und mit sich reißt, — hier ist die Wirkung unmittelbar und nachhaltig zugleich — und das Talent, durch die meisterhafte Technik, die uns vorübergehend fesselt. Dies letztere aber ist die Grundlage der meisten Schöpfungen der französischen Kunst. Wir finden sie in der Musik, von den großartigen Tondichtungen Berlioz', dem selbst die Gegner der Programmmusik — zu denen der Verfasser theilweise gehört — vollendete Kunst der Instrumentation, prägnante Rhythmik und Melodik zuerkennen, bis herab zu den kleinen ephemeren Operetten und Singspielen der opéra comique, der opéra lyrique und der bouffes parisiennes. Diese meisterhafte Technik und das Streben nach Prägnanz der Form tritt auch in den reproduzirenden Leistungen der Franzosen hervor, in den Vorstellungen des théatre français, der opéra comique und der opéra lyrique, am höchsten in dem Gesange Roger's und in den Concerten der société du conservatoire.

Hier vereinigt sich Alles, was Paris an großen Instrumentalisten besitzt, zu einem gemeinsamen Zwecke, und jenes hohe künstlerische Standesbewußtsein, von dem wir noch am Ende des Werkes sprechen werden, bewirkt, daß ein jedes Glied dieser Gesellschaft beim Eintritt in das Orchester seine Privatmeinung vor der Thüre läßt und nur dem Gesetze der objectiven Leistung gehorcht. Hierzu kommt noch der unschätzbare Vortheil, daß die vortreffliche Habeneck'sche Tradition unverändert, daß in Paris Tempi und Nuancirung gleich bleiben, während in Deutschland in verschiedenen Städten verschiedenartige Auffassung herrscht, die noch dazu fast mit jedem neuen Dirigenten wechselt. Alles das zusammengenommen erklärt den im ersten Momente fast unlöslich erscheinenden Widerspruch zwischen den einzelnen individuellen Anschauungen und Leistungen und den Gesammtleistungen der französischen Tonkünstler.

Diesen Widerspruch faßte Horst um so schärfer auf, als er die Leistungen vor den Meinungsäußerungen vernommen hatte, daher der Gegensatz um so greller abstach. Und da der Moment zur Erwägung, Betrachtung und Prüfung, zumal für Einen, der sich selbst in Widersprüchen bewegte, nicht geeignet war, so faßte Horst den raschen Entschluß, alle weiteren Besuche, besonders aber die bei den Kritikern, aufzugeben; denn diesen gegenüber — das fühlte er — hätte die Rücksicht, die er den ältern Künstlern zollte, ihn nicht zurückgehalten, seine Meinung über ihre Unwissenheit und absprechende Manier auszusprechen; es erschien also gerathener, solchen Eventualitäten auszuweichen. Alles Zureden Appalton's und Laicher's fruchtete Nichts; als sie ihm bemerkten, warum er mit dem Compagnon der Blaguéoni, dem doppelnamigen Feuilletonisten bisher so gut gestanden hatte, der nicht besser sei, als die Andern, entgegnete er, daß dieser sich von ihm manchmal Rath erhole, und sein Urtheil in manchen

Dingen als maßgebend anerkenne. „Stünde ich ihm nur als Musiker gegenüber," meinte er, „so wären unsere Beziehungen schon lange abgebrochen."

Inzwischen war das Diner, welches alle die Matadoren vereinigen sollte, wenn auch nicht anberaumt, doch insoweit vorbereitet worden, als Horst mehrere Professoren bereits persönlich geladen und ihre Zusage erhalten und Appalton seinerseits den eben erwähnten Kritiker gebeten hatte, seine ihm nahestehenden Collegen auf die Einladung vorzubereiten und günstig zu stimmen. Das Vorhaben durfte, nachdem es soweit bekannt worden war, nach Appalton's und Laicher's Meinung nicht aufgegegeben werden. Sie und die Blaguéoni übernahmen es, die Kritiker, welche Horst nicht besucht hatte, und die er noch nicht kannte, so gut als es ging, in seinem Namen zu laden und ihre Annahme zu bewerkstelligen. Durch einen glücklichen Zufall waren die meisten dieser Herrn an dem Tag, an welchem das Diner stattfinden sollte, weder besonders beschäftigt, noch anderweitig geladen, und da ihnen der Sohn des Epicier, an den sich Horst gewandt hatte, in einem witzigen Circulare gute Tafel und besonderes Amusement versprach, so ließen sie sich herbei, „seine Einladung anzunehmen, und bei Herrn Horst's Diner zu erscheinen."

15. Capitel.

Ein Diner von Pariser Künstlern und Kritikern.

Horst hatte das Hôtel garni, das er nach seiner Ankunft bewohnte, mit einem andern, in einer ruhigeren Straße gelegenen, vertauscht. Zu dieser Veränderung hatte ihn der Umstand bewogen, daß die reizende Tochter des Portiers, oder um uns des französischen Ausdrucks zu bedienen, des concierge *), ihre Eltern plötzlich verließ, und daß diese Horst beschuldigten, das Mädchen zu dem Schritte verleitet zu haben, um sie ungestört sehen zu können. Es gab einen sehr unangenehmen Auftritt, die Polizei mußte einschreiten; es stellte sich bald heraus, daß unser Freund nicht den geringsten Vorwurf verdiente. Er hatte dem Mädchen allerdings den Hof gemacht, ihr auch manches kleine Geschenk gesendet, aber bis zur Stunde ihrer Entfernung waren

---

*) Concierge ist dem deutschen Portier nicht ganz gleichbedeutend; dieser ist eher durch suisse zu bezeichnen. Der concierge, Thürhüter, ist in jedem Hause von Paris zu finden. Von seinem Zimmer, „loge" genannt, kann er durch ein kleines Fenster die Aus- und Eingehenden bemerken. Vermittelst eines mit seinem Zimmer correspondirenden Drahtzuges öffnet er des Abends das Thor, welches in Paris gewöhnlich etwas früher geschlossen wird, als in deutschen Städten. Die Hinausgehenden verlangen das Oeffnen mit dem Rufe: La porte, s'il vous plait!

seine Beziehungen rein freundschaftliche gewesen; eine hoch= gestellte Person hatte die Mittel gefunden, das Mädchen ihren ehrlichen tugendhaften Eltern zu entführen, die hinterdrein freilich in der bedeutenden Abfindungssumme einigen Trost fanden.

Horst war indessen in ein anderes Hôtel gezogen. In diesem befand sich ein eleganter Salon, der für kleinere Gesellschaften, Tanzpartien, Diners u. s. w. vorzüglich geeignet war und öfter dafür benutzt wurde. In diesem fand auch das Diner Horst's statt.

Die Gesellschaft war aus ziemlich heterogenen Ele= menten zusammengesetzt. Da befanden sich zuerst mehrere Professoren des Conservatoriums, meistens ältere, sehr liebenswürdige Herren, die von dem modernen Treiben in der Musikwelt wenig oder gar keinen Begriff hatten, und sich den jüngern anwesenden Collegen gegenüber, mit denen sie sonst nur im Dienste verkehrten, ziemlich genirt, fast eingeschüchtert fühlten. Dann kamen einige Referenten der Hauptjournale, unter ihnen Blaguéoni und Appalton, die geschworen Feinde des Conservatoriums; endlich einige Musiker und Schriftsteller zweiten und dritten Ranges, die sich eigentlich nur durch ihre originelle Persönlichkeit auszeichneten, daher sehr geeignet waren, als gesellschaftlicher Kitt zwischen heterogenen Materien zu dienen. Unter ihnen ragte Einer hervor, dem es von jeher gelang, die mürrischsten Leute zur Theilnahme am allgemeinen Gespräch zu zwingen. Er war Pianist und hieß Mordin, aber sein beißender Witz hatte ihm den

Namen Mordant verschafft, unter dem er allgemein bekannt war. Als schlechter Musiker, wie als vortrefflicher Gesellschafter wurde er nur von einem Manne in Paris übertroffen, von Vivier, dem berühmten Hornisten, der in seiner großen Virtuosität, in seiner musikalischen Charlatanerie, und in seinem stets schlagfertigen Erzählungstalente unerreicht, ja gewissermaßen als eine räthselhafte Erscheinung betrachtet werden kann. Lebten wir in den Zeiten griechischer Mythe, so würde Vivier nach seinem Tode — lange noch möge Atropos seinen Faden spinnen — als Gott der „blague" in den Olymp versetzt werden!

Der Empfang und die ersten Begrüßungen waren so förmlich — fast steif — wie sie unter Leuten sein mußten, die einander zu treffen nicht erwarteten, oder wo sie darauf vorbereitet waren, doch nur die unangenehme Nothwendigkeit so gut als es geht hinnehmen, und bei großer äußerlicher Ruhe die Faust im Sacke machen. Die Professoren, von denen die meisten mit den Kritikern nicht gerne zusammen kamen, und doch es offen einzugestehen, und die Einladung Horst's auszuschlagen nicht den Muth besaßen, benahmen sich überaus vornehm=höflich; sie hielten das für diplomatische Haltung, dachten wahrscheinlich, den bösen Spöttern, den Kritikern zu imponiren; diese hingegen ließen sich gar nicht beirren und behielten ihren nonchalanten Aplomb, und das Ansehen von Selbstgenügsamkeit und Ueberlegenheit, das sie sich mit vielem Geschicke allen jenen gegen=

über, mit denen sie nicht auf freundschaftlichem Fuße stehen, zu geben wissen. Die Viertelstunde vor dem Diner war eine für Gäste und Gastgeber gleich wenig unterhaltende. Die Ersteren sahen einander stumm an, oder bildeten abgesonderte Gruppen.

Horst, der sich in seinem eigenen Zimmer fast wie ein Gast vorkam, war verlegen. Wir haben von ihm erzählt, daß er das Talent besaß, sich in jeden Ton zu finden, doch, gegenüber so verschiedenartigen Elementen, deren jedes sich abgesondert hielt, fehlten ihm die Eigenschaften, die allein ein Amalgama erzielen können: Ruhe und Takt, die äußeren Kennzeichen selbstbewußten Charakters — oftmals auch eine bloße, durch Erziehung und Umgang in guter Gesellschaft gebildete Rinde über innere Hohlheit und Leere.

Einen Augenblick versuchten die Blaguéoni und Appalton quasi die Honneurs zu machen, doch ohne Erfolg; von den Kritikern wurden sie sehr nachlässig behandelt, von den Professoren ignorirt. Laicher's Gedanken waren auf das Diner gerichtet, für das er sich seit dem Morgen hungrig gehalten hatte, Mordant berechnete mit seinem immer richtigen Takte, daß der Moment für sein Wirken noch nicht gekommen sei.

Was ist wohl schrecklicher als die Langeweile selbst? Die Aussicht auf Langeweile, der man nicht entrinnen kann. Ist man einmal mitten drinnen, dann sucht man gewöhnlich irgend einen Ausweg, man nimmt auch den unbedeutendsten Zwischenfall zum Vorwand, sich selbst vorzuspiegeln, man amüsire sich); aber wenn man die Langeweile so herannahen sieht, ohne daß noch irgend ein Trost leuchte, wenn man, ohne besonderen Appetit, an einem Diner niedersitzt, das voraussichtlich einige Stunden dauern wird, ohne daß man weiß, wie und was man mit den Mitgästen reden soll, dann wünscht man in irgend einer Kneipe zu sein und bei einem Stück Holländer Käse und einem Glase Bier die Annoncen in einem acht Tage alten Zeitungsblatte zu studiren.

Unter dem finstern Drucke einer derartigen Stimmung begann das Diner Horst's. Ueberall sah man lange Gesichter; selbst die Aufwärter, sonst so flinke Burschen, stiegen mit ungewohnter Schwerfälligkeit und Gravität — ut Attica virgo cum sacris Cereris — einher, und lauschten mit offenem Mund und trüber Miene der sonderbaren Unterhaltung der Gäste, die von einem Gegenstand auf den andern sprang, ohne irgendwo haften zu bleiben. Man sprach zuerst von Rußland und der Türkei, dem Fürsten Menschikoff und dem Groß= vezier; die Erscheinung einer kolossalen Steinbutte (turbot) gab einem Professor, der neben der Musik auch Ichthyo= logie trieb, Gelegenheit zu einer Abhandlung über die verschiedenen Gattungen der Seescholle, und über die Verwandtschaft zwischen dem Rückgrate mancher Fische und denen des Menschen. Dann trat wieder eine Pause ein, bis endlich Mordant, dem der haut sauterne gemun= det hatte, durch ein Wort, das wie eine Rakete unter die Schmausenden fiel, das Gespräch mit einem Male belebte.

Er aß gerade von einem Gerichte, das die Aufmerksamkeit und das Lob der Feinschmecker erregt hatte. „Pardieu!" — rief er und winkte dem aufwartenden Diener, um sich die Schüssel ein zweitesmal reichen zu lassen — „voilà un poulet de Marengo qui vaut une Symphonie de Beethoven!"

Ein allgemeines Oh! Oh! erscholl; die Professoren sahen entrüstet drein, die Andern lachten.

„Comment Oh!" entgegnete Mordant. „Was, meine Herren, erregt eigentlich Ihre tugendhafte Entrüstung? Ist meine Bemerkung nicht vollkommen gegründet? Ist dieses poulet nicht vollendet in seiner Art, wie eine Symphonie Beethoven's? vereinigt es nicht die heterogensten Stoffe zu einem wunderbaren Ganzen? Sind hier nicht alle Mittel der Kochkunst erschöpft worden, um die großartige Wirkung hervorzubringen? Finden wir hier nicht doppelten und dreifachen kulinarischen Contrapunkt? Ja, ich gehe noch weiter und behaupte, daß die Urtheile über dieses Gericht weniger getheilt sein werden, als die über eine Beethoven'sche Symphonie. Keiner der Anwesenden wird etwas Anderes behaupten, als daß dieses poulet ganz außerordentlich gut ist, während ich die Herren Professoren N. und Y. auffordere zu erklären, ob sie selbst in der neunten Symphonie und in den letzten sechs Quartetten nicht Manches auszustellen finden?"

„Wenigstens muß ich eingestehen," antwortete einer der Gefragten, der gerne auch für einen witzigen Kopf galt — „daß ich dieses Gericht hier besser verdauen werde, als das Finale der erwähnten Symphonie, das wir vor vierzehn Tagen hörten, und das mir noch heute im Magen liegt."

„Besonders," fügte Mordant mit unschuldiger Miene hinzu, „wenn man bedenkt, daß so ein Tonwerk eigentlich nach dem Gehirne hin wirken soll, und daher einen ganz falschen Weg genommen hat."

„Ohne nun mehr auf das poulet zurückkommen zu wollen, besonders nachdem es einmal verzehrt ist" — bemerkte Professor Y., an den Mordant ebenfalls appellirt hatte — „müssen wir eingestehen, daß der Beethoven=Kultus etwas zu weit getrieben ist; denn nicht bloß seine Symphonien, selbst seine Sonaten sind nicht so unendlich hoch zu stellen, wie dieß jetzt geschieht. Ich behaupte, daß diese letzteren auf dem Papiere, theilweise auch nur in der Idee, schöner erscheinen, als sie je auf dem Instrumente klingen werden. Ich will von den nach der Opuszahl 100 componirten gar nicht reden, aber selbst die leichteren sind ganz ohne Rücksicht auf das Instrument entworfen und ausgeführt. Ich habe die Baßpassage in dem Scherzo der As - dur = Sonate auf unsern jetzigen Concertflügeln, deren Ton besonders in den unteren Lagen sehr voll und dick ist, nie ganz rein und deutlich klingen hören, und wenn die sonata appassionata in einem Tempo vorgetragen wird, welches ihrem Charakter einiger=maßen entspricht, so muß Vieles verworren und unklar erscheinen, wenn es auch noch so korrekt gespielt wird. Nun ist doch eine der Hauptbedingungen des Vortrags einer Piece, daß der Zuhörer dabei Vergnügen empfinde, und das ist nicht möglich, wenn er nicht klar hört. Ich will allenfalls für größere Tonwerke gelten lassen, daß die Anwendung instrumentaler Massen manchmal der Deutlichkeit Eintrag thut, obwohl Haydn uns ein schlagendes Beispiel des Gegentheils gegeben hat, aber gegenüber Solo-Instrumentalstücken halte ich an meinem Prinzipe fest."

Horst wollte antworten, aber Mordant kam ihm zuvor, indem er ihm den Faden der Rede so zu sagen von den Lippen abschnitt. Er sah voraus, daß eine ernsthafte Diskussion über Kunstprinzipien zu langweiligen Erörterungen und zu Spaltungen führen würde, und suchte dem Gespräche eine andere Wendung zu geben. Er hatte sich das Recht erworben, seinem Witze und Spotte freien Lauf zu lassen und gebrauchte es in vollem Maße. Er hielt eine komisch-ernsthafte Rede über Kunstprinzipien, worin er sie mit den politischen verglich, und endlich mit dem beißendsten Spotte bewies, daß auch dort das allgemeine Stimmrecht allein aus der Anarchie der Parteien retten könne. "Die wahre Musik der Zukunft," endete er, "wird die sein, über die man einmal abstimmen lassen wird, und die dann nicht mehr angegriffen werden darf. Der Compositeur dieser Musik wäre der élu du peuple, der Musikkaiser, der von Gottes Gnaden u. s. w. regierte, und nur alle Jahre seine Kammern beriefe, um Variationen über die Themata, die er ihnen vorlegt, machen zu lassen."

Die Unterhaltung war nun auf ein Terrain geleitet, wo Jeder seine Bemerkung anbringen konnte, und die französische Lebhaftigkeit brach überall hervor. Ein Witz folgte auf den andern, man überbot sich in komischen Beschreibungen der verschiedenen Virtuosen; Mordant ahmte ihre Manieren, ihre Bewegungen nach, sprang dabei wie der Harlekin in der Pantomime nach rechts und links und theilte Hiebe aus. Alles lachte, die Professoren, die Journalisten, die Aufwärter, welche die Champagnerpfropfen immer lustiger springen ließen, die Pagoden auf dem Kamingesimse; man hörte bald kein deutliches Wort mehr, weil alle Gäste zu gleicher Zeit sprachen, nur wenn eine Bemerkung besondere Heiterkeit erregte, ward ein Augenblick Stillstand, weil sich Jeder das Witzwort von seinem Nachbar wiederholen ließ; aber gleich darauf ging das Getümmel wieder los.

Einer lachte nicht und das war Horst. Abgesehen davon, daß er als Gastgeber fast unbeachtet geblieben war, sah er auch das eigentliche Ziel des Festes ganz verrückt. Er hatte die Hoffnung genährt, nach aufgehobener Tafel seine künstlerischen Pläne und Ansichten, die er während der Besuche bei den Professoren nicht berührte, endlich zur Sprache bringen zu können; aber es war unverkennbar, daß der Moment nicht dazu paßte; selbst die ruhigst gebliebenen Gäste dehnten sich behaglich in ihrem Lehnstuhle aus, und schienen kein höheres Verlangen zu hegen, als eine gute Tasse Kaffee zu schlürfen und eine Havanna zu rauchen. Er wollte

Laicher anregen, doch wenigstens von Concerten und sonstigen musikalischen Angelegenheiten zu reden, auf daß er vielleicht ein Wort von seinen Unternehmungen mit einfließen lassen könnte, doch des deutschen Correspondenten Augen rollten im Kreise und stierten, wie die einer Nachteule. Die Blaguéoni, Appalton und der Journalist, ihr Compagnon, lagen auf dem Sopha und blickten dem Rauche ihrer Cigarren nach. Zwei alte Professoren debattirten wüthend über die verschiedenen Regierungssysteme; ein dritter Aeltester suchte sie zu besänftigen, und ihnen zu gleicher Zeit zu beweisen, daß die Republik die einzige Staatsform sei, in welcher die Intelligenz zur Geltung gelangen könne; nach fruchtlosen Bemühungen sanfter Ueberredung wandte er das entgegengesetzte Mittel an, suchte sie zu überschreien; die drei Alten machten einen Höllenlärm, während zwei ihrer jüngeren Collegen gegenseitig die Bemerkung austauschten, daß dem Diner, um ganz vortrefflich zu sein, Nichts gefehlt habe, als eine pikante Frauengesellschaft, und daß die alten Perrücken weggeblieben wären. Die Journalisten unterhielten sich ihrerseits über die letzten Theaterstücke, über die neu in Aussicht stehenden, über Stadtgeschichten, kleine Scandale, Spielpartien und über die nächsten Hofbälle. So vergingen anderthalb Stunden nach dem Diner; es war fast zehn Uhr geworden, Alle fühlten sich mehr oder minder abgespannt, Laicher hatte sich im Nebenzimmer auf ein Ruhebett gesetzt, und war dort eingeschlafen. Die Gesellschaft trennte sich, kein

Mensch sprach von Musik, von Concerten; ein alter Professor sagte zu Horst im Weggehen: „ich hoffe, daß wir noch das Vergnügen haben werden, Sie einmal zu hören?" und wartete kaum die Antwort ab.

Als Horst noch vor dem Schlafengehen einen kleinen Spaziergang auf dem Boulevard unternahm, hörte er einen seiner Gäste einem Fremden das Diner beschreiben. „Im Anfange war es schrecklich langweilig," erzählte er, „dann wurde es etwas amüsanter, die Speisen waren recht gut, auch die Weine; das Beste an der Sache war, daß keine Musik gemacht wurde; ich fange an, diesen Horst für einen Mann von Geist zu halten."

16. Capitel.

Schicksale eines Concertgebers in Paris.

Das Programm von Horst's erstem Concerte war endlich nach längerer Berathung mit Appalton und Laicher festgestellt und veröffentlicht. Er hatte zuerst fast nur größere und ernstere Werke seiner Compositionen, theilweise mit Orchesterbegleitung, vorführen gewollt, aber die Blaguéoni'schen Agenten brachten ihn durch ihre eindringlichen, aufrichtig gemeinten Einwürfe von dem Vorsatze ab. Sie stellten ihm vor, daß der größte Theil des zahlenden Publikums in seinem Concerte aus seinen

Gönnern, d. h. aus den Personen, in deren Salons er musicirt hatte, und aus deren Anhang bestehen würde. „Und solche zahlenden Concertbesucher," bemerkte Laicher, „verlangen mit Recht, daß der Virtuose ihren Geschmack berücksichtige, denn sie sind selten. In Paris will Niemand mehr Geld für Concerte ausgeben, es gehört zum bon ton, Freikarten zu erhalten; ich kenne Leute, die, um sich deren zu verschaffen, in der Stadt herumfahren, alle ihre Bekannten aufsuchen und dabei an Fahrlohn mehr verausgaben, als der Preis eines Billetes betragen mochte. Sie dürfen also jene Gönner nicht durch Vorführen zu ernster Musik, besonders Ihrer eigenen Composition, langweilen und daher beleidigen." Appalton meinte, das Publikum von Paris müsse erst nach und nach gewöhnt werden, einen Componisten ernsterer Gattung zu schätzen. Erst wenn es seinen Namen oft und rühmlich nennen gehört hat, wird es mehr oder weniger Alles von ihm günstig aufnehmen. Den am triftigsten klingenden Grund gegen die Wahl eines ausschließlich künstlerischen Programmes brachte der Journalist, der Sohn des Epicier, vor. „Sie werfen," bemerkte er, „allen hier bekannten Concertgebern den Fedehandschuh hin, wenn Sie das jetzt einmal vorherrschende Genre der Salonmusik aus Ihrem Concerte bannen, und entfremden sich zu gleicher Zeit alle die Freunde, die in Ihnen den geistreichen Vertreter dieses eleganten leichtfaßlichen Genres verehrten und nichts davon ahnten, daß sie eigentlich einer ganz entgegengesetzten Richtung hul-

digten. Sie bereiten sich also die schwierigste Stellung selbst. Sind Sie einmal Ihrer Sache gewiß, haben Sie sich mit den Chefs der klassischen Clique verständigt und sich ihrer Unterstützung versichert, dann können Sie kühn vorangehn; im Gegenfalle rathe ich Ihnen, wenigstens einen Theil des Programmes mit der Musik auszufüllen, die Ihnen bereits im Salon Erfolge errungen hat, bei der Sie also auf den Beifall eines Theils des Publikums rechnen können; und ist einmal die Stimmung günstig angeregt, dann läßt sich auch Ernsthaftes, Schwieriges, die Leute Langweilendes mit weniger Gefahr bieten. Gefällt es auch nicht, so haben Sie wenigstens Ihrem Grundsatze von künstlerischer Tugend genügt, man wird von Ihnen sagen: er ist ein Deutscher, diese philo=
sophiren selbst in der Musik, aber er besitzt auch Geist und Talent genug, um uns zu unterhalten. Im Gegenfalle aber gähnt das Publikum und die Musiker lachen Sie aus, denn hier zu Lande will man, und mit Recht, nicht begreifen, daß Jemand, der vor die Oeffentlichkeit tritt, nur für kalte Prinzipien, für die Ehre, und nicht auch für den Ruhm und was damit zusammenhängt — für den Gewinn — arbeitet. Brot=
neid kennt man in Paris nicht. Jeder Musiker weiß, daß trotz der vielen Künstler und Lehrer, die be=
reits hier leben, noch immer Platz für Andere, Nach=
kommende vorhanden ist. Er findet es auch ganz natür=
lich, daß ein Jeder seine Fähigkeiten auf die beste Manier verwerthe und Geld erwerbe. Aber Ruf und Ehren,

mon cher Mr. Horst, sind Besitzthümer, die, bei einigermaßen bedeutenden Leistungen, nur durch langjähriges Ringen und Kämpfen, durch geduldiges Ausharren bei Mißgeschicken erlangt werden, manchmal auch durch Bekanntschaften, Cliquen, und besonders günstige Umstände, die schon manchem Unbedeutenden Berühmtheit verliehen. Die Leute von großem Rufe und vielen Ehren sind daher meistens eifersüchtiger auf einen Nebenbuhler, der so zu sagen, einen Theil jener schwer erlangten Besitzthümer an sich ziehen will, als auf einen, der mehr Geld als sie erwirbt; und sie erschweren Jenem den Weg in jeder Weise. Es gibt Fälle, wo ein kühner Mann oder ein Genie mit einem Male durchdringt und einen Staatsstreich ausführt; dieser ist aber in der Kunst seltener und schwieriger als in der Politik; denn hier finden sich viele Leute, die bei der Veränderung profitiren, daher mithelfen; dort verlieren, außer dem Einen, Alle, wenigstens für den Moment."

Alle diese Einwände waren, von einem gewissen Standpunkte betrachtet, vollkommen begründet, und Horst durfte, von dem Augenblicke, als er die Blaguéoni und Consorten mit der Anordnung seiner künstlerischen Angelegenheiten betraute, dem Rathe dieser, nach einer Richtung hin vollkommen praktischen Leute, nicht entgegen handeln. Er stellte also ein Programm auf, das, wie Appalton meinte, alle Parteien befriedigen konnte; und nachdem er die verschiedenartigsten Musikgattungen in einen Rahmen zusammengepreßt hatte, mochte er selbst meinen, daß die Lösung eines schwierigen Problems ihm gelungen sei; es gab aber doch Momente, wo er den Widerspruch, in dem er sich bewegte, wenn auch nur dunkel, fühlte, wo er Ewalt's gedachte und sich nach ihm sehnte.

Und nun überkamen ihn die Schwierigkeiten, die tausend großen und kleinen Ungemächlichkeiten und Unannehmlichkeiten, die mit dem jetzigen Concerthandwerke zusammenhängen, und die an dem innersten Marke eines jeden Musikers zehren, der nicht leichtsinnig genug ist, um sich über Alles hinauszusetzen, oder energisch genug, um sich nicht beirren zu lassen. Aber der göttliche Leichtsinn fehlt unserer musikalischen Generation ebenso wie die selbstbewußte Kraft, die, ein hohes Ziel fest anstrebt, alles Andere unberücksichtigt läßt, und ausdauert. Wie viele verachten, was sie nicht entbehren mögen!

Laicher hatte alle Anordnungen in der Druckerei, die Annoncen u. s. w. zu besorgen. In seinem Eifer, jedes Wort des Programmes genau nachzulesen, übersah er gänzlich, daß gleich in der obersten Zeile der Name Horst's falsch gedruckt und in ein für die Franzosen unaussprechliches Wort Hrost verwandelt worden war, und dieser Druckfehler war für die Müßiggänger des Boulevard ein wahres Ereigniß. Allenthalben umstanden Gruppen lachender Pariser die kolossalen an den Straßenecken klebenden Concertanzeigen und überboten sich gegenseitig in dem Versuche, das H vor dem R herauszupusten. An beißenden Bemerkungen, wie sie der Franzose bei jeder Gelegenheit anzubringen versucht, ohne dabei an Schlimmes zu denken, fehlte es nicht. „Wenn die Musik dieses neuen Pianisten ebenso harmonisch klingt, als sein Name, so lassen sich ihm große Erfolge prophezeien," meinte Einer. „Vielleicht muß das Wort von rückwärts gelesen werden," meinte ein Anderer. Zwei Tage nach dem Erscheinen der Ankündigungen ging Horst auf dem Boulevard an einer Gruppe vorüber, die sich in der angeführten Weise unterhielt; dort befand sich auch Mordant, der witzige Pianist, dessen Bekanntschaft wir beim Diner Horst's gemacht haben. Er rief diesen an, zeigte ihm den Druckfehler und sagte lachend: „Sie haben den Herrn Schneizhöffer total besiegt; Ihnen gebührt die seit Jahren noch nicht gewonnene Prämie, denn selbst Monsieur Clain-gein-bér-gere (er dehnte jede Sylbe möglichst lang) erfreute sich eines Namens, der unseren Sprachwerkzeugen weniger Schwierigkeiten bot, als dieser hier."*) Horst wußte, daß der Spötter seinen Namen genau kannte; er war wüthend, daß er einen Druck=

---

*) Vor vielen Jahren kam ein deutscher Musiker Namens Schneitzhöffer nach Paris; ein Witzblatt bot eine Prämie für Jenen, dessen Namen noch schwerer auszusprechen wäre. Nach einiger Zeit kam ein Flötenspieler Klingenberger in die Seinestadt, und einige Blätter reklamirten nun für ihn die ausgebotene Prämie. Der Streit blieb unentschieden, da es nicht erwiesen werden konnte, daß „Scheneitzhöffère" leichter auszusprechen wäre, als „Claingeinbergère".

fehler benutzte, um ihn lächerlich zu machen; es kam zu einem Wortwechsel, und nur mit einiger Mühe verhinderten die andern Musiker, die bisher stillschweigende, aber lachende Zeugen der ganzen Scene waren, daß eine Forderung zum Zweikampfe erfolgte. Mordant warf einige mehr berichtigende als entschuldigende Worte hin, Horst erklärte sich befriedigt; nichtsdestoweniger blieb er in der Meinung der Leute im Unrecht, und der Vorfall ward bald in allen Kreisen mit mehr oder weniger witzigen Zugaben erzählt. Gereizt und über sich selbst erbost, fuhr Horst nach der Druckerei, warf dem Factor seine Nachlässigkeit in der Durchsicht der Correctur vor; dieser, ein heißblütiger Franzose, ließ es an beißenden Gegenreden nicht fehlen. Der Streit endete damit, daß Horst neue Programme bestellte, die noch am selben Tage fertig gedruckt werden sollten. Das bedingte eine Verdoppelung der Arbeitskräfte und erhöhte die Vorunkosten des Concertes um ein Bedeutendes. Daran, daß der Uebelstand leicht gehoben werden konnte, indem man den unrichtig gedruckten Namen mit kleinen Zetteln überklebte, worauf die beiden versetzten Buchstaben richtig gestellt waren, dachte keiner der Streitenden in der Hitze; erst Laicher, dem am andern Morgen dieser Zwischenfall bekannt wurde, und der die Hände über dem Kopf zusammenschlug, als er von der neuen Bestellung erfuhr, deutete das leichte Aushülfsmittel an; es konnte jedoch nicht mehr angewendet werden.

Die neuen Programme waren gedruckt. Horst's

Name prangte in kolossalen Lettern an den Straßenecken. Der Concertgeber hielt sich jetzt vor Unannehmlichkeiten von dieser Seite her gesichert; da stürzt eines Morgens Appalton in sein Zimmer mit dem Rufe: „Mein Gott, was haben Sie mit Ihren Zetteln angefangen?! Ihr Name ist mit um die Hälfte größeren Lettern gedruckt, als jener der berühmten Madame X*, die nur aus besonderer Gefälligkeit in Ihrem Concerte für dreihundert Franken singt, da sie sonst nie weniger als fünfhundert acceptirt?! Soeben erhielt ich einen Brief, worin sie mir meldet, daß sie sehr unpäßlich geworden sei, und Sie daher ersuchen ließe, sich um eine andere Sängerin umzusehen. Wenn die anderen bedeutenderen Sängerinnen den Vorgang erfahren, so steht uns überall eine Weigerung bevor."

Horst war vor Zorn und Schrecken starr; selbst Laicher war bestürzt. „Da gibt's kein Mittel," fuhr Appalton fort, „als schnell zur Dame zu fahren und sie durch Bitten und Flehen zu besänftigen. Lassen Sie sich durch die Impertinenzen, die sie Ihnen im ersten Zorn an den Kopf werfen wird, nicht beirren, sondern bleiben Sie, und geben Sie nicht nach, bis sie beruhigt sein wird und mit sich reden läßt. Gott bewahre Jeden vor einer Französin in dem Momente, wo ihre Eitelkeit verletzt ist, und gar vor einer französischen Sängerin!"

„Aber in's T— Namen," fuhr Horst auf, „ist es nicht die impertinenteste Zumuthung von Ihrer Sängerin, daß ich derartige Details kennen und berücksichtigen solle?

Ich zahle ihr ein bedeutendes Honorar, räume ihr den besten Platz auf dem Programme ein, soll ich nun noch die Anzeigen ihrer Censur unterwerfen? Woher kann ich wissen, daß bei Euch in Paris das Talent nach dem Maßstabe der Größe der Buchstaben bestimmt wird? Und wenn ich dem Publikum den Vorfall mittheile, wird mir nicht Jedermann Recht geben, daß ich mich nicht weiter um jene bekümmerte, sondern wirklich eine andere, wenn auch gar nicht berühmte, Sängerin anwarb?"

„Keineswegs," antwortete Appalton. „Erstens hat eine Dame in Paris immer Recht, zweitens ist die Sängerin im Publikum beliebt, und Sie würden sich durch einen Angriff auf sie nur Feinde machen; endlich aber ist auch ihre Forderung keine so übertriebene. Hier zu Lande weiß fast Jedermann, der mit den musikalischen Angelegenheiten vertraut ist, daß die Namen der berühmten Theatermitglieder auf den Anzeigen in der obersten Reihe, dicht neben dem Titel der zur Aufführung gelangenden Schauspiele oder Opern, sowie immer mit besonders hervortretenden Buchstaben gedruckt werden. Ja, viele Damen und Herren lassen die Größe dieser Buchstaben, sowie den Platz, an welchem ihr Namen stehen soll, durch einen eigenen Paragraph in ihrem Contrakt feststellen. Ueberzeugen Sie sich bei der nächsten Vorstellung einer großen Oper, wenn Mr. A. oder Madame B. singen. Wer hieß Sie auch neue Programme bestellen? Daß die Leute Ihren Namen nicht aussprechen konnten, war eine Specialität, die wir viel=

leicht gelegentlich benützt hätten. Liszt wird heutzutage noch von den Meisten als Listz genannt, Thalberg mit seinem wohlklingenden Namen ist vergessen. Doch es ist keine Zeit zu verlieren. Eilen Sie zu Madame *, bringen Sie eine Versöhnung zu Stande. Das werden Sie vielleicht am besten erreichen, wenn Sie sehr betrübt über ihren Unwillen erscheinen, anderseits aber über die Angelegenheit selbst einige Witze anbringen. Wenn man eine Französin zu amusiren versteht, hat man gewonnenes Spiel; freilich werden die Amusements immer theuerer; mit Geist allein reicht man nicht mehr aus."

Horst fuhr nach der Wohnung der erzürnten Sängerin. Sie ließ sich verleugnen; er hatte sie, als er aus dem Wagen stieg, singen hören, und erklärte, an der Thüre warten zu wollen, bis sie wiederkäme. Er blieb auch auf seinem Platze; das hübsche Kammermädchen, das ihn zuerst gemeldet hatte, kam nach einer Weile und meinte: Monsieur wartet vergeblich; Madame wird vor Mitternacht nicht nach Hause kehren. „So bleibe ich bis Mitternacht hier," antwortete Horst, „und genieße bis dahin das Glück, Sie, mein schönes Kind, manchmal an der Thüre vorübergehen zu sehen." Die Geschmeichelte lächelte, ging zur Sängerin, verwandte sich für ihn, er ward vorgelassen. Nach der Weisung Appalton's ließ er den ersten Sturm vorübergehen, brachte dann seine Entschuldigungen vor, erzählte die Geschichte von dem Druckfehler und von dem Zanke mit dem Factor, bat sie um Verzeihung, daß er in der Angst um den eigenen unbekannten Namen die Sorge für den ihren, bereits berühmten außer Acht gelassen hatte, wiederholte all die Witzworte über sein Programm, die ihm auf dem Boulevard zu Gehör gekommen waren, und brachte es endlich dahin, daß sie ihre Mißstimmung aufgab, sich wieder zur Mitwirkung in seinem Concerte bereit erklärte und liebenswürdiger als je gegen ihn war. Entzückt von dem Erfolge empfahl er sich, nicht ohne zuvor dem Kammermädchen seine Erkenntlichkeit für die ihm gewährte Protection erwiesen zu haben. Trällernd ging er nach Hause, wo Laicher ihn erwartete, um das Resultat der Verhandlungen zu erfahren. In dem Augenblicke, als er um die Ecke der Straße bog, die von den Boulevards nach seinem Viertel führte, stieß er auf einen Violinspieler, der ebenfalls in seinem Concerte mitzuwirken versprochen hatte. Er hatte diesen in Paris ziemlich beliebten Virtuosen in dem Hause eines Banquiers kennen gelernt, war nachher öfters mit ihm zusammengetroffen und in freundlich-collegialische Beziehungen zu ihm getreten. „Mon cher Horst," begann dieser mit sehr ernster Miene, „ich bin sehr betrübt, nicht in Ihrem Concerte mitwirken zu können. Sie haben mir nicht gesagt, daß diese Canaillen von Blaguéoni Ihre Agenten sind, und wo die ihre Hand im Spiele haben, da will und muß ich mich ferne halten. Ich habe nicht Geld genug, um die Artikel dieser Herren zu bezahlen; sie haben mich, so oft ich in letzter Zeit auftrat, in unwürdiger Weise angegriffen, und Sie können mir nicht zumuthen, daß mein Name auf einem Programme stehe, das quasi von diesen Leuten entworfen wurde. Ich wollte Ihnen heute Abend schreiben, aber zum Glück habe ich Sie getroffen und kann Ihnen meine gewiß triftigen Gründe mündlich mittheilen. Enfin, vous m'excuserez." Horst glaubte im Anfange die Angelegenheit mit dem Violinspieler in derselben leichten Manier ordnen zu können, die ihm eben bei der Sängerin zur gedeihlichen Lösung verholfen hatte. Doch er sollte erfahren, daß die verletzte Eitelkeit eines Virtuosen oft viel schwerer zu beschwichtigen ist, als die einer Virtuosin, in der noch eine gutmüthige Ader steckt. Der Andere nahm die leichten Scherze sehr übel, entgegnete in bissiger Weise, mit beleidigenden Anspielungen auf Horst's Beziehungen zu den Blaguéoni, dieser ward ungeduldig, heftig; ein Bruch erschien fast unausbleiblich, als der Journalist, der Compagnon der Blaguéoni, durch den glücklichsten Zufall an ihnen vorüberging, von Horst angerufen ward und den Streit plötzlich durch das Versprechen schlichtete, er wolle bei der nächsten Gelegenheit alles Unrecht seiner Freunde gut machen. Darauf ward der Violinspieler ganz freundlich, nannte die Blaguéoni die geistreichsten, charmantesten, aber leider nur cappriciösesten Leute von Paris, und eilte hinweg, um seine Geige neu besaiten zu lassen. Horst dankte dem Journalisten für die freundliche Unterstützung und erzählte ihm das bereits erlebte Ungemach. „Sie sind ja erst beim Anfange der petites misères," meinte der Andere, „und beklagen sich? Mein

Herr, Sie werden noch viel mehr durchzumachen haben. Gelangen Sie erst nur zu einigem Rufe, und Sie sollen sehen, was es heutzutage heißt, sich eine Stellung schaffen wollen."

Als Horst nach Hause kam, fand er eine Vorladung von Seiten der Armencommission im Ministerium des Innern, sich am folgenden Morgen einzufinden, um die von jedem Concerte zu entrichtende Taxe (droit des pauvres) im vorhinein zu bezahlen. Er gedachte mit Laicher hinzugehen; dieser kam nicht zur gewohnten Stunde, weil eines seiner Kinder krank geworden war. Horst begab sich allein nach dem Bureau; der betreffende Beamte, ein alter Praktikus, erkannte gleich, daß er es mit einem mit den Verhältnissen Unbekannten, dazu noch Ungeduldigen zu thun hatte; er preßte ihm für seine Armen das Dreifache des Betrages ab, den er eigentlich beim ersten Concerte eines Ausländers, gegenüber der voraussichtlich nicht bedeutenden Einnahme, zu verlangen gedacht hatte. Laicher schlug abermals die Hände über dem Kopf zusammen; er und Appalton richteten eindringliche Vorstellungen und Vorwürfe an Horst über seine unnützen Verschwendungen. Dieser antwortete ihnen in gereizten, von Mißtrauen zeugenden Worten. Er warf ihnen vor, daß sie ihn nicht von all' den kleinen Umständen, deren Kenntniß nothwendig war, unterrichtet hätten; sie antworteten, er sei mit so vieler Zuversicht vor sie getreten, habe bei jeder Gelegenheit so viele geistreiche Bemerkungen über das Leben und Treiben in Paris angebracht, daß sie ihn für den tüchtigsten Praktiker hielten, von dem sie eher Unterweisung zu erhalten gedachten, als daß sie ihm deren ertheilen sollten. "Waren Sie schon bei allen Musikreferenten?" frug Appalton. "Haben Sie schon alle Ihre Freunde und Gönner angegangen, daß sie sich für Ihr Concert, d. h. für den Absatz der Billete, interessiren? Waren Sie schon bei den Banquiers X, Y, Z?" frug Laicher. Horst verneinte etwas kleinlaut. "Nun, dann wenden Sie," meinte Appalton, "Ihre Aufmerksamkeit den Angelegenheiten zu, welche Ihr persönliches Wirken erheischen, und überlassen Sie uns alles andere." Horst versprach sein Bestes und sie trennten sich. Als Appalton und Laicher auf die Straße gelangt waren, sagte der Erstere: "Das ist auch Einer von den Leuten, die voll Geist reden und nichts als Dummheiten begehen." — "Sagen Sie vielmehr," entgegnete der Andere, "es ist ein deutscher Künstler, der den Franzosen spielen will." Die beiden Aeußerungen charakterisirten die beiden Menschen.

Immer näher rückte der Tag von Horst's Concert und immer niederdrückender, lähmender wurden die Unannehmlichkeiten, auf die er stieß. Die Kritiker, denen er Besuche abstattete, um sie persönlich zu laden, nahmen ihn meistens sehr kühl auf. Die Einen, weil er sich erst unmittelbar vor dem Concerte um ihre Gunst bewarb, die Andern, weil er nicht erst den Erfolg desselben abwartete, um sich mit ihnen zu verständigen; manche, weil sie nicht beeinflußt sein wollten, wieder Andere, weil ihnen ein bloßer Besuch nicht genügend erschien. Ein besonderes Mißgeschick wollte, daß er zwei der einfluß= reichsten dieser Herren und zwar aus triftig erscheinenden Gründen gar nicht aufsuchte. Der Eine war ihm als ein so ganz unabhängiger, allen äußerlichen Formalitäten abgeneigter Mann geschildert worden, daß er es für an= gemessen hielt, ihm nur seine Karte mit den Concert= billeten zuzusenden; der Andere hingegen galt für so eigennützig, und bloßen Höflichkeitsbezeugungen dermaßen unzugänglich, daß auch hier ein Besuch nicht angebracht schien. Wir werden sehen, zu welch eigenthümlichen Folgen diese richtig scheinende Handlungsweise Anlaß gab.

Mit den Gönnern ging es Horst nicht besser. Dem Einen kam er zu spät, als daß er sich für ihn verwenden konnte, der Andere hatte bereits sein Möglichstes gethan, um seine Freunde zur Abnahme von Billeten zu bewegen, aber gefunden, daß viele derselben durch geringschätzende Aeußerungen der Fürstin Varazimoff und der Gräfin Rhoden von ihren ursprünglich wohlwollenden Absichten zurückgekommen waren; ein Dritter bedauerte, daß eine Einladung des Ministers, die auch dem ganzen ihm nahe= stehenden Kreise zugekommen war, ihn verhinderte, seine Theilnahme besser zu beurkunden, als durch die Abnahme einer geringen Zahl von Billeten; ein Vierter endlich glaubte schon genug gethan zu haben, wenn er einen fremden, unbekannten Virtuosen mit den Sommitäten der Pariser Gesellschaft bekannt gemacht hatte, und rieth ihm, sich direkt an die Personen, die er bei ihm kennen gelernt hatte, und bei denen er etwas erreichen zu können glaubte, zu wenden. Horst berechnete, daß nach der Bestreitung der Unkosten und nach Berichtigung der „Honorare", welche er den Blaguéoni und dem Dr. Laicher zu verabreichen hatte, die Einnahme seines Concertes sich auf eine kaum nennenswerthe kleine Summe reduziren würde; es ward ihm klar, daß er sich allen Mühseligkeiten, allen Demüthigungen vergeblich unterzogen hatte, und daß es besser gewesen wäre, dem Rathe Ewalt's und seinem eigenen ursprünglichen Plane zu folgen, und ein Concert ohne alle Rücksicht auf Bekanntschaften, Gönnerschaften, auf journalistische und musikalische Cliquen zu veranstalten; und, wenn auch nicht zu spät, doch im schlimmsten Momente gelangte er zu der Erkenntniß des Grundsatzes, welchen der wahrhaft künstlerisch Strebende — vom Handwerker ist hier nicht die Rede — nicht genug beherzigen kann: In allen Dingen des Geistes und Gemüthes führt das unerschütterliche Festhalten an der besseren Ueberzeugung allein zu einem gedeihlichen Ziele. Thürmen sich auch die Hindernisse und die Mühseligkeiten, ist auch der Kampf nicht immer siegreich, so hält doch das Bewußtsein, für die bessere Ueberzeugung zu dulden, den Kämpfer aufrecht und verleiht ihm neue Kraft. Läßt er sich aber von dem Wege, den er einmal und, wenn auch irrthümlich, als den seiner Natur und seinen Anlagen gebotenen erkannt hatte, abziehen, schlägt er einen bequemer scheinenden Nebenpfad ein, auf dem er aber das Ziel aus den Augen verliert, dann bereitet er sich den Untergang. Der Erfolg, den er vielleicht findet, ist kein dauernder, weil kein innerlich befriedigender, das Mißlingen aber schrecklich, niederschmetternd, weil es die Reue im Gefolge führt.

Der Tag des Concertes war gekommen. Horst fühlte sich abgespannt, ermüdet und unsicher, aber er zeigte sich ruhig und muthig. Er stellte sich vor, daß dieses Concert einen Wendepunkt in seinem Lebenslaufe bezeichnete, und daß mehr als ein blos äußerlicher Erfolg zu erringen war. Laicher, der immer mehr und mehr Theilnahme für ihn gezeigt und ihn wahrhaft lieb gewonnen hatte, gab sich den angenehmsten Hoffnungen hin. Als sie die Stiege hinabgingen, um sich nach dem Concertsaale zu begeben, kam auch Appalton, und scherzte: „Sie sehen aus wie ein Feldherr, der zum Siege schreitet." Im Augenblicke, wo Horst den Fuß auf den Wagentritt setzte, kam ein Commissionär an die Loge des Concierge. „Herr Horst," rief dieser, „hier ist ein parfümirtes Briefchen an Sie." Der Commissionär trat heran. „Monsieur," flüsterte er, „die Dame, die mir das Ding anvertraute, meinte, ich sollte es später abgeben, damit Sie bei der Rückkehr aus dem Concerte überrascht werden; da aber mein Weg gerade hier vorüberführte, so entledigte ich mich des Auftrages etwas früher. Hoffentlich," endete er mit schlauer Miene, „wird der Inhalt auch vor dem Concerte nicht zu sehr aufregend wirken." Horst dankte lächelnd, trat unter eine Straßenlaterne, und erbrach das Billet. Seine Züge erbleichten wie zum Tode, er wankte dem Wagen zu, ergriff Laicher's Arm, lispelte kaum hörbar: „Lassen Sie uns schnell nach dem Saale fahren," stieg ein und hüllte sich in seinen Mantel. „Um Gotteswillen," frug Laicher, „was ist geschehen?!" „Nichts, gar nichts," antwortete Horst schmerzlich lächelnd, „eine alte Wunde ist plötzlich aufgebrochen, lieber Laicher, sie schmerzt ein wenig, aber es wird schon besser werden." Er starrte im Dunkeln auf das Billet, als wäre es mit feurigen Lettern geschrieben. Es enthielt die Worte:

„Meine Mutter ist gekommen. Retten Sie mich! Ich erwarte Sie morgen.   A."

17. Capitel.

Der Erbe aus Wien. Herr und Frau von Dormeuil.

Der Erfolg des Concertes war ein eigenthümlich getheilter. Horst beherrschte die Aufregung, welche das Schreiben in ihm hervorgebracht hatte, mit einer Kraft, die selbst dem leeren Appalton Achtung einflößte; nichtsdestoweniger litten seine Vorträge an einem gewissen Schwanken, das ein Theil des Publikums der sichtlichen Abspannung, vielleicht auch der Befangenheit, ein anderer dem gemischten Programme zuschrieb. Im Anfange, während der leichteren, gefälligeren Stücke, klatschte

die Menge Beifall, und die Musiker zeigten sich wenig
erbaut; und als das Interesse dieser Letzteren angeregt
wurde, langweilte sich das große Publikum. Die Kritiker
hatten also kein schweres Spiel, ob sie nun tadeln oder
loben wollten. Sie konnten ebenso gut die Momente
hervorheben, wo sich Zufriedenheit kund gab, als jene,
wo Stillschweigen im Saale herrschte.

Horst fuhr nach dem Concerte allein nach Hause.
Appalton und Laicher begaben sich in ein Kaffeehaus,
um über die weiter zu treffenden Maßregeln zu berathen.
Der Erstere zeigte sich gleichgiltig: er hatte schon genau
berechnet, daß das Concert keinen beachtenswerthen Ueber=
schuß bot, und er wußte auch, daß Horst über keine wei=
teren Geldmittel verfügte, und äußerte sich zurückhaltend.
Hiezu hatten ihn auch die Blaguéoni noch während des
Concertabends angewiesen. Horst ganz aufzugeben, lag nicht
in ihrem Plane; sie erkannten ihm Talent zu, er konnte
also vielleicht in der Zukunft Geld verdienen und aus=
gebeutet werden; aber sie wollten doch erst sehen, welche
Hoffnungen sich ihm für ein zweites Auftreten eröffneten,
welche neue Hülfsquellen er auffinden würde. Laicher
hingegen hielt treu zu ihm. Am Morgen nach dem
Concerte begab er sich zu allen Kritikern, bat, versprach,
imponirte, zankte sogar, wo er es nothwendig erachtete;
es gelang ihm auch, eine für Horst günstige Stimmung
zu erzielen. Nur die Beiden, welche dieser nicht besucht
hatte — der Leser wird sich ihrer von dem vorher=
gehenden Capitel her erinnern —, waren von vorgefaßter

übler Meinung nicht abzubringen. „Wie?" meinte der Unabhängige, „Ihr Herr Horst macht Kratzfüße bei Pontius und Pilatus, und mir wirft er seine Karte vor die Thüre?!" Laicher suchte darzuthun, daß der Künstler ihm eben dadurch die höchste Achtung zu beweisen gedacht hatte, indem er sein Wohlwollen nur durch die musikalischen Leistungen, und nicht durch persönliche Beeinflussung zu gewinnen trachtete." „Ei was!" murrte der Andere, „Ehre und Kunst schließen Höflichkeit nicht aus; es ist überhaupt gut, daß die Herren Deutschen lernen, was sie im fremden Lande den Leuten, welche auf die öffentliche Meinung wirken, schuldig sind." Ebenso ungünstig sprach sich der andere Kritiker aus; ihm gegenüber versuchte Laicher die nicht glänzenden Verhältnisse Horst's geltend zu machen. „Eh bien," meinte er, „wenn man schon nicht zahlen kann oder will, so sei man wenigstens höflich. Auch wollen wir sehen, ob die Blaguéoni Herrn Horst so viel nützen können, daß er Andere ganz vernachlässigen darf. Jene Herren werden wohl nicht aus bloßer Begeisterung für sein Talent alle Aufträge und Anordnungen übernommen haben."

Mißmuthig über das Resultat seiner Besuche, in banger Erinnerung an das fatale Billet vom verflossenen Abende, in Angst vor dem, was der Tag noch bringen dürfte, ging Laicher nach Horst's Wohnung. Dieser war schon seit dem Morgen abwesend. Eine Menge Leute warteten seiner mit Rechnungen, Anweisungen u. s. w.

und ergingen sich in mehr oder minder unwilligen Redens=
arten über den langen Aufenthalt; einige, bei denen
Laicher die Bestellungen für das Concert gemacht hatte,
wollten von ihm bezahlt sein. Auch Appalton fand sich
ein und ließ spöttische Bemerkungen fallen.

Horst kam endlich nach langem Ausbleiben in Be=
gleitung eines Fremden, der ihn schon am Abende vorher,
während des Concertes aufgesucht hatte. Er stellte ihn
den Beiden als einen Bekannten aus Wien vor, dem
eben eine bedeutende Erbschaft zugefallen war und der
vor Allem Paris und seine Freuden kennen lernen
wollte. Hierauf bezahlte er die Leute mit den Rech=
nungen und beschenkte sie reichlich. Appalton's scharfem
Auge entging es nicht, daß die Brieftasche Horst's größere
Beträge enthielt, als aus der Einnahme des Concertes
geflossen sein konnten; er folgerte hieraus, daß des
Wieners Erbschaft neue Hülfsquellen bieten mochte, und
wurde wieder ganz dienstbereit und freundlich.

Der neue Freund gehörte zu der Gattung der „gemüth=
lichen Wiener", die immer seltener wird, und fast ganz
zu verschwinden scheint. Er war überaus höflich und
fast ein jeder seiner Sätze enthielt Entschuldigungen oder
ein Compliment. Zuerst bat er die Herren Laicher
und Appalton als „Unbekannter" um Verzeihung, daß
er ihren Freund so lange aufgehalten habe. Dann
erklärte er zu seiner Entschuldigung mit weitschweifiger
Rede, „durch welchen glücklichen Zufall er bei seiner
Ankunft vor einigen Tagen gleich erfahren habe, daß

sein Freund Horst in Paris sei, und wie es ihn freuen
mußte, diesen vor zwei Stunden auf dem Boulevard
getroffen zu haben, wobei er denn gleich die Güte
desselben in Anspruch genommen habe, um in seiner
angenehmen Gesellschaft einige Einkäufe auszuführen."
Zuletzt bat er sich von den sämmtlichen Herren die Ehre
aus, daß sie mit ihm frühstückten.

Die Einladung ward mit vieler Bereitwilligkeit
angenommen; man ging zu Bignon. Auf dem Wege
dahin fand Laicher Gelegenheit, Horst zu fragen: „Wer
ist der Mann eigentlich?"

„„Ich weiß es nicht ganz genau.""

„Aber Ihr seid doch Freunde?"

„„Wie man's nimmt. Ich habe ihn in Wien viel=
leicht zehnmal gesprochen. Wir trafen uns gewöhnlich
auf Bällen oder in Kaffeehäusern; er ist ein sehr guter
Kerl, hat mich zuerst aufgesucht und mir seine Dienste
mehr aufgedrungen als angeboten.""

„Und" — meinte Laicher zögernd — „die Angelegen=
heit des Schreibens? Sie waren gestern so aufgeregt —"

Ein Schatten fuhr über Horst's Antlitz. „Es ist
vor der Hand noch keine Gefahr," antwortete er. — —
„Ich werde jetzt ein zweites Concert zu veranstalten
trachten, lieber Laicher, und mein Möglichstes thun, um
endlich zu einer festen künstlerischen Stellung zu gelangen.
Vielleicht verlasse ich dann Paris auf einige Zeit
und komme nächsten Winter wieder, vielleicht führe ich
andere Pläne durch. Wer kann wissen, was die Zu=

kunft bietet? Wir wollen heute nicht spekuliren und nur unseres Daseins genießen. Eine Gefahr ist überstanden, ein Freund ist gefunden, der, obwohl leer, unbedeutend, unwissend und — nicht ohne Furcht sage ich es — edleren Gefühlen fremd scheinend, mir doch warmen Antheil schenkt und mich dringend gebeten hat, meine künstlerischen Unternehmungen mit allen seinen Kräften unterstützen zu dürfen. Er muß uns leider wichtiger erscheinen, als Bessere, die mich zu schätzen wissen, denen ich Achtung schulde, die aber jetzt nichts für mich thun können oder wollen. Doch wir sind an der Chaussée d'Antin angelangt, freundlich lacht uns Bignon's Schild entgegen. Kommen Sie, wir wollen für ein paar Stunden die Kunst und das Handwerk vergessen."

Wir verlassen nun Horst mit seinen neuen und alten Bekannten auf dem Boulevard, und bitten die Leser, uns nach einer stilleren Gegend der großen Seine=stadt zu folgen.

In einer der Zwischenstraßen, die von der rue St. Honoré nach den champs élysées führen, steht das Haus des Grafen Dormeuil.*) Der Leser wird uns die Beschreibung der Einrichtung, der prächtigen Lustres, Teppiche, Bronce 2c. erlassen, wenn wir ihm sagen,

---

*) Der Leser wird sich dieses Namens wohl vom 7. Capitel des ersten Bandes her — dort wo von den gleichzeitig über=raschenden Nachrichten über Ewalt und Horst die Rede war — und vom 9., wo Horst seine Selbstbiographie erzählt, erinnern.

daß das Alles so schön war, als es jetzt Jeder haben kann, der einem geschmackvollen Möbelhändler das nöthige Geld dafür zahlt, oder zu zahlen verspricht. Wir wollen uns mehr mit den Personen, als mit den Sachen, mehr mit den Bewohnern des Hauses, als mit dessen Wänden beschäftigen.

Der Graf von Dormeuil ist der Sprößling eines ziemlich alten Geschlechtes, und gehört zu den Legitimisten neuesten Schlages, die auf die Orleans schimpfen, für Henri V. schwärmen, dabei auf der Börse spekuliren, und vom Kaiser Napoleon Geld und Stellen annehmen, kurz, nicht anders handeln, als andere ordinäre Leute, die keine Anhänger des Königthums von Gottes Gnaden sind. Er war ein sehr hübscher, immer wohlgekleideter Mann, der mit seiner Gemahlin nach sechsjähriger Ehe fast so höflich und rücksichtsvoll umging, wie mit seiner Maitresse, sich auch ziemlich gutmüthig zeigte, wenn er nicht gerade bei übler Laune war, was freilich in dem Zeitpunkte, wo diese Geschichte beginnt, öfters vorkam.

Der Graf fühlte sich in seiner Ehe nicht glücklich; seine Freunde gaben vor, er habe sie mehr in einem Momente der Uebereilung, als nach reiflicher Ueberlegung geschlossen; und das klang insofern nicht ganz unwahrscheinlich, als er seine Gemahlin im Bade kennen gelernt und sich dort sehr schnell mit ihr vermählt hatte. Doch wenn man die Gräfin sah und kennen lernte, konnte man eher geneigt sein, die Uebereilung auf ihrer Seite zu vermuthen, als auf jener des Herrn von Dormeuil. Sie war,

wenn auch nicht mehr in der ersten Jugendblüthe stehend, —
ihr Alter konnte auf etwa sechs- bis siebenundzwanzig
Jahre geschätzt werden — doch so wahrhaft, und durch den
Ausdruck in ihren Zügen zugleich so eigenthümlich schön,
daß sie im ersten Momente ihres Erscheinens in der Ge=
sellschaft selbst die gefeiertsten Damen verdunkelt hatte.
Denn dieser Ausdruck war der einer tiefen, mit Sanft=
muth gepaarten Schwermuth und eines poetischen Ge=
müthes. Der Blick des Auges war ein fast nach innen
schauender, an den äußeren Gegenständen gleichgiltig vor=
über schwebender; und je belebter, je glanzvoller er wurde,
um desto theilnahmloser ruhte er auf der unmittelbaren
Umgebung. Sie war im zweiten Jahre ihrer Ehe nach
Paris gekommen, und obwohl es eine Zeit lang an Muth=
maßungen und dunklen Gerüchten über ihre Familie und
häuslichen Verhältnisse nicht fehlte, so konnten diese nicht
zur Geltung gelangen, mußten vielmehr der allgemeinen
Achtung weichen, als die Gräfin Rhoden und an=
dere, in der Wahl ihrer Gesellschaft sehr behutsame
Damen sie bei sich aufnahmen und sie überall priesen.
Sie war ihnen ja von den bedeutendsten russischen und
deutschen Familien empfohlen worden, und was immer
man von der Familie der Gräfin Dormeuil halten
mochte, sie selbst war über jeden Tadel erhaben, ihr
Charakter mußte als rein und makellos anerkannt
werden. Als Frau von Dormeuil in Paris erschien,
äußerten einige Damen Bedenken, sie zu empfangen;
ein halbes Jahr später wurde sie von den Kreisen

gesucht und fêtirt, in welche jene skrupulösen Damen
nicht gelangen konnten! Sie kam in die intimen
Soireen der Herzogin X., zu den diners sans façon
der Marquise Y., die bei solchen Gelegenheiten nur die
crême empfing, und war selbst am Hofe sehr beliebt.
Und nicht allein von den Damen wurde sie begünstigt.
Die höchstgestellten Männer huldigten ihr und waren
sehr erfreut, wenn sie sich mit ihnen unterhielt.

Die Gräfin blieb immer gleich bescheiden und liebens=
würdig; ja man wollte sogar bemerken, daß sie in großer
Gesellschaft eine gewisse Zurückhaltung, fast Scheu zeigte;
die Achtung und Theilnahme für sie wuchs immer mehr,
und als bekannt wurde, daß ihr Gemahl wieder den
Neigungen des Junggesellen=Lebens nachging und seine
Frau vernachlässigte, da ward er allenthalben verurtheilt,
trotz der bereits erwähnten Entschuldigung, und trotz des
Umstandes, den seine Freunde geltend machen wollten,
daß die Ehe kinderlos geblieben war. Es fehlte nicht
an sehr geistreichen, an schönen oder berühmten Männern,
welche die „Verlassene" zu trösten suchten und sich um
ihre Gunst bewarben; doch Keiner konnte sich rühmen,
daß sie ihm auch nur durch einen Blick einen Vorzug
vor Andern gewährt hatte. Der Graf Dormeuil blieb
in dem Benehmen gegen seine Gemahlin, besonders in
Gesellschaft, voll Aufmerksamkeit und Achtung; aber den
Augen erfahrener Weltleute entging es nicht, daß alles
bei ihm nur äußere Form war, und daß zwischen den
Beiden seit längerer Zeit kein aufrichtig freundschaftliches,

noch viel weniger ein auf Liebe beruhendes Verhältniß
mehr bestand. Manche wollten andeuten, ein solches
habe nie bestanden, die Gräfin sei von jeher eine
Dame gewesen, die nur ihren Träumereien nachhing,
und die von ihrem Gemahl als ein ätherisches Wesen
behandelt werden wollte; doch die Beschützerinnen und
Freundinnen der „Verlassenen" bezeichneten solche An=
deutungen als hämische Verläumdung, und bemerkten,
daß jeder Mann sich glücklich schätzen müsse, eine so
liebenswürdige, tugendhafte und so schöne Frau zu be=
sitzen, selbst wenn er nur eine gewöhnliche Convenienz=
Heirath mit ihr geschlossen hätte.

So standen die Angelegenheiten im Hause Dormeuil,
als Horst, etwa zwei Monate nach seiner Ankunft, der
Gräfin im Hause der Frau von Rhoden zuerst begeg=
nete. Ueber das Verhältniß, welches, von dieser ersten
Begegnung an, zwischen den Beiden vorherrschte, konnte
die schöne Welt trotz alles Nachforschens und Spionirens
nicht klar werden. Wäre Horst beliebter gewesen, so
hätte man wahrscheinlich allgemein versichert, seine
Beziehungen zur Gräfin seien der intimsten Art. Aber
bei der gegen ihn herrschenden Stimmung ließ Niemand
es gelten, daß die Dame ihm mehr, als eine nur sein
Talent betreffende Theilnahme gewährte, und wenn erzählt
wurde, daß sie sich mit ihm da und dort leise unter=
halten hatte, so fand man nur sein Benehmen tadelns=
werth; „sie, die unschuldige, tugendhafte, unerfahrene Frau
wußte gar nicht," hieß es, „wie sehr sie sich durch der=

artige Vertraulichkeit mit einem so eiteln, anmaßenden Menschen bloßstellte, und er benützte wahrscheinlich ihre Güte, um sich einen wohlfeilen Ruf als interessanter Mann zu verschaffen." Besorgte Freundinnen warnten die Gräfin, malten ihr Horst's Charakter in ziemlich dunklen Farben, gaben zu verstehen, daß er durch seinen unmoralischen Lebenswandel, den er gar nicht verbarg, — er besuchte die Opernbälle und soupirte sogar mit Tänzerinnen — auch selbst der Theilnahme einer so vortrefflichen Frau unwürdig sei. Als die Vorstellungen erfolglos blieben, als die Gewarnte jedesmal nach solchen Predigten lächelnd erwiederte, ihre Beziehungen zu Horst seien nicht der Art, daß sie auf seinen Charakter und Lebenswandel zu achten habe; als sie sogar den dringenden Ermahnungen einmal die Bemerkung entgegensetzte, daß wenn Horst's Benehmen nur ein weltklügeres wäre, sein Charakter und Lebenswandel viel weniger Anstoß erregen würden, und daß sie allein das Bessere in ihm kenne und schätze, — als Horst nach wie vor, freilich nur als Lehrer, seine Besuche im Hause Dormenil fortsetzte, — da hielten es die besorgten Freundinnen für ihre Pflicht, die Aufmerksamkeit des Grafen — der als verheiratheter Mann einen viel unmoralischeren Lebenswandel führte, als der unverheirathete Horst — auf die Gefahren, die der Ehre seines Hauses drohten, hinzuleiten. Diesmal erreichten sie ihren Zweck. Der Ehemann fand eines Tages, daß der Künstler in zu vertraulichem Tone mit seiner Schülerin spreche, es kam zu einer Scene; wie sie im Publikum ausgelegt wurde, haben wir im vorigen Bande berichtet.

Die Gräfin Dormeuil saß in ihrem kleinen Salon vor den Fenstern, deren Aussicht nach dem Garten ging. Dort sah es noch winterlich aus. Die blattlosen Aeste, der kaum mit welkem Grase bedeckte Boden, die leeren Beete boten einem traurigen Gemüthe den trostlosesten Anblick; und wer die arme Frau beobachtete, wie sie hinausstierte, und wie ihr Blick an der hohen Brandmauer auf- und abschweifte — die im Sommer theilweise mit lustigem, rankendem Grün überzogen, theilweise von den Blättern der großen wilden Kastanienbäume verdeckt war, nun aber kahl und schmutzig grau, den entsprechenden Hintergrund für das ganze Bild der Oede bot — dem blieb es nicht lange zweifelhaft, daß hier ein trauriges Herz sich in selbstquälerischen vergleichenden Betrachtungen erging.

Eine Zeit lang hatte die Gräfin fast bewegungslos dagesessen; nur ein erstickter Seufzer, nur ein unwillkürliches, fast krampfhaftes halbes Schließen der Augen gab Kunde von dem, was in ihrem Innern vorging. Plötzlich fuhr sie erschrocken zusammen; vor ihr stand der Gemahl; er war leise und unbemerkt in das mit dicken Teppichen belegte Gemach getreten. Da seine sehr hübsche Physiognomie nicht besonders ausdrucksfähig war, so können wir auch nicht sagen, daß sein Blick „dämonisch" auf seine Frau wirkte; er zeigte jene verdrüßliche, fast gelangweilte Miene, die manchmal weiche, leicht verwundbare Gemüther mehr peinigt, als heftige, aufgeregte Worte.

„Warum sind Sie so erschreckt, meine Liebe?" begann er mit fast tonloser Stimme; „ich bin sehr betrübt, Sie gestört zu haben, aber jetzt, nachdem Sie wissen, daß ich es bin, der vor Ihnen steht, und kein Räuber, sollten Sie sich doch einigermaßen beruhigen."

Die Gräfin rang nach Fassung; sie wollte antworten, es gelang ihr kaum, einige halbverständliche Worte zu stottern.

„Ich kann nicht begreifen," meinte der Graf, „daß Sie seit einiger Zeit immer betrübter und aufgeregter werden; das Unbedeutendste ist im Stande, Sie ganz außer Fassung zu bringen, und alle meine Versuche, Sie zu beruhigen, schlagen fehl. Monsieur Horst hat es besser verstanden, auf Ihr Gemüth zu wirken."

„„Ich beschwöre Sie,"" rief die Gräfin heftig.

„Lassen Sie es gut sein," unterbrach sie Herr von Dormeuil, „ich hatte Unrecht, eine solche Anspielung auszusprechen, und ich bekenne es; obwohl mein Geist nicht hochstrebend genug und auch nicht genug gebildet ist, um Sie befriedigen und unterhalten zu können, so bin ich doch auch nicht so bornirt, um je einen Augenblick etwas anderes gedacht zu haben, als daß Ihre Beziehungen zu diesem Klavierspieler einfach die einer empfindsamen Dame waren, die sich nach dem Vortrage Chopin'scher Nocturnen und dergleichen gerne in schwärmerischen Reden ergeht und träumerisch ihren Phantasien nachhängt; wäre nicht dies, und nur dies, der Fall gewesen, so hätten die sorgsamen Freundinnen, die sich so sehr für Sie interessiren, und die mich auf jede Weise herabsetzen, weil ich Ihrem Ideale nicht entspreche, Ihren Ruf schon längst vernichtet; doch, wie gesagt, Ihre reine Tugend, vielleicht noch mehr die Unbeliebtheit dieses Horst, beschützten Sie. Ich wiederhole es, ich hatte Unrecht, und ich bitte Sie aufrichtig um Verzeihung. Auch haben andere Gründe, als die Absicht, Vorwürfe über Ihre Empfindsamkeit an Sie zu richten, mich bewogen, Ihre Träumereien zu unterbrechen. Lassen Sie mich auf den Gegenstand meines Besuches kommen. Können Sie mir vielleicht sagen, warum Ihre Frau Mutter heute Paris wieder verlassen hat, nach kaum zwölfstündigem Aufenthalte?"

„„Ist sie fort?!"" rief die Gräfin in fast freudig überraschtem Tone; sie faßte sich, als sie sah, wie der Graf sie höhnisch betrachtete, und sagte mit leiser Stimme: „„Ich selbst kann mir diese schnelle Abreise nicht erklären.""

„So," antwortete Herr von Dormeuil gedehnt, „ich hatte geglaubt, Sie allein würden mir Auskunft über die Sinnesänderung Ihrer Frau Mutter ertheilen, die, wie sie gestern Abend äußerte, einige Wochen hier zu bleiben gedachte. Sie waren heute Morgen bei ihr. Was hat sie Ihnen denn mitgetheilt?"

Die Gräfin schwieg und zitterte fast. „Nun?" frug er mit einiger Ungeduld.

„„Ich habe — meine Mutter heute gar nicht gesehen,"" bemerkte die Gefragte, indem sie immer blässer wurde.

„Ah," rief der Graf, „wo waren Sie denn also?"

„„Ich habe auf dem Boulevard einige Einkäufe besorgt. Sie wünschten eine neue Einrichtung in Ihrem Bibliothekzimmer, ich habe sie beim Möbelhändler bestellt.""

„Diese Gänge konnten in einer halben Stunde mit Leichtigkeit abgethan werden; es erscheint auch seltsam genug, daß Sie die Morgenstunden dazu gewählt haben, in denen die meisten Niederlagen und Verkaufsläden noch nicht auf Besuche von Damen vorbereitet sind. Aber Sie sind ziemlich lange ausgeblieben, und Sie sind zu Fuß gegangen, während doch Wagen und Pferde zu Ihrer Verfügung stehen. Ich wollte Ihre Frau Mutter besuchen; sie war schon abgereist; auf dem Rückwege hieher traf ich Ihren Diener; von ihm erfuhr ich ihren seltsamen Morgenspaziergang; er war der Meinung, Sie hätten Ihre Mutter besucht. Wo waren Sie eigentlich? Sie sehen, ich frage wie ein vertrauensvoller Ehemann, der nicht spionirt, sondern sich direkt an seine Gemahlin um Auskunft wendet."

„„Ich schwöre Ihnen —"" flüsterte die Gräfin, indem ihre Augen sich mit Thränen füllten.

„Daß Sie nichts Unrechtes begangen haben?" unterbrach sie Herr von Dormeuil. „Ich glaube es gern, aber sie geben mir keine entschiedene Antwort. Also waren Sie außer in dem Laden, wo Sie für mich gesorgt haben, nirgends? Sie zittern? Nun, ich will es Ihnen sagen: Sie hatten ein Rendezvous mit Herrn Horst."

„„Herr Graf!"" rief Frau von Dormeuil und sprang von ihrem Sitze auf.

„Nun," meinte dieser beschwichtigend, „ich will es nicht so nennen, ich will das Wort entrevue dafür anwenden; ich weiß, Sie sind unfähig, Ihre ehelichen Pflichten zu verletzen. Aber nichtsdestoweniger hätte ich hoffen dürfen, daß Sie, nachdem ich einmal meinen Wunsch kundgegeben hatte, Mr. Horst nicht mehr in meinem Hause zu sehen, keinen, wenn auch noch so unschuldigen Roman mit ihm hinter meinem Rücken spielen würden. Dem Herrn kann es freilich angenehm sein, sich an dem Ehemann in solcher Weise zu rächen."

„„Sie sind im Irrthum,"" entgegnete die Gräfin, „„wenn Sie glauben, daß zwischen mir und Herrn Horst seit dem Tage, wo Ihr Benehmen ihn aus unserem Hause entfernte, auch nur ein Wort gewechselt wurde, das Ihren Ausdruck rechtfertigte. Herr Horst ist der einzige Freund, den ich hier fand"" — hier stockte ihre Rede einen Augenblick — „„er ist der Einzige, mit dem ich mich unterhalten konnte, ohne fürchten zu müssen, daß er einen Roman mit mir zu spielen versuchen würde. Ich habe ihn seit der Zeit, als er unser Haus meidet, also seit fast zwei Monaten, nur zweimal flüchtig gesehen; am Tage, an dem ich erfuhr, daß Sie, während ich meine sterbende Tante in Brüssel besuchte, hier in diesen Gemächern mit Ihren Freunden und Freundinnen soupirten, und ich mich von Ihnen trennen wollte, und heute. Horst war es, der mich immer aufgefordert hat, an meinen ehelichen Pflichten mit der größten Aufopferung festzuhalten, um vielleicht doch in Ihnen das Gefühl, wenn nicht der Liebe, doch der Achtung für Ihre Gattin zu erwecken; und noch heute war er es, der meine sinkende Kraft aufrecht hielt.""

„Und der es wohl auch unternahm, Ihre Mutter von Paris wegzubringen?" unterbrach der Graf die Rede seiner Frau Gemahlin. „Ich will nicht bestreiten, daß Sie Mr. Horst nur sehr selten sahen, aber ich bin der festen Ueberzeugung, daß Sie ihm um desto öfter schrieben. Das ist noch romantischer, und reine Sentimentalität! Sehen Sie, dieses Zettelchen, das ich dem Commissionär, der damit um's Haus schlich, abnahm, um es Ihnen persönlich zu überreichen, kann ja nach Ihrem so eben abgelegten Geständnisse nur von ihm sein. Es enthält die Worte: Elle partira — und diese können sich nur auf Ihre Mutter beziehen. Konnten Sie wohl dem Herrn Horst einen Auftrag an Jene ertheilen, den ich, der Gemahl, nicht eben so gut ausführen konnte?"

„„Ich habe Herrn Horst keinen Auftrag an meine Mutter gegeben,"" antwortete Frau von Dormeuil; „„ich will nicht läugnen, daß ich ihm von meinem Schrecken erzählte, als ich sie plötzlich in Paris und in unserem Hause wiedersah.""

„Und warum fürchten Sie Ihre Mutter so sehr?"

„„Sie fragen, Herr Graf?!""

„Nun ja, ich weiß," entgegnete Herr Dormeuil verdrüßlich, „Ihre Mutter ist eine etwas launenhafte Frau; aber au fond, das gespannte Verhältniß zwischen Ihnen und ihr konnte doch nicht lange mehr ohne unangenehme

Wirkung fortdauern, und ich will Ihnen offen einge=
stehen, sie ist auf meine Aufforderung nach Paris
gekommen. Erblassen Sie nicht, sondern erlauben Sie
mir, Ihnen alles zu erklären; Sie werden sehen, ich
habe nur zu Ihrem Besten gehandelt." Mit diesen
Worten setzte sich der Graf, indem er seine Gemahlin
mit artiger Handbewegung einlud, neben ihm Platz zu
nehmen.

„Sie wissen ja," begann er, „auf welche eigenthüm=
liche Weise unsere Ehe geschlossen wurde; doch will ich
alle die einzelnen Umstände absichtlich noch einmal in
kurzem anführen, weil Sie heute, bei reiferer Ent=
wickelung des Geistes, bei größerer Lebenserfahrung,
und nachdem Sie während eines mehrjährigen Aufenthaltes
die Dinge hier in ihrer Wirklichkeit kennen gelernt haben,
manchen Zwischenfall aus jener Periode anders beurtheilen
und mein Benehmen in vielen Stücken weniger ver=
werflich finden werden, als es Ihre Freundinnen und
Beschützerinnen darstellen.

„Wir lernten uns im Seebade kennen. Die Zeit
war eine politisch aufgeregte, die Menschen waren leb=
haften, wechselnden Eindrücken unterworfen, und gerade in
abgelegenen, vom Schauplatze der Wirren entfernten Orten,
wo man sich einer apathischen Ruhe zu erfreuen gehofft
hatte, entwickelten sich die Leidenschaften heftiger und
wilder, weil ihnen das gewohnte Ableitungsmittel jenes
Momentes, die Beschäftigung mit der Politik, fehlte; so
behauptete wenigstens Mr. Fernonville neulich, als ich

über manche Verhältnisse jener Zeit mit ihm sprach. Ich weiß nicht, ob und inwiefern er Recht hat; aber das ist sicher, daß ich in dem Seebade, wohin meine Mutter in meiner Gesellschaft vor den politischen Stürmen geflüchtet war, mehr auf Abenteuer aller Art ausging als je zuvor. Unter all' den Elegants, die, gleich mir, von dem unausstehlichen, republikanischen Geplapper aus Paris verjagt, in jenem Orte um jeden Preis Vergnügen und Zerstreuung suchten, war ich der kühnste Reiter, der waghalsigste Schwimmer, der stärkste und vom Glück begünstigste Spieler. Ich mochte mit meinem blassen Gesicht, mit schwarzen Locken und Barthaaren, und mit meinen Ercentricitäten einem jungen romantischen Gemüthe besonders interessant, vielleicht als ein Byron'scher Held erscheinen, und so läßt sich die Neigung erklären, die Sie zu mir faßten. Ich brachte Ihnen meinerseits freilich auch Huldigungen dar, wie alle Anderen, weil Ihre Schönheit und Anmuth mich, wie Jeden, bezauberten; daß Sie aber meine Worte ernster nahmen, als die der andern jungen Herren, daß Sie die Besuche, die ich Ihrer damals noch schönen und reizenden Mutter abstattete, dem Wunsche, Sie zu sehen, zuschrieben, war gewiß nicht meine Schuld, sondern die meiner Mutter, welche in der Vorliebe zu Ihnen, und in der firen Idee, uns zu verheirathen, Sie in Ihren romantischen Gefühlen und Träumereien bestärkte und Sie exaltirte, anstatt vernünftig und mit Ueberlegung vorzugehen; sie wußte mich durch alle Mittel

und Vorwände zu öfteren Besuchen in Ihrem Hause zu
bewegen, ohne mir ihre Absicht kund zu geben. Ur=
theilen Sie nun selbst, wie erstaunt, ja erschreckt ich
sein mußte, als ich in jener Nacht, vom lustigen Souper
unter Freunden und vom hohen Spiele erhitzt und
ermüdet, nach Hause kehrte, und meine Mutter mir mit
der Nachricht entgegenkam, daß Sie mich in ihrem Ge=
mache seit zwei Stunden erwarteten; urtheilen Sie, wie
mir zu Muthe war, als ich, in jenem Momente der
Aufregung, ein in voller Schönheit prangendes, junges
unschuldiges und leidenschaftliches Wesen unter heißen
Thränen mich als Retter von den niedrigen Anschlägen
seiner Mutter anrufen hörte, als ich vernahm, daß
Ihnen die Alternative gestellt worden war, entweder
einen älteren, abgelebten Wüstling zu ehelichen, oder die
Bewerbungen eines sehr hohen verheiratheten Herrn an=
zunehmen, der Ihrer Mutter besonders glänzende Aner=
bieten in Bezug auf Rang am Hofe, Reichthümer u. s. w.
gestellt zu haben schien; und urtheilen Sie heute, wie
peinigend und doch so eigenthümlich aufregend und
interessant jener Moment für mich sein mußte, wenn ich
Ihnen sage, daß wenige Stunden vorher Ihre Mutter,
die damals noch reizend zu nennen war, und auf jüngere
Männer einen fast dämonischen Einfluß auszuüben ver=
stand, mir eine Neigung bekannt hatte, um die sich viele
Andere eifrig bewarben. Erschrecken Sie nicht — wenn
auch kein Tugendheld, so bin ich doch, was immer
Ihre Freundinnen behaupten mögen, nie fähig gewesen,

das Vertrauen eines jungen Mädchens in einer Lage, wie die Ihrige war, in niedriger Weise zu täuschen. Ich muß jedoch eingestehen, daß die eigenthümlichen Umstände entscheidender auf mich einwirkten, als jeder andere Grund. Sie erzählten mir, daß Sie, von Ihrer Mutter gedrängt, die Liebe zu mir eingestanden hatten, und daß jene in Raserei sich bis zu Mißhandlungen vergaß, die das Familienband für ewig zerrissen. Sie, armes Kind, ahnten den wahren Anlaß des Wuthausbruches nicht, ich aber sah ein, daß Sie keinesfalls nach Hause kehren konnten. Und so entschlüpfte mir der Antrag, Ihnen meine Hand als Ehegemahl zu reichen, so ward das Bündniß geknüpft, das viele böse Tage über uns gebracht hat."

„Es gab gleich im Anfange Schwierigkeiten zu bekämpfen. Sie waren noch nicht majorenn, die Erbschaft Ihres Vaters konnte Ihnen vorenthalten werden; doch meine Mutter wußte Alles zu ordnen. Die alte Dame entfaltet bei derartigen diplomatischen Unterhandlungen ein besonderes Talent, die authentische Privatgeschichte der Gegner zu erforschen und Zugeständnisse abzuzwingen. Freilich gelangte sie zu der unangenehmen Entdeckung, daß sie sich in Bezug auf Ihre Vermögensverhältnisse getäuscht hatte, daß die baare Summe, die Ihnen nicht vorenthalten werden konnte, eine nicht bedeutende, und daß Ihrer Mutter die Verfügung über den größten Theil der Erbschaft bis zu ihrem Tode gesichert war. Dennoch verstand sie es, einen größeren Betrag als den gebührenden, und eine anständige Jahreszulage für uns zu erlangen. Das genügte, so lange die Verhältnisse in Paris noch die früheren geblieben waren. Aber seit dem zweiten December und seit der Proklamation des Kaiserthums sind alle Ausgaben der Haushaltung in enormer Weise gestiegen, und der sich immer mehr entfaltende Luxus bedingt, wenn wir unserem Range gemäß leben wollen, ein viel höheres Einkommen, als worüber wir verfügen können. Dabei verstehen Sie, meine Liebe, so wenig von der Führung eines Hauses, daß wir noch um ein Dritttheil mehr brauchen, als Andere, die sich in denselben Verhältnissen befinden. Ich bin weit entfernt, Ihnen einen Vorwurf daraus zu machen, ich berühre diesen Umstand nur, um was ich noch sagen will, zu erklären. Ich versuchte einige Mittel, um die Einkünfte zu vermehren; zuerst mein altes Glück im Spiele — es hat mich treulos verlassen — dann Spekulationen auf der Börse — sie mißlangen. Erschrecken Sie nicht, und glauben Sie nicht etwa, daß ich mit irgend einer Mittheilung von verzweifelten Schritten und dergleichen kommen werde; nein, Madame, ich habe die Ehre unseres Hauses gewahrt, unsere Stellung ist nicht gefährdet, aber eine sehr beengte."

„Ich will nun mit einigen Worten unsere Beziehungen darlegen, wie sie sich in den letzten Jahren unserer Ehe entwickelt haben. Sie fanden hier Beschützerinnen und intime Freundinnen unter jener Klasse von großen Damen, die, wenn sie zu alt sind, um die Männer beherrschen zu können, Einfluß über die Frauen zu gewinnen suchen; die Zerstreuung, die sie im Liebeshandel nicht mehr finden können, suchen sie nunmehr in der Intrigue. Ich war bei diesen Damen von jeher sehr schlecht angeschrieben, weil ich immer eine gutmüthige lustige Grisette oder Tänzerin parfümirten herrschsüchtigen Weibern vorzog, und diese rächten sich, indem sie, unter dem Scheine der innigsten Theilnahme und des Bedauerns, Sie gegen mich einzunehmen verstanden. Nicht wahr, man stellte mich Ihnen als einen ganz unbedeutenden bornirten Menschen dar, der nur im Spiele und in der Jagd Vergnügen fände? Und Sie, deren idyllischen Erwartungen ich freilich nicht entsprach, liehen solchen Bemerkungen ein nur zu williges Ohr? Ich will Sie nicht tadeln. Mir selbst ward es ja bald klar, daß wir nicht zu einander paßten. Ich bin wirklich nicht bedeutend genug, um nur in Träumereien Genuß und Befriedigung zu finden, ich hätte gewünscht, Sie lebhafter, den Freuden dieser Welt zugänglicher zu sehen. Ich ging meinen Weg, ließ Sie den Ihrigen gehen, und hätte selbst gegen Ihren Roman mit dem Herrn Horst nichts eingewendet, wenn mir dieser Mensch mit seinem air de superiorité nicht unausstehlich gewesen wäre, und wenn es mich nicht sehr verdrossen hätte, daß die Welt so viel von der Geschichte sprach, wie nur von irgend einem intimen Liebesverhältnisse, und dabei doch immer versicherte, es sei kein solches.

Mein schwacher Verstand begreift nicht, daß eine Frau Gelegenheit zu allerlei Bemerkungen über ihre inneren Verhältnisse bietet, wenn sie sich nicht über alle Commentare hinaussetzen will; aber Sie waren ganz unschuldig, und kompromittirten sich alle Tage mit diesem Horst! Es war ein Glück, daß er von Ihren Freundinnen nicht protegirt wurde, sonst war es um Ihren Ruf geschehen. Meine Theure, die Zeiten, da die wandernden Klavierspieler und Geiger die Salons und die Weiber beherrschten, sind vorüber."

„Ich habe Ihnen bereits gesagt, unsere pekuniäre Lage sei eine sehr beschränkte. Der Tod Ihrer Tante, die Sie beerben, bot uns Aussicht auf eine vortheilhafte Aenderung. Nun habe ich aber durch unseren Anwalt erfahren, daß Ihr Recht zwar ein unzweifelhaftes ist, daß aber einige Paragraphen in dem Testamente Ihrer Tante so gefaßt sind, daß Ihre Mutter, die bekanntlich Miterbin ist, die Vollstreckung durch Erhebung von Einwänden lange Zeit verhindern kann; und daß sie entschlossen ist, von diesem Mittel, uns zu demüthigen, vollen Gebrauch zu machen, hat sie bereits durch den Protest erwiesen, den ihr Anwalt gegen mehrere unserer Ansprüche erhebt. Es kann sich ein Rechtsstreit entspinnen, dessen Ende kaum abzusehen ist und jedenfalls große Kosten verursachen dürfte, die ich jetzt kaum zu bestreiten vermag. Das Alles, meine Liebe, haben Sie nicht gewußt oder beachtet, aber ich mußte es wohl berücksichtigen. Meine Mutter, die bisher hie und da

aus momentaner Verlegenheit geholfen hat, will oder kann
nichts mehr für uns thun, und sie rieth mir zu einem
gütlichen Vergleiche, oder vielmehr zu einer Versöhnung
mit Ihrer Mutter, wodurch alle Schwierigkeiten mit einem
Male beseitigt würden. Ich habe diesen Rath auch befolgt,
und wie Sie sich überzeugen konnten, mit gutem, fast uner=
wartet günstigem Erfolge. Ich hatte erst vor wenigen
Tagen an Ihre Frau Mutter nach Brüssel geschrieben, und
anstatt einer Antwort kam sie selbst. Freilich hätte sie mich
vorher benachrichtigen können, dann wäre es mir vielleicht
gelungen, Sie einigermaßen vorzubereiten und zu bewegen,
in einem Momente, der für unsere Zukunft so wichtig
war, wenigstens äußere Ruhe zu zeigen. Wahrschein=
lich dachte Ihre Mutter, daß ich mich erst nach Ver=
ständigung mit Ihnen an sie gewendet hatte, und wollte
uns überraschen. Der Empfang jedoch, den Sie ihr zu
Theil werden ließen, der Schreckensschrei, den Sie bei
ihrem Anblick ausstießen, Ihre Ohnmacht und das Ver=
schließen im Gemache, aus dem Sie den ganzen Abend
nicht mehr zum Vorschein kamen, waren keine sehr er=
freulichen Vorbereitungen zur Versöhnung. Und doch
gelang es mir, den üblen Eindruck einigermaßen zu
beseitigen, indem ich die ganze Schuld Ihrer Auf=
regung auf mich nahm. Ich erklärte, daß ich Sie nicht
vorbereitet hatte, und daß Sie sich seit einiger Zeit in
sehr leidendem und aufgeregtem Zustande befänden. Ihre
Mutter schien meine Gründe als genügend anzunehmen,
und erklärte sich bereit, hier warten zu wollen, bis Sie

ruhiger und für eine Zusammenkunft mit ihr vorbereitet sein würden. Sie ist noch immer schön, hört noch immer gerne ihre Schönheit preisen; ich sollte sie heute besuchen, um zu berathen, in welcher Weise Sie, meine Liebe, zu einem vernünftigen Arrangement der unbehaglichen Familienangelegenheit zu bewegen sein würden. Als ich nach dem Hôtel Ihrer Mutter kam, hieß es, sie sei plötzlich abgereist. Ich glaubte, Sie wären vielleicht bei ihr gewesen und hätten sie zur Abreise bewogen. Doch nun erfuhr ich, daß dies nicht der Fall war; ich ahnte und erfuhr durch Ihr Geständniß, daß Sie mit Herrn Horst zusammengekommen seien, und muß annehmen, daß er der Anreger dieses mir unbegreiflichen Zwischenfalls ist. Was geht hier vor?"

„„Wie soll ich Ihnen auf diese Frage antworten?"" entgegnete die Gräfin. „„Sie geben sich einem ganz ungegründeten Argwohn hin; vielleicht kommt meine Mutter bald wieder.""

„Sie sind zu aufrichtig, zu tugendhaft, Madame," sprach der Graf, „um sich verstellen zu können. Sie suchen gefaßt zu erscheinen, aber die wechselnde Farbe Ihres Gesichtes, Ihr Zittern straft Sie Lügen. Sie wollen mir keine Auskunft ertheilen? Ich werde sie erlangen; ich werde auch erfahren, warum Sie an jenem Abende, als Sie mit mir aus dem Theater gingen, beim Anblick des Herrn Horst, der Ihnen noch nicht vorgestellt war, so bleich wurden. Damals glaubte ich Ihnen, ließ mich überzeugen, daß Sie an einem Anfall

Ihrer nervösen Zustände litten; heute jedoch — Madame, wenn irgend etwas wahr wäre, was ich einstens so ganz dunkel vernommen zu haben glaube, wenn — doch genug. Ich werde den Aufenthalt Ihrer Frau Mutter zu erforschen wissen, und werde sie bitten, zu uns zurückzukehren. Sie sehen, ich habe mit Ihnen gesprochen, wie es einem Mann von gutem Tone ziemt, ohne Emphase, ohne Drohung. Ich hoffe, Sie werden unsere Lage berücksichtigen und sich mit der Mutter versöhnen. Sie ist jetzt sechs Jahre älter und ruhiger, und Sie haben ja auch etwas mehr Erfahrung. Erfüllen Sie meinen Wunsch, das ist das beste Mittel, jeden Argwohn zu beseitigen."

Mit diesen Worten entfernte sich der Graf. Frau von Dormeuil sank auf die Kniee, nahm ein Cruzifix, das um ihren Hals hing, in die Hand, und sandte unter heißen Zähren ein Gebet zu dem Erlöser, auf daß er sie bald von der Last des Lebens befreie. Und gibt es eine größere Last als das Leben dort, wo falsche Erziehung, falsche Ansichten, falsche Stellung und unglückliche Verhältnisse die natürlichen Gefühle eines edlen weiblichen Wesens endlich so weit verstimmen, daß jede Berührung mit der Außenwelt nur eine Dissonanz in ihrer Seele hervorbringen kann?

18. Capitel.

Pariser Theaterkreise. Horst gibt einen Ball. Das Wiedererscheinen eines Räthselhaften.

Die Bekanntschaft mit dem Erben aus Wien, der inmitten der ungünstigsten Constellationen wie ein deus ex machina erschienen war, und die hiedurch herbeigeführte vortheilhafte Veränderung in den geldlichen Verhältnissen Horst's, bewirkten, daß er sich neuerdings bestimmen ließ, in seinen künstlerischen Unternehmungen eine andere Richtung, als die von ihm zuerst beabsichtigte, einzuschlagen. Die Gründe, welche ihn hiebei leiteten, schienen noch weit triftiger als jene, welche ihn zu einer Aenderung des Programmes seines ersten Concertes bestimmt hatten; ja bei einer oberflächlichen Prüfung mochten sie geradezu unwiderleglich erscheinen. Dem ursprünglichen Plane zufolge wollte er fast unmittelbar nach dem ersten Concerte ein zweites veranstalten, der Saal war gemiethet, das Programm fast geordnet, und noch an dem Morgen, als er ausging, um mit der Schreiberin des geheimnißvollen Billettes zusammenzutreffen, und bevor er dem Wiener begegnete, war er entschlossen gewesen, seinen Plan durchzuführen. Denn er wollte, unbekümmert um pekuniäre Erfolge, ja selbst um die Urtheile der Kritik, die Scharte des ersten Concertes auswetzen, er wollte vor allem sich und den Künstlern Genugthuung geben. Aber die Blaguéoni, Appalton und Laicher wußten ihn zu einem Aufschube des nächsten Concertes zu bewegen. Sie stellten ihm vor, wie gewagt es wäre, nach dem unentschiedenen Erfolge des ersten Auftretens ohne Weiteres Publikum und Kritik herauszufordern; sie zeigten ihm, wie er das unverhoffte Glück, das ihm Geldmittel zur Verfügung stellte, für künstlerische Zwecke benutzen solle; wie er auf die Presse wirken könne; wie er nunmehr Verbindungen mit den Familien von Gelehrten, Akademikern, Vorstehern öffentlicher Institute u. s. w. anknüpfen müsse, die zwar keinen unmittelbaren Einfluß auf seine Verhältnisse ausüben, aber zur Verbreitung seines Rufes beitragen, und sich in seinem zweiten Concerte — natürlich nur wenn sie Freikarten erhielten — als ein höchst anständiges und günstig gestimmtes Publikum präsentiren würden; wie er trachten solle, in den Häusern von Banquiers und sonstiger Mitglieder der eleganten Gesellschaft eingeführt zu werden, wo sich berühmte Personen versammeln, weil er dann selbst vielen Leuten als ein berühmter Mann erscheinen und imponiren würde; wie er auch die Gesellschaften der Künstler vom Theater aufsuchen müsse, weil diese mit den Kritikern im allgemeinen auf bestem Fuße stünden, und ihm, wenn er ihnen zu gefallen verstünde, manchen wichtigen Dienst erweisen würden. So bewiesen sie, wie er mit Ruhe und mit überlegter Anwendung aller Mittel einen großen coup vorbereiten sollte, der ihn mit einem Male auf eine Höhe brächte, die gewöhnlich nur mit Mühe und unter Gefahren zu erklimmen war. Sie schlossen mit dem wichtigen Argumente, daß zur Ausführung dieser Pläne ein gewisser Zeitraum nothwendig sei, während dessen sie die nöthigen Vorkehrungen und Anordnungen treffen konnten, und er selbst auch die erforderlichen Studien, ohne sich zu übereilen und übermäßig anzustrengen, betreiben und sich den glänzendsten Erfolg sichern sollte.

Den Blaguéoni war es übrigens um Horst's Erfolge wenig zu thun, aber die Summen, die der Wiener Freund hergab, mußten berücksichtigt werden, und sie glaubten auch wirklich, daß der Künstler mit Hülfe derselben schneller zu Reputation gelangen würde. Laicher, der für Horst wahrhaft freundschaftliche Gefühle hegte, dabei aber doch die Gelegenheit, einiges Geld zu verdienen und gut zu frühstücken, nicht unbenutzt vorübergehen lassen wollte, tröstete sich mit dem Gedanken, daß er diesmal nicht einen Künstler, der ihm vertraute, ausbeutete, sondern einen leeren, unbedeutenden, reichen Menschen, der mit seinem Gelde Nichts anzufangen wußte; er erklärte sich daher mit den Blaguéoni vollkommen einverstanden. Horst, dem die eigentlichen Motive aller der Einwürfe, Bemerkungen und Vorschläge nicht einen Augenblick zweifelhaft waren, — er kannte die Welt doch zu gut, um diese Agenten nicht schon lange durchschaut zu haben — ließ sich dennoch von ihnen umstimmen. Einerseits klang ihr Rath so gut, daß nichts dagegen einzuwenden war, als etwa — daß jeder Künstler nach seiner Ueberzeugung handeln müsse. Anderseits war unser Freund an eben diese Menschen bereits so gewohnt, er fand es so bequem, sich von ihnen bedienen zu lassen, daß er ihnen nachgab und in dieser Weise nach und nach, fast unbewußt, zu ihren Ideen herabstieg. Er beschwichtigte sich freilich durch den Gedanken, daß er ihrer noch für einige Zeit bedürfe und daher nicht ganz mit ihnen brechen konnte; er beschwichtigte seinen Widerwillen gegen ihre Genossenschaft mit dem Gleichnisse, daß auch der geschickteste General keinen Feldzug ohne Trainsoldaten und Bagagewagen durchführen könne, und daß er sich daher auch der Blaguéoni und Consorten bedienen dürfe; er vergaß aber, daß der Feldherr keine Trainsoldaten in den Generalstab, der seinen Operationsplan entwirft, berufen wird.

Die vierzehn Tage, welche der ersten Begegnung Horst's mit dem Wiener folgten, boten des Angenehmen für alle Parteien in Hülle und Fülle; Appalton und Laicher entfalteten als Anordner sämmtlicher Unternehmungen, sowohl der musikalischen als der den Vergnügungen gewidmeten vielseitige und glänzende Talente. Selbst an künstlerischen Anregungen für Horst fehlte es nicht. Die Blaguéoni ließen ihn durch den Journalisten, ihren Compagnon, bei den berühmtesten Theatermitgliedern einführen, und es öffnete sich ihm, der bloß an die Gesellschaft deutscher Bühnen-Künstler und Künstlerinnen gewohnt war, eine neue Welt, die ihn entzückte und bezauberte.

Wer heutzutage noch einen Rest des alten französischen Conversations-Tones finden will, — die zierliche Ungebundenheit, die galante Freiheit des Umganges, das Nichtbeachten alles Anderen als des Momentes, und die liebenswürdige Gabe, dem Momente die schönste Seite abzugewinnen, das Aufgehen der Einzelnen in die Gesammtheit, wobei jeder Einzelne sich bemüht, seine Kräfte zum allgemeinen Vergnügen zu entwickeln, das schnelle Austauschen der geistreichsten Gedanken, die aufglitzern, wie die Perlen im Champagnerglase, — der suche ihn nicht in den Tuiler — — doch wir wollen nicht Politik machen! — nicht in den Salons der heutigen großen Herren, die sich blähen und spreizen, um für etwas angesehen zu werden, sondern er suche sie in einer Gesellschaft französischer Bühnenkünstler; er trachte bei dem im Gesange wie in der Liebenswürdigkeit unvergleichlichen Roger eingeführt zu werden, wenn dieser einen gemüthlichen Kreis von Collegen aus allen Zweigen der Künste in seinem Hause empfängt, und er wird eingestehen, daß weder die vielgepriesenen Soiréen im Hause der alt-legitimistischen Marquise Krummschnabel *), wo man alle zahnlosen Schönheiten aus der Zeit Carl's des Zehnten mit ihren Töchtern und Enkelinnen in steifer Haltung paradiren oder mit Bischöfen und Predigern in

---

*) Es existirt in Paris eine altlegitimistische Familie, deren französischer Name dem obigen deutschen einigermaßen gleichbedeutend ist. —

devoter Stellung conversiren sehen kann, während die jungen Marquis und Vicomts am Spieltische fluchen — noch die routs im Hôtel des neugebackenen Grafen X., wo man alle Sommitäten des Kaiserreichs und die geschicktesten Schwanzwedler alter und neuer Zeit bewundern kann, mit ihren reizenden Frauen, noch die concerts und diners des membre du corps législatif et officier de la légion d'honneur etc. etc. etc., Mr. Heymann (nicht zu verwechseln mit Heymann Levi aus den Berliner Komödien; er ist aus einem andern Orte), der sich alle mögliche Mühe gibt, für einen homme d'esprit zu gelten, daher auch Journalisten empfängt, die von ihm in ihrer „chronique" reden; — selbst nicht die kleinen pikanten soirées in dem salon des Mr. le Chef de bureau von dem X. Ministerio, der das besondere Talent besitzt, Heirathen zwischen herabgekommenen Hochadeligen und Töchtern emporgekommener Börsenspekulanten zu vermitteln — in wahrhaft geistreicher Unterhaltung, in Feinheit und Anstand des Tones, den Vergleich aushalten können mit jenen gemüthlichen Kreisen in der rue Turgot. Und empfängt nicht das liebenswürdige Sängerpaar Miolhan-Carvalho seine Gäste ebenso freundlich und mit ebensoviel Takt als wäre es hochgeboren? Und wären die Demoiselles Luther und Fir Gräfinnen, würden nicht große Damen sie ihren Töchtern als Muster guten Tones und schöner Haltung zeigen? Und wäre die graziöse geistreiche und reizende Schauspielerin X. die Verwandte irgend eines Ministers, wie die Frau von X., diese berühmte dame amateur in allen Fächern — die wahrscheinlich, weil sie berühmte Künstler zu ihren Freunden zählte, selbst als großes Genie gelten zu können glaubt — würde sie nicht gleich dieser in allen Bädern ein Gefolge von glänzenden Cavalieren aller Nationen um sich sehen, die nach einem Blicke der hohen Dame schmachteten, jedes ihrer Worte als Orakelspruch weiter verkündigten und — selbst ihr Urtheil über den moralischen Werth dieser oder jener Frau als maßgebend erkennten?! Ja! wer den eigentlichen französischen Conversationston kennen lernen will, der gehe in eine Pariser Künstler-Gesellschaft; er beobachte wie diese Schauspieler und Schauspielerinnen, Sänger und Sängerinnen, ja selbst Tänzerinnen sich unter einander unterhalten; und er wird kein Wort der schaalen médisance hören, keinen Stadtklatsch, keine Aufzählung oder Erforschung der Einkünfte oder Schulden Anderer, keine hämische Anspielung auf Privatverhältnisse der Collegen, der man selbst in den anständigen Künstlergesellschaften Deutschlands nicht immer entgehen kann. Manchmal wird freilich bei einer harmlos scheinenden Discussion zwischen zwei Damen ein leicht hingeworfenes Wort vernommen werden, dessen versteckter Sinn, giftig wie nur eine Natter, dem Beobachter andeutet, daß französische Sängerinnen, Actricen und Tänzerinnen ebensowenig Engel auf Erden sind als deutsche und italienische. Aber trotz allem dem ist doch die höhere gesellschaftliche Bildung unter jenen nicht zu verkennen, und mancher deutsche Besucher wird, erstaunt und überrascht, nicht begreifen können, daß solch' ein feiner und freier Anstand in dem „unsittlichen" Paris und in solcher Gesellschaft zu finden sei.

Der Grund dieser Erscheinung liegt — abgesehen von dem Talent und der eigenthümlichen Erfindungsgabe für alle Annehmlichkeiten des gesellschaftlichen Lebens, wodurch sich die Franzosen vor allen Nationen aus= zeichnen — in dem hohen Standesgefühl, das die französischen Künstler belebt, von dem selbst das unbe= deutendste Mitglied eines Theaters zweiten Ranges durch= drungen ist, und das in Deutschland vielleicht nur bei den Malern, als Folge der collegialen Ausbildung in den Kunstschulen, gefunden wird. Jedem französischen Schauspieler oder Sänger ist die Anerkennung des Publi= kums das höchste, was er erringen kann und will; auch erkennt er im Leben keine gesellschaftliche Stellung als höher oder beneidenswerther denn die seinige an. Es ist also ganz natürlich, daß unter Leuten, die nicht blos von ihrer eigenen Person eingenommen sind, sondern auch eine hohe Idee von ihrem Gesammtberufe haben, ein anderer Ton, eine andere Haltung vorherrschen muß, als da, wo jene Idee vor dem kleinlichen Haschen nach der Gunst eines Hofintendanten, einer Journalclique, eines Theateragenten u. s. w. gar nicht zur Geltung gelangen kann. Wir wollen an unsere Bühnen= und Ton=Künstler keinen Vorwurf richten über Uebelstände, die theilweise aus den Verhältnissen und dem Kastengeiste unseres lieben

Deutschlands herzuleiten sind. Aber wir weisen auf diese
Uebelstände hin, weil wir von der Ueberzeugung ausgehen,
daß bei energischem Willen der Bessern Vieles
geändert werden kann. Man darf nur nicht
erwarten wollen, daß die Aenderung etwa
von oben herab angeregt, dekretirt werde.
In der Kunst muß sich Alles von innen heraus
entwickeln.

Horst, der, wie schon gesagt, von seinen neuen Be=
kanntschaften entzückt und bezaubert war, mochte auch
im Anfange die absprechende Manier, wodurch er, wie
so manche deutsche Künstler, die Unabhängigkeit seiner
Meinungen darzuthun wähnte, einigermaßen gemildert
haben; denn er erfreute sich so günstiger Aufnahme als
die liebenswürdigen gefälligen Franzosen jedem zu Theil
werden lassen, mit dem sie sich gut unterhalten können.
Er galt für einen geistreichen gebildeten Mann, er fand
auch manche Künstler bereitwillig, ihm mit Rath und
auch mit That beizustehen — wenn es nicht zu fati=
gant war.

Um das Wohlwollen der neuen Freunde ganz zu
gewinnen, und sie zu bewegen, daß sie den Einfluß,
welchen sie auf viele Kritiker ausübten, zu seinen Gun=
sten verwendeten, gab Horst auf den Rath Laicher's, zu
Ehren der Künstler vom Theater, in deren Haus er ein=
geführt worden, oder zu denen er in besonders freund=
liche Beziehung getreten war, einen kleinen Ball „sans
cérémonie" in demselben Saale, wo das Diner statt=

gefunden hatte. Zwar hatte er gegen den Vorschlag
manche Bedenken geäußert, doch Laicher und Appalton
bemerkten, daß es sich nur um ein ungezwungenes fröh=
liches Beisammensein handelte und daß, wie er sich schon
überzeugen gekonnt, die Mitglieder der französischen Bühne
andere Leute seien, als die Professoren und Virtuosen.
Und da die Sache an sich eine reizende Außenseite bot,
so ließ er sich leicht überreden.

Er lud etwa vierzig Personen. Es sollte ein wenig
conversirt, dann vielleicht ein wenig musizirt, ein wenig
getanzt, ein wenig soupirt, auch sollten einige feine Weine
getrunken werden. Alles das Wenige sollte, dem Vor=
anschlage nach, etwa zwei tausend Franken kosten, die
der Wiener Freund, von dem Gedanken berauscht, mit
all den Berühmtheiten in einem Salon zusammenzukom=
men, völlig bereitwillig aus seiner Tasche zu bestreiten
erklärte.

Zufälligkeiten, die überall dort, wo es sich um ober=
flächliche Vergnügung, um Zerstreuung handelt, von un=
berechenbarer Wirkung sind, Wetter, Weiberlaunen, Cou=
lissenaffairen und sonstige derartige Unannehmlichkeiten
traten unserem Freunde von vornherein feindlich ent=
gegen. Manchen Gästen, und darunter den sonst liebens=
würdigsten und freundlichsten, merkte man eine gezwun=
gene Haltung an. Der Eine hatte sich unmittelbar vorher
mit seiner Frau gezankt, der andere gar mit seiner Mai=
tresse; ein dritter war mit seinem Direktor zerfallen,
weil man einem Anderen die ihm gebührende Rolle zu=

theilen wollte. Einige Damen waren übel gelaunt, ohne zu wissen warum, und da der eigentliche Mittelpunkt fehlte, von dem aus der Impuls zur Unterhaltung gegeben ward, so war die Gesellschaft bald durchfröstelt.

Außer diesen zufälligen Ursachen gab es aber auch andere, tiefer liegende, welche auf die Haltung des einen oder anderen Gastes unbehaglich einwirkten. Die bedeutenden Sänger und dramatischen Künstler z. B. hatten Horst's Einladung angenommen, weil kein Grund vorlag, sie auszuschlagen; sie achteten, ihrer Gewohnheit gemäß, nicht darauf, ob Horst's Mittel ihm Ausgaben für einen Ball erlaubten, aber sie fanden diesen mehr für einen wohlhabenden Dilettanten, oder für einen bereits in Paris ganz etablirten Künstler passend, als für einen, der sich erst in der Mitte seiner Laufbahn bewegte. Die Unbedeutenden aßen und tranken, aber langweilten sich, und waren daher wenig freundliche und dankbare Gäste. Bei den Kritikern, auf die es vorzüglich abgesehen war, schlug der Plan gänzlich fehl. Die wenigen Unabhängigen, die sich herabgelassen hatten, Horst's Einladung anzunehmen, argwöhnten, daß man sie beeinflussen wollte und blieben steif und zurückhaltend. Die anderen berechneten das Verhältniß der Ausgaben dieses kleinen Festes zu denjenigen, die sie für nothwendiger hielten, jedenfalls für ersprießlicher und den beiden Partien — sich und Horst — profitabler ansahen. Die ausübenden Instrumentalkünstler waren in nur spärlichem Maße vertreten. Die alten Professoren des Conser=

vatoriums gingen in später Abendstunde nicht mehr aus; die jungen, die er kannte, waren anderweitig geladen. Mit den Modekünstlern stand er schon lange bei seinen bitteren Sarkasmen gegen ihr flaches Treiben — wir erinnern an die Soiréen der Gräfin Rhoden und der Fürstin Varazimoff — nicht auf gutem Fuße. Es waren ihm also nur wenige ächte Künstler gewogen geblieben, die unbekümmert um die Außenseite, das Wahre und Bessere in ihm schätzten; das waren aber keine Leute, die sich zu einer Abendgesellschaft und Schmauserei, deren eigentlichen Zweck sie durchschauten und mißbilligten, laden ließen. Die wenigen Virtuosen also, die gegenwärtig waren, zählten zu den Indifferenten, die überall hinlaufen, wo sie tanzen und soupiren können. Nur Mordant und ein junger deutscher Musiker, der sich seit einiger Zeit in Paris aufhielt, Namens Ferstner, waren Ausnahmen; der erstere, weil er trotz jenes Streites, den Horst mit ihm auf dem Boulevard begonnen hatte, doch eine gewisse Vorliebe — er nannte es ein „faible" — für ihn hegte; der andere aus Anhänglichkeit und aus Freundschaft, deren Veranlassung wir weiter unten erklären werden.

Alle die eben beschriebenen Umstände, die Horst nicht entgingen, waren nicht geeignet, auf seine Stimmung wohlthuend einzuwirken. Dazu kamen nun vollends besondere Demüthigungen, die er nicht erwarten, und doch nicht zurückweisen durfte.

Er hatte einige Deputirte, junge Banquiers, Attachés

und sonstige große Herren, die ihm freundlich gesinnt waren, geladen, damit in seiner Gesellschaft alle Elemente vertreten waren. Sie kamen alle, in der besten Absicht, liebenswürdig zu sein. Als sie aber die eigenthümliche Haltung der Gäste bemerkten, und erkannten, daß der rechte gesellige Geist nicht vorherrschte, erkaltete auch ihre Stimmung; sie unterhielten sich einige Zeit mit den Damen und entfernten sich dann stille, fast wie aus einem öffentlichen Lokale. Der Wiener Freund endlich, überglücklich, alle Götter und Göttinnen, die er bisher nur von fern bewundert und angebetet hatte, so nahe von Angesicht zu Angesicht sehen, ja sie sprechen zu dürfen, kramte alle die Liebenswürdigkeit aus, mit der unbedeutende Leute ihre Mitmenschen zu quälen ein so bedeutendes Talent besitzen, aß und trank ziemlich viel, und machte zuletzt einigen unverheiratheten Damen den Hof in jenem plumpen, witzig sein sollenden Tone, den manche deutsche reiche oder hochgeborne Elegants und Theaterenthusiasten in Gesellschaft, selbst der anständigsten, deutschen Künstlerinnen anschlagen dürfen, den aber in Paris selbst die Besucherinnen des jardin Mabille und des château des fleurs nicht ertragen. Horst sah ihm aus der Ferne zu und biß sich die Lippen blutig, aber er mußte schweigen; und als jener seine Unanständigkeit so weit trieb, daß mehrere der männlichen Gäste sich der beleidigten Damen annahmen und sich ein unangenehmer Streit entspann, vermied er — der Hausherr! — bemerkt und über den Mann befragt zu werden, den er als seinen Freund bezeichnet und vor=

gestellt hatte. Er bat Appalton und den Journalisten, den Compagnon der Blaguéoni, die Angelegenheit beizulegen und ihn zu entfernen, der das meiste Recht des Bleibens in sich fühlen mochte.

Es kam zu einer unangenehmen Scene. Der aufgeregte Wiener, der übrigens in seiner Gutmüthigkeit gar nicht begreifen wollte, daß er etwas Ungebührliches gethan, ließ einige Worte fallen, die zwar, da er schlecht französisch sprach, nicht von allen, aber doch noch von genug Umstehenden verstanden wurden, um die Demüthigung für Horst vollständig zu machen. Ein praktischer Franzose hätte in jenem Momente wahrscheinlich den Ausweg eingeschlagen, daß er den Gästen das ganze Verhältniß offen darlegte, und unmittelbar darauf dem Ungeschlachten die Thüre wies, der, weil er zu einem Souper das Geld hergab, sich berechtigt hielt, mit Damen unanständig umzugehen; welche Folgen immer daraus entstanden wären, er hätte die Lacher und die Frauen auf seiner Seite gehabt. Aber Horst scheute sich, den Mann zu beschimpfen, der ihm Freundliches erwiesen hatte, dem er Dank zu schulden glaubte; im Gefühl eines Unrechts, das er sich nicht verzeihen konnte, beging er eine Taktlosigkeit, die ihm die Anderen nicht verziehen. Er hielt sich abseits, sah, wie zuerst die Damen sich schnell entfernten, wie Appalton und Laicher den Tobenden endlich fortbrachten, und wie dann auch die Herren, die nur zurückgeblieben waren, um den Ausgang der Scene mit anzusehen, sich verloren. Endlich war er allein. Er athmete freier.

II. 9

Dort in der Ecke stand ein Lehnstuhl, auf welchem die liebliche Sängerin gesessen hatte, deren erst zugesagte, dann verweigerte Mitwirkung im Concerte sein kühner Witz ihm wieder errang. Sie war seitdem so freundlich, so liebenswürdig gegen ihn gewesen, daß er sich wohl zu kühnen Hoffnungen berechtigt glauben mochte; und sie gehörte zu den Damen, welche der Wiener in seinem trunkenen Uebermuthe beleidigt hatte. Auf diesen Stuhl sank Horst, anstatt nach seinem Zimmer zu gehen, und verfiel in trübe Gedanken. „Was werden sie sich morgen in der Stadt erzählen, wie werden sie höhnen und spotten?" frug er sich. „Was habe ich gethan, um solches Elend zu verdienen? Daß ich von einem reichen Manne, der mir seine Freundschaftsdienste anbot, Geld annahm, um meine künstlerischen Zwecke zu fördern? Thun das nicht Hunderte von Künstlern, die alle zum Ziele gelangen? bedarf nicht heutzutage jeder mehr oder weniger der Unterstützung, wenn er in einer großen Stadt Großes erreichen will? und soll nur ich allein zu Schanden werden, in dem Momente wo ich glaubte, mich endlich dem Elende entwinden zu können?! O Fluch einem solchem Geschicke! rief er zuletzt. Fluch dem Tage meiner Geburt, und Fluch dem Fremden, daß er mich von dem Schritte abhielt, der mich all dem Elende entr" — —

Das Wort erstarb auf Horst's Lippe. Vor ihm stand der, dem er im tobenden Selbstgespräche geflucht hatte. Ernst trat er auf den Erschreckten zu, der bleich und zitternd in den Stuhl zurückgesunken war. „Erkennen

Sie mich noch?" frug er in mildem Tone. "Erinnern Sie sich des alten Thurmes? Ich komme nur, Sie zu warnen, nicht zu retten, das können nur Sie selbst. Gehen Sie in sich. Verlassen Sie den Weg der Lüge und des gleißnerischen Scheinenwollens. Suchen Sie das Wahre, Sie werden es finden. Wir sehen uns vielleicht nicht mehr wieder, Adieu!" Horst hatte inzwischen seine Fassung wiedergewonnen, er wollte den Fremden aufhalten, doch mit Riesenkraft stieß ihn dieser von sich. "Zurück, Schwächling!" donnerte er ihm zu, mit einem Blicke, der ihn unwillkührlich an die Stelle festbannte — "hören Sie meine letzte Lehre. Was Sie unternommen haben, kann nur ein Genie oder ein bedeutender Charakter vollbringen, der Menschen und Verhältnisse zu beherrschen vermag. Ein Talent, und sei es noch so bedeutend, und ein weiches, allen Eindrücken zugängliches Gemüth darf nichts wagen, was einen innern Widerspruch erzeugt. Sie gehen an sich selbst zu Grunde! Noch einmal" — endete der Fremde in sanfterem Tone, "achten Sie auf die Stimme des Besseren in Ihrem Innern, und wenn sie bereits verstummt ist, dann rufen Sie ihr; sie wird Ihnen antworten. Vor allem Entsagung! ein hartes aber hohes Geschick! Ist der Sieg im Inneren errungen, dann kann auch der Tag des äußeren Sieges kommen." Er verschwand. Horst hörte seine Schritte verhallen, hörte, wie das Hausthor, gleichsam von selbst, ohne daß der übliche Ruf an den concierge erging, sich öffnete und wieder schloß. Betäubt wankte er nach seinem

Zimmer, und warf sich in's Bett. Lange Zeit blieb er schlaflos; endlich fiel er in eine dumpfe Betäubung, die ihn wenigstens momentan dem Bewußtsein seiner unglücklichen Lage entrückte.

19. Capitel.

Der Räthselhafte noch einmal. Ein neuer Held.

Ein kalter, trüber Morgen folgte der ereignißschweren Nacht. Schmutzig weißgraue Wolken hingen am Himmel, die Luft war dick, nebelig und ein heftiger, mit Schnee vermischter Regen schlug an die Fenster. Das Wetter war recht geeignet, einem Unglücklichen die Last des Lebens noch zu erschweren.

Horst's erster Gedanke war auf den räthselhaften Fremden gerichtet. Er ging zum concierge und frug diesen, wen er des Nachts herausgelassen hatte.

„„„Dame, Monsieur!""" entgegnete dieser, „„alle die Damen und Herren, die von Ihnen geladen waren.""

„Ja, aber nachdem diese sich sämmtlich entfernt hatten, sah ich noch einen weggehen, einen ältlichen Herrn mit einem Vollbarte und langen Haaren, dem Sie das Thor unaufgefordert öffneten; wie kam es, daß dieser, ein Fremder, der nicht im Hause wohnt, so leicht ein- und ausgehen konnte, in so später Stunde?"

„„Ah Monsieur Orst, der Mann, den Sie meinen, war schon während des kleinen Balles hinaufgegangen; ich hielt ihn für einen der Geladenen; er kam unmittelbar nachdem sich die Gäste entfernt hatten, noch einmal zurück, und meinte, er hätte etwas oben vergessen, ich möge nur das Thor offen lassen, weil er gleich wiederkehren würde; er blieb auch nur einige Minuten oben, während ich ihn erwartete. Daher mochte es wohl kommen, daß Sie ihn herausgehen hörten, ohne daß er mich angerufen hatte.""

„Wie aber war es möglich," bemerkte Horst, der sich durch die vagen Antworten nicht beschwichtigen lassen wollte, „daß Sie einen Ihnen ganz Unbekannten so spät noch in's Haus ließen? Wenn er Etwas hier vergessen hatte, so konnte er am Morgen wiederkehren, um es zu holen. Wenn es nun ein Dieb gewesen wäre?"

„„Ein Dieb? Nein, er ist kein Dieb, lieber Herr, sondern ein Mann, den ich schon seit mehreren Jahren kenne; er hat in dem Hause, in dem ich früher diente, gewohnt, und ist ein deutscher Kaufmann; war er nicht einer Ihrer Gäste? dann begreife ich auch nicht was er hier wollte. Ich werde mich bei den anderen Einwohnern des Hauses erkundigen, ob er einen von ihnen besucht hat, etwa den alten Gelehrten, Ihren Nachbar; und wenn es sich herausstellt, daß er hier im Hause nichts zu thun hatte, will ich gleich die Polizei in Kenntniß setzen. Wer weiß, am Ende hegte er doch schlimme Absichten. Es gibt jetzt so viel böse Menschen, man kann sich nicht genug in Acht nehmen!"

Horst sah ein, daß er nichts erfahren würde, daß der Gefragte nichts wußte oder wissen wollte, und ging nach seinem Zimmer zurück. Der concierge sah ihm spöttisch lächelnd nach. „Ja frage Du nur," meinte er, „und zerbreche Dir den Kopf; ich werde den braven Herrn nicht verrathen. Übrigens was könnte ich verrathen? Ich weiß doch selbst nicht wer er ist, nur daß er mich jedesmal sehr großmüthig bezahlt, wenn er Etwas erfragen will. Was meinst du wohl," fuhr er zu seiner Frau gewendet fort, „wer mag dieser Fremde sein, der so angelegentliches Interesse an Herrn Horst nimmt? Er sagt, er wäre ein Verwandter, den die Familie beauftragt habe, über unsern Inwohner zu wachen. Glaubst Du es wohl, Fifine?"

„„Was ich glaube?"" entgegnete die Alte murrend, „„daß Du noch uns und den guten Herrn Horst in's Unglück bringen wirst. Wie, wenn dieser Fremde wirklich ein Dieb wäre?""

„Dann wäre es ein Dieb, der mehr Geld hat, als der, den er bestehlen will. Siehst Du nicht, wie er mit den Zehn=Franken=Stücken herumwirft? Und würde er, wenn er die Absicht hätte, die Du ihm zumuthest, so oft kommen und sich nach Dingen erkundigen, die mit den Vermögensumständen des Herrn Musikers da oben nichts zu schaffen haben? Laß gut sein, Fifine, ich bringe Herrn Horst nicht in's Unglück. Ich mag ihn gut leiden, denn wenn er Geld hat, giebt er mit vollen Händen, aber da er nicht hauszuhalten versteht, so kann es ihm nur gut bekommen, wenn einer der viel Geld hat, sich für ihn interessirt. Um Politik bekümmert sich Herr Horst nicht, also lassen wir die Sache gehen, wie sie will, und, alte Plaudertasche, verrathe mich nicht, sonst geht uns die Gunst des braven Herrn und der schöne Verdienst verloren." — —

Horst grübelte noch immer; die Erscheinung des räthselhaften Fremden würde ihn in jedem anderen Momente weniger aufgeregt haben. Aber mit der Erinnerung an ihn verband sich die Erinnerung an die erlebte Schmach und Rathlosigkeit. „Was nun beginnen?" war seine immer wiederkehrende Frage. Wie bitter bereute er nun, daß er nicht an seinem ursprünglichen Plane festgehalten, und unmittelbar nach dem ersten Concerte ein zweites veranstaltet hatte, unbekümmert um pecuniären Erfolg, um Nebenrücksichten, nur um ein Ziel zu erreichen: die Scharte auszuwetzen, sich und den Künstlern Genugthuung zu geben! Wie quälte ihn der Gedanke, daß ihn Laicher's und Appalton's Einwände zurückhalten gekonnt, und daß er sich mit dem Wiener, den er vom ersten Begegnen an richtig beurtheilte, so weit eingelassen hatte, um nunmehr von diesem Menschen fast abhängig zu sein.

In dieser Stimmung fand ihn Laicher, dem er unwirsch begegnete, und der sich murrend, aber nicht ohne Schuldbewußtsein — er hatte noch nicht alles Schamgefühl verloren — entfernte, und Ferſtner, den Horſt freudig begrüßte.

Unter allen Pariſer Bekannten war ihm dieſer der liebſte, und wir müſſen demſelben nun einige Aufmerkſamkeit widmen; denn er war beſtimmt, in der Lebensgeſchichte Horſt's, ohne es zu ahnen und zu wollen, eine große, entſcheidende Rolle zu ſpielen. Dieſer Ferſtner gehörte zu der Klaſſe von Menſchen, die in unſerer reflectirenden Zeit unter den Künſtlern, und zumal unter den Muſikern, immer ſeltener gefunden werden: er war eine geſunde Natur. Sein Vater, wohlhabender Oekonom in einer deutſchen Landſtadt, hatte ihn, den dritten und jüngſten Sohn, dem Kaufmannſtande widmen wollen. Aber der Burſche zeigte ſich ſo ſtörrig, und beurkundete anderſeits ſo viel Luſt und Talent für Muſik, daß er endlich ſeinen Willen durchſetzte und nach der Hauptſtadt geſendet wurde. Dort, unter der Leitung tüchtiger Lehrer, entwickelte er ſich raſch; ſeine öffentlichen Vorträge erfreuten ſich lebhaften Beifalls, und ſeine kleinen angenehmen und mit Fleiß gearbeiteten Compoſitionen fanden raſch günſtige Aufnahme und Verbreitung.

Mehrere Jahre hatte er in Deutſchland von ſeinem künſtleriſchen Erwerbe gelebt. Endlich ging er, von Verlegern aufgemuntert, vom Vater mit „leidlichem Geld verſehen", kurze Zeit vor Horſt's Ankunft nach Paris, um ſich daſelbſt niederzulaſſen.

Thätig und ſtrebſam, ohne dem unmittelbaren Erfolge nachzujagen, oder dem Ehrgeize ein zu weites

Schweifen in träumerischen Illusionen zu erlauben, bescheiden, aber nicht ohne Selbstgefühl tüchtigen und ehrenhaften Wirkens, ruhig, geduldig, aber fest in seinem Handeln, begann Ferstner seine Laufbahn in Paris; er ließ sich in einigen Gesellschaften hören, trachtete Unterrichtsstunden zu gewinnen, um das mitgebrachte Sümmchen zu sparen, und gab endlich ein Concert. Ihm stellten sich nicht weniger Schwierigkeiten entgegen, als Anderen; aber seine glückliche Natur half ihm darüber hinaus. Er genoß und freute sich des Angenehmen, das ihm der Moment brachte, das Unangenehme schüttelte er ab, so gut es ging. Er überschätzte sich nie, gestand offen, daß er nichts weiter anstrebe, als das ihm möglich Beste zu leisten. So gewann er Anerkennung und Achtung; und da er nicht genug Witz besaß, um irgend Jemand dadurch verletzen zu können, war er bald allgemein beliebt.

Sein Verhältniß zu Horst datirte von der Zeit seines ersten Auftretens. Dieser, der ihn als Compositeur von „Nippsachen" vornehm ignorirt hatte, ließ sich von Laicher bestimmen, das Concert zu besuchen. Ferstner's reiner, markiger und voller Anschlag, sein warmer natürlicher Vortrag und seine geschmackvollen, wenn auch in kleinsten Rahmen gehaltenen Compositionen wirkten so angenehm und überraschend auf Horst, daß er sein Wohlgefallen in lauten Beifallsrufen und in überall wiederholten Lobeserhebungen kundgab, ja sogar einen längeren Artikel über das Concert in einer Musikzeitung, und mit seinem Namen, veröffentlichte, in welchem er die Vorzüge des jungen deutschen Künstlers in geistreicher und witziger Darstellung hervorhob, und hierdurch nicht wenig zu dessen Erfolge beitrug. Denn in jener Zeit war Horst, trotz seiner unangenehmen Stellung in manchen gesellschaftlichen Kreisen, noch von vielen Musikern sehr geachtet, und besonders sein scharfsinniges Urtheil galt viel. Ferstner hielt es für Pflicht, dem Künstler, der ihn, ohne daß irgend eine persönliche Beziehung stattgefunden hatte, so freundlich=collegialisch behandelte, seinen Dank abzustatten. Er ging zu ihm; Horst, hoch=erfreut über diesen Beweis von Aufmerksamkeit, begrüßte ihn herzlich, und es entspann sich ein Freundschaftsver= hältniß, das nur mehr der Tod lösen sollte.

Ferstner war bei allen vortrefflichen Eigenschaften in seiner geistigen Ausbildung noch ziemlich weit zurück= geblieben; er hatte nie über Weiteres gedacht, als was gerade der Moment verlangte, und seit Jahren nichts gelesen, als französische Moderomane, ein Vaudeville oder Zeitungen. Erst als ihm Horst eindringlich vor= stellte, wie nothwendig dem wahren, nach Höherem stre= benden Künstler humanistische Bildung und vor Allem die Bekanntschaft mit den Meisterwerken der Poesie sei, wie er ohne diese sich im eigenen Fache nicht mehr über einen beschränkten Kreis der Auffassung hin= ausschwingen könne, ging er, nicht ohne einiges Wider= streben, an das Lesen unserer Klassiker. Er begann auf Horst's Anrathen mit den Werken, die er in seinen

Knabenjahren bereits kennen gelernt hatte. Herrmann
und Dorothea gefiel ihm nicht über die Maßen; er fand
Alles, „was da drinnen vorgeht," sehr natürlich; dagegen
begeisterte ihn Werther's Leiden, nicht durch den histori-
schen Inhalt, sondern durch die Sprache; die Stelle,
wo der Held seine ehemaligen Gefühle bei Anschauung
der Natur beschreibt, lernte er auswendig. Ebenso ging
es ihm mit Schiller'schen Gedichten, die „Ideale" machten
einen größeren Eindruck auf ihn, als die „Künstler".
Bewundernd und beneidend betrachtete Horst den Jüngling, der noch an dem höchsten Ausdrucke verzehrender,
zerstörender Leidenschaft, die uns heute wenig mehr
interessirt, so rein objektiven Gefallen finden konnte,
während daß jene Gattung der Poesie, die uns über jene
Leidenschaft erhebt, ihn weniger ansprach, weil er sich
ja schon darüber erhoben fühlte.

Auch auf die musikalische Bildung Ferstner's wirkte
der Freund anregend. Der junge Componist hatte
zwar gründlichen kontrapunktischen Studien obgelegen,
doch die Meisterwerke Bach's und Händel's kannte er
nicht mehr, als die meisten unserer jetzigen reisenden
Virtuosen, die ein paar Fugen und Präludien in ihrem
musikalischen Ranzen tragen, um diese klassischen Schau-
stückchen gelegentlich auszupacken und damit zu prunken.
Auf Horst's Anregung drang er in die Tiefen Bach-
scher und Händel'scher Oratorieen; und er entdeckte neue
Welten. Israel in Aegypten, diese musikalische Odyssee,
erfüllte ihn ganz; es bemeisterte sich seiner eine wahre

Wuth, alle Werke der beiden großen Meister kennen zu lernen. Dabei fiel ihm nie ein, sich selbst in kontrapunktischen Arbeiten zu versuchen; er setzte nach wie vor seine kleinen graziösen Ideen, wie sie ihm kamen, zu Papier, und suchte weiter nichts; „denn," meinte er, „was einem nicht die musikalische Phantasie gibt, das wird man umsonst durch Arbeit und Nachdenken zu ersetzen trachten." Er hatte auch eine eigene, nicht ganz gerechtfertigte Scheu vor Mendelssohn'schen Oratorieen, sie schienen ihm nicht „religiös", obwohl seine eigene Religiosität nicht sehr hoch anzuschlagen war.

So wirkten die beiden Freunde gegenseitig, denn wenn Horst Ferstner zum Studium und zur Selbstbildung anregte und sich in seiner Eitelkeit darauf nicht wenig zu Gute that, so mußte er sich auch eingestehen, daß der andere, ein kaum fünfundzwanzigjähriger Jüngling, unbewußt einen wohlthätigen Einfluß auf ihn ausübte; daß er, so oft jener bei ihm längere Zeit verweilte, ruhiger, heiterer wurde. Er mochte noch so übelgelaunt, noch so trübsinnig sein, sobald Ferstner in's Zimmer trat mit seinem offenen biederen Gesichte, mit dem treuen Auge, und in theilnehmendem Tone, den er vergebens ernst zu stimmen versuchte, sein gewöhnliches: „Nun, schon wieder Falten auf der Stirne? Herunter damit!" rief, schlich ein Lächeln über seine Lippen.

Auch an jenem Tage erschien er ihm wie ein von guten Engeln Gesandter. Seinem freundlichen Zureden gelang es, die gedrückte Stimmung, die dumpfe Gleichgiltigkeit, in die Horst versunken war, zu bannen. Er erzählte, wie Laicher und er den betrunkenen Wiener nach Hause gebracht und ihm so lange über sein schlechtes Benehmen in's Gewissen gepredigt hätten, bis jener zu weinen anfing und versprach, er wolle gleich am Morgen zu dem gekränkten Freunde gehen, seine Vergebung erbitten und nun erst recht alle seine Kräfte aufwenden, um ihm behülflich zu sein. Er stellte den Vorfall als so unbedeutend dar, bewies Horst so klar, daß er nichts Besseres zu thun habe, als die ganze Angelegenheit, wenn er darüber befragt würde, als Bagatelle zu behandeln und derselben eine komische Seite abzugewinnen, daß er ihn endlich dazu brachte, wieder an künstlerische Angelegenheiten zu denken, und nach Appalton und Laicher zu senden. Im Innern aber war es Ferstner nicht so wohl zu Muthe, als er sich äußerlich zu erscheinen zwang. Er hatte eine fast schwärmerische Freundschaft zu Horst gefaßt, und er ahnte, daß die Scene des verflossenen Abends für diesen eine tief erniedrigende gewesen war, und zwar nicht blos vor den Leuten, sondern vor dem eigenen Bewußtsein, und obwohl er wenig Menschenkenntniß besaß, — er gestand, daß er nichts damit anzufangen wüßte und lieber sich gleich bleiben, als immer argwöhnen und beobachten wollte — so ließ ihn sein natürliches, gesundes Gefühl doch ahnen, daß derartige Vorfälle Störungen im sittlichen Organismus hervorbringen, deren Wirkung, wie die mancher Krankheiten, nicht unmittelbar, sondern nur all=

mälig zu erkennen ist, daß bei wiederholten Demüthigungen und Erniedrigungen die moralischen Kräfte des Menschen hinsiechen, wie die Lebenskraft im schleichenden Fieber.

20. Capitel.

Concertfluth in Paris. Mordant's medizinisch = musikalische Abhandlung. Bemerkungen über das Pariser Concert=Handwerk. Ein glücklicher Moment für Horst. Natürliche Gefühle und Virtuosenleben.

Der Wiener hielt Wort. Er kam am Nachmittage mit Laicher, Appalton und Ferstner zu Horst und bat ihn mit so aufrichtigen Worten um Vergebung, versprach in so komisch=treuherziger Weise, er wolle auch alle die Damen versöhnen, „und sollte es ihm einige Tausend Franken kosten," daß alle Anwesenden gerührt waren; die Blaguéoni fanden sich auch ein, um zu sehen, ob denn noch Geld in Aussicht stünde; der Wiener lud sie und die ganze Gesellschaft als Zeugen der Versöhnung zum Diner im Café anglais ein, um allen Groll im Champagner zu ersäufen. Der Antrag wurde jubelnd angenommen; nur Ferstner entschuldigte sich mit dringenden Geschäften. Er wollte nichts zu thun haben mit dem Menschen, von dem er Horst gerne losgemacht hätte; doch schwieg er, im Hinblick auf die Verhältnisse und setzte seine Hoff=

nung darein, daß irgend eine Wendung ihm Gelegenheit verschaffen würde, den Bruch zwischen beiden in anständiger Weise einzuleiten, wobei er dann seinen ganzen Einfluß aufzuwenden entschlossen war; „denn," philosophirte er, „zahlen kann er ihn jetzt doch nicht; warum soll er nun ein Sklave des gemeinen Schlemmers werden und sich moralisch ganz zu Grunde richten?"

Um die Zeit, als die hier erzählten Begebenheiten vorfielen, nahte die musikalische Saison ihrem Ende und die Concertfluth war auf's Höchste gestiegen. Wohin das Auge blickte, erschaute es Concertzettel; selbst dort, wo auf den Boulevards der sich isolirende Wanderer sonst nur Anzeigen von Capsules Motte und Rob Laffecteur begegnete, fand er nunmehr auch diese alten Bekannten durch Musiker-Namen frech verdrängt: Aeskulap durch Apollo! — Der sarkastische Mordant meinte, diese Anzeigen von Concerten dort, wo man sie am wenigsten erwartete, erklärten sich durch Wiederaufnahme der in alten Zeiten oft versuchten Heilmethode, die Musik als Medizin zu gebrauchen. „Musik vertreibt so viele Uebel," deduzirte er; „Launen, Sorgen, Schnaken*), Wölfe, Elephanten, Menschen; warum auch nicht irgend einen Schnupfen?" — Der naive Provinzbewohner, der

---

*) Man will bemerkt haben, daß in öffentlichen Gärten, wo „Concerte" stattfinden, die lästigen Schnaken andere Menschenkinder mehr plagen, als die ausübenden Künstler; wahrscheinlich weil sie von der durch die Blasinstrumente erzeugten Vibration der Luft verjagt werden.

zum erstenmale nach der großen Hauptstadt pilgerte, mußte glauben, es gebe keinen vortheilhafteren Industriezweig, als Concerte. Denn wo eine derartige massenhafte Concurrenz bestand, muß auch die ausgebotene Waare eine außerordentlich gesuchte sein. Nun, in Wahrheit gestanden, für den Concertgeber, der seine Billete nur als eine Waare betrachtet, die er durchaus an den Mann zu bringen sucht, ist das Geschäft in Paris, wie überall, nicht schlecht, ja im Hinblick auf die Bedingungen, unter welchen andere Geschäfte geführt werden müssen, sogar ein sehr einträgliches zu nennen. Denn bei jenen ist der Erfolg doch vor Allem von der Güte der Waaren oder von einer besonderen Neuheit (haute nouveauté) abhängig; der Kaufmann, dem es gelingen konnte, durch hochtrabende Annoncen und durch andere Hebel, Reclame 2c., die Neugier des Publikums zu erregen und sich Zulauf zu verschaffen, muß die günstigen Verhält=
nisse benutzen und seinem Geschäfte eine solide Grund=
lage geben, will er nicht die errungenen Vortheile bald schwinden sehen. Doch derartige philiströs=bürgerliche Grundsätze können auf die Tonkünstler, die alljähr=
lich das Publikum brandschatzen, keinen Einfluß üben. Die besuchen den Winter hindurch alle Ge=
sellschaften, wo man zwischen zwei Tassen Thee und einer Contredanse Musik zu machen gewohnt ist, und leiern dort ihre Stückchen herab; sie dediziren irgend eine Inspiration ihrer Phantasie einer reichen Banquiers=
tochter oder einer Miß, wie's deren immer genug in

Paris gibt — Sprößlinge der Ehe eines verschuldeten Baronets mit einer reichen Brauerstochter, oder einer blutarmen Lady mit einem Millionen besitzenden roturier, dem gegenüber die französische Gesellschaft sich weniger skrupulös zeigt, als die englische —; sie verkaufen solche Compositionen an den Verleger, der ihnen einen Theil des Honorars in gestochenen Exemplaren ihres eigenen Werkes bezahlt, die sie dann wieder bei ihren Schülerinnen absetzen; kurz, sie treiben Alles, was zum schaalsten Handwerke gehört, bis sie endlich ihrer Winterthätigkeit die Krone aufsetzen und ein Concert veranstalten. Miß X. nimmt so und so viel Billette, um die Dedication zu bezahlen, Banquier Y. so und so viel, als Vergütung der zwischen Thee und Contredanse vorgetragenen Piecen, einige Protektoren aus alter Zeit werden auch noch besucht, alle ehemaligen oder noch lernenden Schüler und Schülerinnen werden in zarter Weise aufgefordert, dem Lehrer ihre Anhänglichkeit zu bezeugen; und so bringen Pariser Concertgeber vom Fache ein volles und einträgliches Concert zu Stande. Gute Musik vorzutragen, muthet ihnen ihr Publikum nie zu; es ist gewohnt, daß ihm jahraus jahrein dieselbe Sauce à la Thalberg, à la Vieuxtemps, à la Servais (wenn die Concertgeber Violinisten oder Cellisten sind) über alte abgestandene Motive präsentirt wird, wenn sich der Tondichter nicht bis zu einem ganz allein seiner Phantasie entsprungenen Werke: rêverie, nocturne oder einem chant du pâtre, du rossignol, du berger, du marin, —

du was noch? — versteigt. An lobpreisenden Kritiken fehlt es natürlich nicht; selbst manche unabhängige Berichterstatter schweigen, oder sagen ein paar freundliche Worte, erstens weil sie den Mann, mit dem sie schon seit Jahren umzugehen gewohnt sind, nicht kränken wollen, und dann auch — weil es nichts nützt, dem Unfug entgegentreten zu wollen; Alles hat seine Zeit, es wird auch diese Misere ein Ende nehmen, oder vielleicht nur einer anderen weichen.

Horst hatte, da er schon einmal sein zweites Concert aufzuschieben entschlossen war, den Tag absichtlich noch später angesetzt, als Laicher und Appalton ihm riethen, weil er nicht in dem großen Strudel der anderen Pianisten mitschwimmen wollte. Sein Plan ging dahin, die beiden bereits angekündigten Concerte Chladini's vorübergehen zu lassen und erst nach dem vollständigsten Erfolge dieses Nebenbuhlers, der ihn bei seinem ersten Auftreten durch das Blendende und Gefällige seines Spieles fast überflügelt hatte, den großen „coup" zu unternehmen, der seine Bedeutung als Künstler unerschütterlich feststellen und ihn von der Klasse der gewöhnlichen Virtuosen absondern sollte. Die Auspicien waren günstig. Das Programm war diesmal nach seinem Sinn festgestellt. Der unangenehme Auftritt am Ballabende schien im Publikum bereits wieder vergessen, und der Wiener Freund zeigte sich liebenswürdiger und bereitwilliger als je. Auch der Kreis seiner nützlichen Bekanntschaften hatte sich erweitert.

Einige Gelehrte und Schriftsteller, die von dem Getriebe der großen Welt mehr oder weniger abgesondert lebten, daher von seinen äußeren Verhältnissen nichts wußten, hatten ihn als Mann von Geist und Bildung an hochstehende und einflußreiche Personen empfohlen. Ein junger Lord, der aus Indien gekommen war, Musikenthusiast und gutmüthiger Lebemann, der dem Anfang des Balles bis zum Souper beigewohnt und vom weiteren Verlaufe keine Kenntniß besaß, hatte ihn lieb gewonnen und bei englischen Familien eingeführt. Laicher sah sogleich den Vortheil ein, der aus dieser Bekanntschaft zu ziehen war; er rieth Horst, vorerst dem Engländer das Verhältniß zu dem Wiener anzudeuten, um jeder mißliebigen Enthüllung von anderer Seite vorzubeugen, und dann die Bekanntschaft zwischen den beiden einzuleiten. Er hatte bereits einen Plan entworfen, den er Horst durchaus nicht mittheilen wollte; er verbürgte nur, daß nichts Unehrenhaftes damit verbunden sei.

Nach diesem Plane lud Horst den jungen Lord ein, mit ihm zu speisen und bat sich die Erlaubniß aus, bei der Gelegenheit einen entfernten sehr reichen Verwandten und intimen Freund — so bezeichnete er den Wiener nach vorausgetroffener Verständigung mit diesem — und seinen Agenten für künstlerische Angelegenheiten, den Dr. Laicher, vorzustellen. Der Engländer, dem es gleichgiltig war, mit wem er in Paris umging, wenn er sich nur amüsiren konnte, ließ sich bereit finden. Während des Diners, das sehr gut und überaus belebt war, brachte

Laicher die Rede auf die bevorstehende Londoner Saison. Der Lord rieth Horst hinzugehen, und erbot sich, ihm Empfehlungen theils zu geben, theils zu verschaffen, und als der Wiener den Plan äußerte, seinen Freund zu begleiten, um England zu sehen, wohin er sich so lange gesehnt hatte, trug der lustige junge Herr — dem Laicher vor dem Essen einige Worte zuzuflüstern Gelegenheit hatte — auch ihm Briefe an seine beiden Cousinen an, von denen er wußte, daß sie nicht nach London kommen würden. Der Wiener, von dem Gedanken, mit einigen „Lehdis" im Hyde Park ausreiten zu können, in paradiesische Laune versetzt, ließ sich noch am selben Abende von Laicher bestimmen, daß er Horst eine bedeutende Summe vorzustrecken versprach, mit welcher dieser unmittelbar nach dem zweiten Concerte alle Geschäfte in Paris beenden und nach London gehen konnte, um die nöthigen Vorkehrungen zu treffen; der andere wollte dann nachkommen.

Laicher war ungemein froh, und fühlte sein Gewissen Horst gegenüber einigermaßen erleichtert, als sein Plan so glücklich durchgeführt war. Er bedachte nicht, in welche neue Verwicklung er den Künstler gebracht haben mochte, er sah nur, daß er diesem eine bedeutende Summe in einem Momente verschafft hatte, wo ihm die peinlichsten Verlegenheiten bevorstanden. Um sich von einer Schuld zu befreien, hatte er den Anderen zu neuem Unrechte veranlaßt, und glaubte noch, ihm einen Freundschaftsdienst erwiesen zu haben. So sind alle schwache Menschen!

Es ist unglaublich, wie viel Thorheiten sie begehen, wenn sie besonders klug zu handeln glauben!

Horst sah nun seine nächste Zukunft einigermaßen gesichert; er ging mit erneuter Kraft an seine künstlerischen Arbeiten. Die angestrengten Studien, denen er zur Vorbereitung für das Concert oblag, lenkten seinen Geist von den vielfachen, theils selbstgeschaffenen, theils durch ungünstige Verhältnisse herbeigeführten Unannehmlichkeiten ab, und führten ihn wieder ganz der Kunst zu. Auch das schönste, weil natürlichste Gefühl, das Gefühl der kindlichen Liebe, erwachte wieder in ihm. Er war zwar gewohnt, der Mutter, so oft es ihm nur möglich war, Unterstützung zuzusenden, und ihr auch manchmal über sein Befinden und über seine Verhältnisse zu berichten; aber bei seiner ungeregelten Lebensweise, bei den vielen Ausgaben, die seine Pläne bedingten, konnte diese Unterstützung oft nur eine spärliche sein; und seine Briefe ermangelten jenes herzlichen, warmen Tones, den freilich weder der gebildetste Verstand, noch die geübteste Feder, sondern nur das Gemüth findet, und den wiederzugeben unsere sogenannten Volksschriftsteller oder gar abgelebte Halbgenies, wie Bulwer — der jetzt Familienglück und das stille Studierzimmer des Gelehrten beschreibt, wie er ehemals das glänzende Leben, die prunkenden Landsitze und die immer engelgleichen Töchter der Lords bis in's kleinste Detail beschrieb — sich vergebens abmühen. Es ist unglaublich, wie sehr das Virtuosenleben in der eleganten Welt, dieses glänzende

Elend, dieses eigenthümliche Hin- und Herschwanken in einer sozialen Zwitterstellung, den Sinn für das Natürliche, Wahre abschwächt; der Kaufmann am Cap und die Goldgräber in Australien finden mehr Zeit, ihrer Eltern und Geschwister zu gedenken, als mancher Virtuose in dem Strudel seiner Concerte. Und der Vater eines großen und selbst als Mensch bedeutenden Künstlers brach eines Tages in die schmerzlichen Worte aus: „Die Kunst hat mir den Sohn geraubt; alle drei Monate erhalte ich einen ehrfurchtsvollen Brief von ihm, in dem ich aber vergeblich nach einem Ausdruck wahren kindlichen Gefühls suche."

Horst konnte es nie begreifen, daß seine Mutter über jede unbedeutende Kleinigkeit eine Auskunft verlangte, die ihm nur unnütze Mühe und Zeitverlust verursacht hätte; ihre ewigen Klagen und Trostlosigkeit über die gänzliche Verschollenheit der Schwester Josepha, die seiner Ueberzeugung nach einen unmoralischen Lebenswandel führte, erregten seine Ungeduld; dagegen schmerzte ihn ihre Gleichgiltigkeit gegen den Bruder Johann, der, seit mehreren Jahren in Südamerika etablirt, ihr regelmäßige Geldsendungen zukommen ließ, die sie vor Mangel schützten, aber sonst weiter keine Kunde von sich gab. Er hatte bisher, wenn er ihr Briefe sandte, nur von seinem Befinden und sehr oberflächlich von seinen Unternehmungen gesprochen; „von diesen hat sie ja" — so dachte er — „doch keinen rechten Begriff; warum sie also mit ausführlichen Beschreibungen plagen?" Aber in jenen Tagen

reflectirte er nicht, sondern er schrieb, wie's ihm das Herz
eingab. Er tröstete die Mutter über Josepha, und ver=
sprach Erkundigungen einzuziehen; er bat sie, doch einmal
auch an Bruder Johann zu schreiben, auf daß wieder
Eintracht in die Familie komme; dann erzählte er ihr alle
seine Leiden und Freuden in der letzten Zeit, ohne, nach
seiner Gewohnheit, erst die Ausdrücke zu suchen, die der
ungebildeten Frau die verständlichsten sein mochten; end=
lich bat er sie, mit der Summe, die er ihr sandte, vor=
lieb zu nehmen, bis bessere Zeiten ihm gestatten würden,
sie bei sich zu sehen, um sich nie mehr von ihr
zu trennen. Viele Tropfen fielen auf das Papier, wäh=
rend er so schrieb; aber es waren nicht jene bitteren,
heißen, die sich dem Auge entringen, wo Verzweiflung
das Mark des Menschen und sein Herzblut in salziges
Thränenwasser verwandelt — sondern jene linden, war=
men, die dem Auge entströmen, wenn die harte Rinde,
die Unglück, Schuld und Selbstqual um das Herz ge=
zogen haben, sich in Wehmuth auflöst.

21. Capitel.

**Betrachtungen über das Gewissen und über das Schicksal der Menschen.
Der Horizont Horst's trübt sich immer mehr.**

Der Verfasser, der viele Menschen, aus den höchsten
wie aus den niedrigsten Schichten der Gesellschaft, in

den verschiedenartigsten Verhältnissen, und, wie er glaubt, nicht blos oberflächlich, gekannt und beobachtet hat, wagt es nicht zu entscheiden, ob in manchen Großen, Mächtigen, Reichen auch nur ein Funken von dem lebt, was wir Gewissen, Bewußtsein der guten oder schlechten Handlung, nennen, oder ob Reichthum und Macht ihren Eignern auch eine solche Idee der Unfehlbarkeit verleihen, daß sie all' ihre thörichten, schlechten, grausamen Handlungen begehen, daß sie Menschen ausbeuten, aussaugen, unterdrücken und zu Tausenden opfern um ihrer Launen willen, ohne daß je ein Gedanke an eine rächende Vorsehung sie beschleicht, ohne daß sie je in dem Spiegel der Selbsterkenntniß das gräßliche Bild ihres Ichs schaudernd erblicken: Ihn hat die Erfahrung nur davon überzeugt, daß Strafe in dieser Welt nur die Besseren trifft, die sich eines Vergehens gegen ihre sittliche Ueberzeugung schuldig gemacht haben, daß Gewissensqualen sie peinigen, daß der Richterspruch der Welt sie verdammt, — die gewöhnlich, weil sie den Mächtigen nichts anhaben kann, über den Schwächeren um desto strenger urtheilt, — und daß, wenn zufällig einmal die Strafe für ein Vergehen sie nicht unmittelbar ereilt, durch Verkettung von Umständen eine mit ihm zusammenhängende Katastrophe später oder früher herbeigeführt wird, die es dann doppelt und dreifach rächt. Das war auch Horst's Loos.

Er hatte alle Vorbereitungen für sein zweites Concert getroffen. Kein Hinderniß stand zu befürchten. Die erste Probe eines Trios seiner Composition, die er vorzutragen gedachte, war ganz glücklich ausgefallen; alle anderen Piecen seines Programmes hatte er so fleißig geübt, daß sie ihm keine technischen Schwierigkeiten mehr boten. Um allen Zerstreuungen auszuweichen, hatte er den Wiener gebeten, ihn, bis das Concert vorüber sein würde, weder zu einem Diner, noch zu irgend einer Promenade oder Partie einzuladen. Und wenn er auch nicht verhindern konnte, daß dieser ihn oft in seinen Studien störte, um sich einen „Walzer" oder ein Verdisches Motiv „auszubitten", so war er wenigstens sicher, während des Abends nicht von ihm belästigt zu werden; denn nach dem Diner bei Veri oder Vignon suchte der gutmüthige Schlemmer Zerstreuungen, die er bei dem einsamen, sich sammelnden Künstler nicht finden konnte. Der Erfolg hing also nur mehr von der Stimmung ab, in der sich Horst erhalten konnte, und diese war bisher eine ruhige, wohlgemuthe; so unsicher und aufgeregt er sich vor dem ersten Concerte gefühlt hatte, so zuversichtlich, ja fast hoffnungsfreudig sah er diesem zweiten, entscheidenden entgegen. Es sollte in acht Tagen stattfinden.

Er saß vor dem Klaviere und wiederholte ein Tonwerk, von dem er sich den bedeutendsten Erfolg versprach, in dem er die größten Schwierigkeiten moderner Technik mit subtilen Kombinationen kontrapunktischer Kunst zu vereinigen gestrebt hatte. Im Zimmer war es ganz dunkel, nur der schwache, von der Straße heraufdringende

Widerschein der Gaslaternen ließ die Umrisse der Gegenstände erkennen. Während Horst's Finger sich auf den Tasten mit vollkommener Sicherheit bewegten, schweifte sein Geist in ehrgeizigen Phantasien. Sie trugen ihn nach dem hell erleuchteten Concertsaale, wo er am achten Tage, um dieselbe Stunde, dasselbe Tonwerk vortragen sollte; sie zeigten ihm ein glänzendes Publikum, die erfreuten Künstler, die beschämten Spötter und Widersacher; sie malten ihm den Sieg in schimmernden Farben und ließen ihn selbst den rauschenden Beifall der Menge vernehmen. Wer nun weiß oder zu erwägen vermag, wie aufregend die Musik im Allgemeinen auf sensitive Naturen wirkt, wer nun bedenkt, wie einen Tonkünstler, der mit einer in hohem Grade sensiblen Natur begabt ist, in einem Momente, wo er, von der Außenwelt abgeschlossen, sich ganz der Eingebung der Muse hingibt, und Alles um ihn her seinem Geiste entrückt ist, eine plötzliche Störung aufschrecken kann, der wird sich leicht vorstellen, welcher Eindruck sich Horst's bemächtigte, als er mitten im Vortrage in der Dunkelheit eine Gestalt auf sich zuschreiten sah. Er fuhr zusammen und ließ die Hände sinken; doch Furcht vor physischen Gefahren konnte nur im ersten Momente der Ueberraschung Horst's Muth lähmen; im nächsten schon blinkte das Dolchmesser, das er gewöhnlich bei sich trug, in seiner Hand; und er wollte auf den vermeintlichen Angreifer losstürzen, als eine leise weibliche Stimme ihm zuflüsterte: „Ich bin es, Horst, bleiben Sie ruhig." — Diese bekannte, süße, traurige Stimme erschreckte ihn mehr, als es ein Angriff vermocht hätte. Die Waffe entfiel seiner Hand, und wie ein Verzweifelter rief er: „Um Gotteswillen, Anastasia, — Frau Gräfin, — Sie hier, bei mir, um diese Stunde — erlauben Sie, daß ich Licht holen lasse."

Frau von Dormeuil hielt ihn zurück. „Nein, Horst," sprach sie schnell und leise, „lassen Sie uns hier im Dunkeln die wenigen, letzten Worte reden, die wir in dieser Welt noch wechseln werden. Es ist besser — es ist mir leichter, wenn ich Ihre Züge in diesem Augenblicke nicht sehe. Ich bin aus dem Hause meines Mannes entflohen, um nie wieder dahin zurückzukehren. Er weiß Alles, Alles aus der Vergangenheit. Vor einer Stunde trat er vor mich hin und sprach — und jedes Wort war von einem Blick begleitet, der mich zerfleischte: Sie haben mir nie mitgetheilt, daß Herr Horst Ihr Klavierlehrer in Rußland war und Ihre erste Liebe genossen hat, und Sie werden einsehen, daß ich nicht glauben kann, er sei hier in Paris nur Ihr Freund, Ihr tugendhafter Rathgeber. Darauf erklärte er mir, er wolle morgen meine Mutter persönlich von Brüssel abholen, und sie werde in unserem Hause wohnen. Ich warf mich zu seinen Füßen, beschwor ihn, mich vor dem fürchterlichen Zusammentreffen zu bewahren, mich anzuhören. Doch er blieb unerbittlich und kalt und ließ die Worte fallen, daß ich die Hierherkunft meiner Mutter nur fürchtete, weil ihre Gegenwart mich an meine Schuld erinnern würde. Was sollte ich entgegnen? Sollte ich das enthüllen, was noch mehr des Unheils, aber keinen Trost enthielt? So habe ich denn meine Seele Gott befohlen und bin entflohen. Von hier gehe ich zu dem würdigen Priester meiner Kirche, er wird mich vor Verfolgungen wahren und mir den Zufluchtsort in einem Kloster meines Vaterlandes verschaffen."

"O Anastasia!" rief Horst schmerzlich. "Armes, unglückliches Wesen, das auch unter dem Fluche meiner Existenz leidet, welches dunkle Fatum führte Sie hierher nach Paris, ließ mich Sie wiederfinden, und in solchen Verhältnissen? Wenn ich schon für die Missethat büßen soll, deren Andenken seit Jahren mein Herz zerreißt, warum sollen S i e nie einen Trost finden können?"

"Ich werde ihn finden, Horst, indem ich mein Leben Gott weihe, und der Pflege der Armen und Kranken, indem ich der Welt für immer entsage, in der ich ja nie eine Freude gefunden. Lassen Sie mich nur noch einige Worte sagen, und dann entscheiden Sie, ob ich meinen Entschluß nicht ausführen muß. Als Sie vor Jahren, in einem Momente blinden Hasses, selbst noch kaum ein Jüngling, in mir, dem fünfzehnjährigen Mäd= chen, die Leidenschaft anfachten, für die Sie, Aermster, jetzt am meisten büßen, da waren Sie wohl im thörichten Wahn befangen, ich ahnte Ihre Beziehungen zu meiner Familie? Nein, Horst, dem war nicht so! Ich mochte nach meinen Worten und nach meiner äußeren Erschei= nung als vollkommen entwickelt erscheinen; mein Gemüth war das eines vertrauenden Kindes; ich liebte Sie —

doch weiter. Meine Mutter entfernte mich aus ihrer Nähe, ich blieb einige Jahre bei meiner nun verstorbenen guten, braven Tante; kurze Zeit vor meinem Zusammentreffen mit Herrn Dormeuil kehrte ich nach Hause zurück. Mein Vater starb, die Mutter ging mit mir auf Reisen, das Weitere wissen Sie; nur das Eine nicht, daß ich auch bei meiner Verehelichung keine Ahnung von Ihren früheren Erlebnissen in unserem Hause besaß, und daß erst eine Anspielung, Worte, die Sie an jenem Tage fallen ließen, als ich zum erstenmale von meiner Mutter sprach, mir die Augen öffneten. Einen Augenblick war es mir, als ob ich Sie hassen müßte! Aber ich erinnerte mich an Ihr Benehmen von dem ersten Augenblicke unseres Wiedersehens, an Ihre ehrfurchtsvolle Haltung mir gegenüber, so oft wir allein waren, und wie Sie bemüht waren, mir Trost und Festigkeit in meinem häuslichen Unglück einzugeben. Ich sah ein, daß Sie Ihr schweres Vergehen durch redliches Handeln, durch aufrichtige Freundschaft für mich abzubüßen getrachtet hatten, ich fühlte, daß es mir nicht möglich sein würde — Sie zu hassen — daß — uns ein geheimer Bund für das ganze Leben aneinander gefesselt hielt, ein Bund — der nur gesprengt, nicht gelöst werden kann. Ich hatte nach der Entfernung meiner Mutter gehofft, Herrn von Dormeuil dahin zu bewegen, daß wir Paris verließen. Sie einige Jahre nicht zu sehen, schien mir das einzige Mittel, um — — eine wiederaufkeimende Leidenschaft, die ich jetzt als verbrecherisch betrachten muß, zu be=

kämpfen. Doch es war mir nicht vergönnt als Gattin, wenn auch nicht glücklich zu werden, doch wenigstens das Bewußtsein der Erfüllung meiner Pflicht erlangen zu dürfen. Ich muß mich von meinem Gemahl trennen. Die Mutter war — so hat er selbst mir mitgetheilt — zuerst auf seine Anregung hierher gekommen, und er ahnte, daß Sie durch irgend ein Mittel ihre schnelle Abreise bewirkt hätten, worüber ich selbst doch keine Auskunft zu ertheilen vermochte."

„Ich hatte," bemerkte Horst düster, „während meines letzten Aufenthaltes in Rußland durch einen Freund Manches aus dem früheren Leben dieses Weibes erfahren, was sie der eigenen Regierung gegenüber wohl geheim zu halten wünschen muß. Dies der Oeffentlichkeit kund zu geben, drohte ich ihr in einem anonymen, von einem alten Copisten geschriebenen Brief. Im ersten Schrecken, und wahrscheinlich in der Meinung, das Schreiben komme von einem mächtigen Feinde, verließ sie Paris. Doch durch Herrn von Dormeuil hat sie gewiß erfahren, daß ich hier bin, und sie errieth wohl auch den Verfasser des Drohbriefes. Ohne Zweifel hat sie auch ihre Anstalten getroffen, um bei den jetzigen veränderten politischen Zuständen Rußlands vor jeder Gefahr sicher zu sein. O ich sehe das teuflische Gewebe aller dieser Pläne! — aber vielleicht gelingt es Ihnen doch, Ihren Gemahl anders zu stimmen? Bedenken Sie, Anastasia, was Sie unternehmen, daß Sie vielleicht nur in einem Augenblick der gerechtfertigten, durch Kränkung noch ver=

mehrten Aufregung handeln. Ist denn kein Ausweg möglich?"

„O nein, Horst," rief die Gräfin leidenschaftlich, „keiner! Erlassen Sie mir jedes Wort der Erklärung, warum Herr von Dormeuil auf die Rückkehr meiner Mutter bringt, und von ihr allein die Wiederherstellung des Glanzes und Luxus in der Führung unseres Hauses erwartet, die unsere Verhältnisse in letzter Zeit nicht gestatteten. Mein Herz schauderte vor einem Gedanken, den ich nicht auszusprechen wage. Doch die Zeit drängt, ich muß entfliehen. Leben Sie wohl für immer, trachten Sie, meiner ganz zu vergessen, um nur Ihrem Berufe, Ihrer Kunst zu leben; aus meinem Herzen wird Ihr Bild nicht schwinden."

Horst war im Uebermaße des Schmerzes vor der Gräfin auf die Kniee gesunken, sie beugte sich zu ihm herab, schlang den Arm um seinen Hals; ihre Thränen fielen auf sein Antlitz, ihre Lippen berührten sich in heißem, langem Kusse — als plötzlich eine Stimme in der Dunkelheit erklang, es war die Herrn von Dormeuil's; die Gräfin sank ohnmächtig zu Boden, Horst war erstarrt.

„Pardon, wenn ich eine so empfindungsreiche Scene störe," — meinte Dormeuil höhnend — „ich habe an die Thüre geklopft, aber wahrscheinlich haben Sie im Eifer des Gespräches im Dunkeln den Schall überhört. Ich bin nur gekommen, um Frau von Dormeuil abzuholen. Da ich mir dachte, daß sie irgend ein romantisches Unternehmen im Sinn trage, ließ ich sie den ganzen Tag durch meinen Kammerdiener beobachten, und ich habe mich nicht getäuscht. Ich habe mir die Begleitung des Herrn von Fernonville als Zeugen ausgebeten; wir haben unten beim Thürhüter, um jedes unnütze Aufsehen zu vermeiden, einen Besuch bei dem alten Staatsbeamten, der im dritten Stocke wohnt, vorgeschützt. Und nun, Monsieur Horst, erlauben Sie, daß Herr von Fernonville eintrete und die zur Vorsorge mitgebrachten Kerzen angesteckt werden. Und Sie, Madame, erheben Sie sich gefälligst vom Boden und folgen Sie mir. Monsieur Fernonville wird Ihnen den Arm reichen, falls Ihnen der meine nicht angenehm sein sollte."

Die Gräfin war inzwischen wieder zu sich gekommen und hatte ihre Fassung eher gewonnen, als Horst, der noch immer betäubt dastand, mehr aus schrecklicher Angst um das Schicksal der Frau, die in seinem Zimmer, zu so später Stunde, und in der Dunkelheit von ihrem Gemahle überrascht worden war, als aus Furcht für sein Loos. „Nie werde ich je mehr Ihr Haus betreten," rief sie, „und wenn Sie es gewagt haben, mich einer niedrigen Handlung fähig zu halten, und mich in so schmählicher Weise bei Herrn von Fernonville zu verläumden, so wird dieser als Ehrenmann mir seinen Schutz nicht versagen. Ich will in ein Kloster gehen, das wird und kann mir Niemand verwehren."

„„Herr von Fernonville, dessen Schutz Sie ansprechen, wird Ihnen erklären können, daß eine Frau sich ohne

Erlaubniß ihres Ehemannes nicht nach Belieben aus dem Hause entfernen und einen ihr besser zustehenden Aufenthalt wählen darf. Die Gesetze kennen keine Romantik; eine Trennung von Tisch und Bett, von Gemeinschaft der Güter kann in Frankreich stattfinden, wenn die Frau zu beweisen vermag, daß ihr Mann seine Pflicht verletzt hat; im vorliegenden Falle ist das Recht auf meiner Seite allein. Das Recht des beleidigten Gemahles gegenüber der — Ehebrecherin —""

"Elender!" unterbrach Horst den Grafen wüthend, "wagen Sie es noch, hier in meinem Zimmer ein Wesen zu beleidigen, dessen Werth zu erkennen Sie nicht fähig sind, dessen einziger Fehler es ist, an Sie gefesselt zu sein?"

„„Halloh! mein Herr Klavierspieler,"" antwortete Herr von Dormeuil mit äußerlicher Ruhe, zu der die bleichen Wangen und der wüthende Blick im Widerspruche standen, "mischen Sie sich nicht in Angelegenheiten, von denen Sie nichts verstehen, und spielen Sie keinen Helden; seien Sie froh, wenn wir Sie ignoriren. Herr von Fernonville, wir wollen die Scene enden; reichen Sie meiner Frau den Arm und führen Sie dieselbe nach dem Wagen. Ich will indessen nicht fortgehen, ohne dem Herrn da einige Worte gesagt zu haben, und ihm die verdiente Züchtigung angedeihen zu lassen, die einem —""

Er sprach kaum das Wort aus, als Horst wie rasend das Dolchmesser, das noch vom Momente her, als die Gräfin erschien, auf dem Boden lag, aufhob und auf den

Beleidiger zustürzte. Frau von Dormeuil warf sich ihm entgegen. Herr von Fernonville, dem es erwünscht war, die unbequeme Rolle eines Zuschauers mit der eines Mithandelnden zu vertauschen, faßte Horst's Arm und entwaffnete ihn. Herr von Dormeuil, der zuerst, heftig erschrocken, fliehen wollte, ließ nun seinem Hasse freien Lauf. „Ich wollte jeden Scandal vermeiden," sprach er, „aber Herr Horst will durchaus nähere Bekanntschaft mit den Gerichten schließen, und sie soll ihm werden, in vollem Maße. Sie können und werden es bezeugen, Herr von Fernonville, daß dieser Mörder die Waffe erst vom Boden aufhob, nicht bereits in der Hand hatte, mit der er mich, den Unbewaffneten, den Ehemann, angriff, der in seinem Zimmer die ehebrecherische Gattin gefunden hatte. Und nun, hoffe ich, wird Madame nicht weitere Einwürfe gegen das Gebot, mir zu folgen, erheben. Ich erlaube ihr, sich heute Nacht in ihr Zimmer einzusperren, gegen weiteres Entlaufen werde ich schon Maßregel treffen. Sie möge sich indessen vorbereiten, als Zeugin gegen ihren geliebten Herrn Lehrer aufzutreten. Die schöne Welt von Paris, die mich so lange als einen undankbaren, unmoralischen Ehemann verdammte, wird lernen, ein richtiges Urtheil zu fällen."

Mit diesen Worten ergriff Herr von Dormeuil den Arm seiner Gemahlin und wollte sich entfernen; doch Herr von Fernonville hielt ihn zurück und flüsterte ihm einige Worte zu. Er überlegte einen Augenblick, antwortete in leisem Tone und verließ dann das Zimmer mit der unglücklichen Frau, die willen-, fast besinnungslos an seiner Seite schwankte. Herr von Fernonville blieb einen Augenblick zurück und sprach zu Horst: „Wenn Sie meinem Rathe folgen, so entfliehen Sie schnell, das Andere werde ich abmachen; Herr von Dormeuil wird Vernunft annehmen, sich mit der Mutter seiner Gemahlin versöhnen, und wenn Sie einmal weg sind, wird die Haupturjache des Zerwürfnisses beseitigt sein. Ihr Schicksal liegt in Ihrer Hand." Damit ging er.

Der erste Gedanke Horst's, als er sich allein sah, war, zu Laicher zu eilen und mit seiner Hülfe die Anstalten zur Flucht zu treffen; im nächsten Augenblicke schwankte er; es dünkte ihm für seine Zukunft weniger gefährlich, sich einer gerichtlichen Entscheidung zu unterziehen, als durch plötzliche Entfernung allen Auslegungen den weitesten Spielraum zu lassen. „Aber" — dachte er wieder — „wird Anastasia nicht wenigstens gerettet, wenn ich Paris verlasse, wird es ihr nicht den Tod bringen, wenn sie vor Gericht erscheinen, wenn sie gegen mich zeugen muß, daß ich den Dolch ergriffen habe?" Er wollte endlich, um nur den marternden Gedanken zu entgehen, Laicher noch in der Nacht aufsuchen und sich mit ihm berathen, als der Thürhüter ein kleines Zettelchen, das ein Commissionär übergeben haben sollte, auf sein Zimmer brachte. Es enthielt in deutscher Sprache die Worte: „Bleiben Sie ganz ruhig, Dormeuil wird Nichts gegen Sie unternehmen, und Anastasia ist gerettet. Der Freund vom Thurme." Am andern Morgen erhielt er auch ein Schreiben von Fernonville, worin ihm dieser in dürren Worten ankündigte, daß die Angelegenheit mit Herrn von Dormeuil insoweit geschlichtet sei, daß er (Horst) sich nicht von Paris zu entfernen brauchte, und daß Frau von Dormeuil ihren Willen haben werde.

Um dem Leser diese unerwarteten Wendungen einigermaßen zu erklären, wollen wir hier, ohne der Geschichte zu weit vorzugreifen, den Brief anführen, den Fernonville, zu gleicher Zeit mit der Botschaft für Horst, an Herrn von Dormeuil sandte:

"Mein lieber Dormeuil! Ich bitte Sie, lassen Sie Ihre Frau hingehen wo sie will, und unternehmen Sie nichts gegen diesen Horst. Ich bitte Sie nicht blos, ich verlange es. Sie werden sich wundern? Ich kann Ihnen als Erklärung nur mittheilen, daß gestern, als ich nach der unangenehmen Komödie nach Hause schlenderte, Einer, den ich schon längst bei allen T— glaubte, vor mir erschienen ist. Er kennt meine, unsere Geheimheimnisse, unsern Briefwechsel nach *, unsere Hoffnungen und Unternehmungen. Er kann mich und Sie auf's Höchste compromittiren. Die einzige Bedingung seines Schweigens ist, daß Sie in die Scheidung mit Frau von Dormeuil willigen, daß diese noch heute Morgen Ihr Haus verlassen könne, und daß Horst unbehelligt bleibe. Sie sehen selbst, daß uns keine andere Wahl freigelassen ist, als diese Forderungen zu erfüllen, die uns übrigens noch einen Scandal ersparen. Vielleicht ist Ihre Schwiegermutter sehr erfreut, wenn sie allein in Ihrem Hause wohnen kann. Ich wäre gerne zu Ihnen gekommen, um die Angelegenheit persönlich zu ordnen, aber ich muß den Staatsrath X. erwarten, und es ist mir kein Aufschub gegönnt. Sie werden sich wohl in das Unangenehme fügen, denn Sie können wohl denken, daß ich um der Selbsterhaltung willen, im Falle einer Enthüllung, Alles von mir abwälzen müßte, und daß daher Sie noch viel mehr compromittirt erscheinen würden, als ich. Nach dem Wunsche des Fremden habe ich auch Horst bereits von der Wendung der Angelegenheit benachrichtigt. Ich bin fest überzeugt, daß Sie Ihrer Frau ebenfalls ihre gänzliche Freiheit ankündigen werden. Hole der T— alle diese Kratzer und Klavierhacker! Adieu."

22. Capitel.

Herzheim erscheint wieder. Horst's zweites Concert. Er geht nach London. Wie schwache Menschen ehrlich zu sein streben.

Am selben Tage, wo Horst das Schreiben Fernonville's erhalten hatte, saß er, ermattet und niedergedrückt von den Ereignissen, die auch wohl die moralische Kraft eines Stärkeren auf eine harte Probe stellen konnten, vor dem Schreibtische und besserte an seinen Compositionen, als ein junger Fremder eintrat, in dem

er nach einem prüfenden Blicke sofort den Bekannten aus der Jugendzeit, Herzheim, erkannte. Er begrüßte ihn auf's herzlichste; nach wenigen banalen Phrasen vertieften sie sich in einen Austausch der Gedanken über ihre künstlerischen Erlebnisse und über das Kunst=
leben in Deutschland und Frankreich; und erst nach einer geraumen Weile, als Herzheim Anstalt traf sich zu entfernen, kam Horst auf die Frage über den Zweck seiner Ankunft in Paris.

„Ich bin nun seit vier Tagen hier," entgegnete Herzheim, „morgen veranstalte ich eine Antrittssoiree im Salon X., zu der ich Sie laden kam, und in sechs Tagen ein Concert im Salon Herz."

„Wie?" frug Horst, „wurde Ihnen der Saal über=
lassen? So viel ich weiß, war er für jeden Abend der nächsten sechs Wochen gemiethet?"

„Durch einen Zufall mußte der Geiger X. sein Concert verschieben; er überließ mir den Saal, und ich kam dadurch in die angenehme Lage, nicht zu lange warten zu müssen."

„Und," meinte Horst, „wollen Sie gar keine Schritte vorher thun, um sich mit der Presse einigermaßen be=
kannt zu machen? Ich selbst stehe mit einigen Kritikern in Verbindung, und es soll mich sehr freuen, wenn ich Ihre Bekanntschaft mit ihnen vermitteln kann."

„Ich danke herzlichst," meinte Herzheim, „ich halte es nicht für gerathen, nur einige dieser Herren kennen zu lernen, ohne mich allen insgesammt vorzustellen; hiezu gebricht's mir an Zeit, ich werde kaum genug für die nothwendigen Orchesterproben u. s. w. finden. So will ich es denn lieber wagen, als ganz Fremder vor die Kritik zu treten, denn als ein halb Bekannter."

"Nun," meinte Horst lächelnd, "dann müssen Sie wenigstens mich als einen Kritiker anerkennen, und dürfen sich jetzt nicht entfernen, ohne daß ich Sie gehört habe; wir haben uns so lange nicht gesehen, und Ihr Besuch wäre ein zu ceremoniöser, wenn nicht die Kunst das Wiedersehen mitfeierte."

Herzheim saß ohne Weiteres am Klavier nieder und trug eine seiner Compositionen vor; als er geendet hatte, drückte ihm Horst schweigend die Hand und vermochte eine Bewegung nicht zu verbergen, in der sich aufrichtige Bewunderung, tiefe Demüthigung und ein fast grimmiger Neid kreuzten. Er fühlte, daß in Herzheim's Spiel, in dieser Kraft und Energie, in dieser siegbewußten Beherrschung des Instrumentes sich nicht blos eine hohe, durch angestrengte Studien vollkommen entwickelte Begabung offenbarte, — denn insoweit konnte er sich dem Andern für ebenbürtig halten, — sondern auch ein fester, das Ziel unverwandt anstrebender, durch und durch nur von seinem Berufe erfüllter Geist. Und wenn er sich auch sagen durfte, daß sein Enthusiasmus vielleicht ein reinerer, wärmerer, als der Herzheim's war, daß von dem Augenblicke, wo er, von der öffentlichen Leistung absehend, der Kunst allein gegenüber stand, er nur ihr allein huldigte, ohne irgend einem Nebengedanken oder ehrgeizigen Entwürfen Raum zu geben, daß er dann selbstvergessen vor den Werken der großen Tonmeister anbetend stand, wie vor dem Tempel des Allschöpfers, vor der Natur, — so mußte er dagegen eingestehen, daß Herzheim den Widerspruch vermied, der aus dem Dualismus entsprang, den e r vertrat, und daß jener das Publikum eher von seinem künstlerischen Wirken überzeugen werde, weil er immer nur Eines wollte: sein Bestes zur Geltung bringen.

Die Erfolge Herzheim's in Paris waren ebenso glänzend und ebenso von äußeren glücklichen Nebenumständen begleitet, — ohne welche in den Kreisen, worin dieser Theil unserer Geschichte spielt, kein Gelingen möglich ist — als in Deutschland. Er war im ungünstigsten Momente nach Paris gekommen und hatte dennoch Gelegenheit gefunden, sich unmittelbar nach Chladini's und v o r Horst's Concert hören zu lassen; er leitete die Aufmerksamkeit, die einigermaßen dem Ausgange des Kampfes zwischen den beiden Letztgenannten zugewendet war, auf sich. Chladini, der elegante Handwerker, konnte mit seiner brillanten Technik und dem aller Poesie entbehrenden Vortrage nicht bestehen vor einem, dessen Kühnheit im Siege über technische Schwierigkeiten noch von dem flammenden Feuer der Begeisterung genährt und glänzend erleuchtet war; Horst, der in poetischer Auffassung und Durchbildung Herzheim gleich, wenn nicht über ihm stand, konnte sich nicht in der technischen Sicherheit mit ihm messen. Das Publikum, dessen Urtheil über Herz-

heim außerhalb des Concertsaales getheilt war, — es
gab viele Verehrer Chladini's, Niemand bestritt auch
Horst's künstlerische Berechtigung, — war, sobald er ihm
mit seinen Leistungen gegenübertrat, in seinem Beifalle
einstimmig. Er galt für eine Spezialität als Künstler
und für eine Individualität als Mensch. Die eine sicherte
ihm den Erfolg im Concertsaale, die andere in der
Gesellschaft.

Ein eigenthümlicher Umstand, der, so oft sich eine bedeu=
tende Leistung unter den Musikern geltend macht, hervor=
tritt, und den Uneingeweihten überraschen mag, war auch bei
Herzheim's Auftreten bemerkbar. Die Künstler, die ihn
aufrichtig anerkannten, standen ihm, dem in Gesellschaften
allenthalben Gefeierten, persönlich ferner, als die Hand=
werker, deren Antagonist er doch war. Das trat be=
sonders in seinen Beziehungen zu Chladini und Horst
hervor. Der erste, der ihn eigentlich gar nicht zu
würdigen vermochte, und der seine großen Erfolge nur dem
Glück zuschrieb, verbarg seinen Ingrimm und tröstete
sich für die Zukunft, in derselben Weise etwa, in welcher ein
Gypsfigurenhändler einst bewies, daß er mit seinen
Werken der Menschheit mehr nütze und mehr Vergnügen
bereite, als Canova und Thorwaldsen. „Diese Herren,"
meinte er, „ließen sich den von Haus aus sehr theuren
Marmor und ihren Ruhm so hoch bezahlen, daß nur
sehr reiche Leute eine Statue von ihnen kaufen konnten,
die ja schon von vornherein für wunderschön galt, weil
sie viel kostete. Meine Figuren sind billig. Jedermann

kann sie kaufen, sie beurtheilen, sie zieren jeden Salon, und verbreiten daher den Kunstsinn mehr als jene großen Werke, die auf ungeheurem Piedestal stehen und zu welchen man nur mit ungemessener Ehrfurcht hinaufsieht." Der gute Mann bedachte ebensowenig, daß die unsterblichen Künstler, bevor die Menge ihnen die nicht mehr urtheilende Ehrfurcht zollte, Großes geleistet haben mußten, als Chladini die künstlerische Berechtigung Herzheim's zu seinen Erfolgen prüfte; ihm genügte es, daß dieser berühmt und fêtirt war, er drängte sich an ihn, und machte ihm den Hof. Horst hingegen, der Herzheim's aufrichtiger Bewunderer war, aber dem Publikum das eigentliche Verständniß dieses Künstlers nicht zuerkannte, war durch dessen großen Erfolge tief gedemüthigt, weil er sie — aber in anderer Weise wie Chladini — ebenfalls nur glücklichen Constellationen zuschrieb; und er beklagte sein eigenes ungünstiges Loos. Seine persönlichen Beziehungen zu dem berühmteren Nebenbuhler wurden schon nach den ersten Tagen der erneuten Bekanntschaft weniger angenehm, und zuletzt kalt, förmlich, gespannt. Er glaubte sich von ihm beleidigt, und war es dem äußeren Anschein nach, obwohl jener keine Schuld trug. Herzheim war kein Ewalt, dem das höhere innere Streben Horst's Achtung und Theilnahme einflößte, und der daher für die Zerfahrenheit in dessen äußerlichen künstlerischen Gebahren nachsichtiger ward. Er hielt das unerschütterte Fortwandeln auf einem und demselben Wege für eine Hauptbedingung; und wenn er auch Chladini als Künstler geringer schätzte und Horst nie verkannte, so war ihm der Umgang mit jenem, dem immer geschäftlich-Geschäftigen, angenehmer als der Horst's, dessen oft schroff ausgesprochene Meinungen und inconsequentes Handeln seiner Natur widersprachen, und dessen Ruf in jenem Momente von allen Seiten den härtesten Angriffen ausgesetzt war. Die Kunde von der Scene mit Herrn und Frau von Dormeuil drang, trotz aller Vorsicht, in's Publikum — der Leser wird sich erinnern, daß der Graf seine Gemahlin durch den Diener hatte beobachten lassen — und der Vorfall ward auf die verschiedenste Weise, aber immer zu Horst's Nachtheil, ausgelegt. Von den Herren von Dormeuil und von Fernenville selbst war nichts zu erfahren, sie beschränkten sich darauf, von dem Musiker in mißliebigen Andeutungen zu sprechen; dieser — mußte schweigen; und da Frau von Dormeuil ihren Gemahl am Morgen nach der im vorigen Capitel beschriebenen Scene verlassen hatte, und die Ehescheidung bereits eingeleitet war, so mußten alle Bemerkungen und Commentare gegen den Unglücklichen gerichtet sein, der eine Jugendsünde abbüßte. Herzheim, der überall nur Feinde und Neider Horst's traf, mußte von diesem zuletzt eine üble Meinung fassen; er tadelte nicht das Verhältniß zu einer verheiratheten Frau — das eigentlich Unsittliche darin war ihm mehr oder weniger gleichgiltig — sondern die ihm unkünstlerisch dünkende kleinliche Ostentation, als welche man ihm das Verhältniß dargestellt hatte, das Einmischen in die häuslichen Be-

ziehungen zwischen Mann und Frau, von denen Fernonville
sprach; besonders aber erschien ihm das Veranstalten eines
Balles für Theatermitglieder, und gar mit fremdem Gelde,
verdammenswerther. Horst, der es für Unrecht hielt, daß
ein Künstler, den er freundlich aufgenommen hatte, sich nur
von den Meinungsäußerungen Anderer in seinem Urtheile
gegen ihn bestimmen ließ, ohne sich ihm gegenüber auf=
richtig auszusprechen, wurde immer gereizter, und nur die
ruhige Haltung Herzheim's verhinderte eine Weile einen
offenen Bruch, den endlich ein äußerlicher Umstand
herbeiführte. Die elenden Blaguéoni und Consorten
hatten, sobald sie merkten, wie sehr der neu angekommene
Künstler in der Gunst des Publikums stand, daß er
über Geldmittel verfügen konnte, und daß ihm auch
reichliche Einnahmen zufließen würden, sich an ihn ge=
drängt und ihn mit ihren Dienstanerbieten fast belästigt.
Da er schon aus dem Grunde, daß seine Concerte sehr
schnell aufeinander folgten, eines Anordners bedurfte,
der sich allen Mühen unterzog, so nahm er ihr Aner=
bieten um so bereitwilliger an, als sie ihm schon in
Deutschland als die tauglichsten und zu Allem brauch=
barsten ihres Faches bezeichnet worden waren. Er über=
ließ ihnen alle Arrangements, bezahlte sie sehr gut, ver=
bat sich jedoch auf's Entschiedenste, daß sie sich in seine
eigentlichen künstlerischen Angelegenheiten, in sein Pro=
gramm, seine Beziehungen zur Journalistik u. s. w.
mischten; und er behandelte sie bei jeder Gelegenheit so
höflich=geringschätzend, daß Niemand an seine Absicht, sie

nur als Werkzeuge gelten zu lassen, einen Augenblick zweifeln durfte. Horst, den sie nun ganz verließen, glaubte in Herzheim's Haltung und in dessen freundlichen Beziehungen zu Chladini eine absichtliche Demonstration gegen seine früheren Beziehungen zu den Blaguéoni und ihrer Clique zu erblicken, er glaubte, daß jener sie nur durch bedeutende Summen an sich gezogen haben konnte, um der Welt nachher zu beweisen, wie er sich über das Alles hinaussetze, was andere Künstler für nothwendig erachteten; ihm ahnte nicht, daß die Agenten den Künstler aufgesucht hatten, weil ihnen daran liegen mußte, jede Berühmtheit an sich zu ziehen, und daß sie zu der Klasse Menschen gehörten, die dem am meisten anhängen, der sie nach ihrem wahren moralischen Werthe behandelt, wenn sie nur sonst ihre Rechnung bei ihm finden.

Bei einem Zusammentreffen mit Herzheim konnte er sich nicht enthalten, über die eben dargelegte Angelegenheit einige andeutende Worte fallen zu lassen, die dieser als einen indirekten Vorwurf der Intrigue betrachtete und sehr übel aufnahm. In der Gesellschaft ward dieser Vorfall gleich bekannt, und Horst allenthalben niedriger Scheelsucht und des Neides gegen den Künstler, mit dem er sich nicht messen durfte, beschuldigt; und die guten Freunde, die da nirgends fehlen, wenn sie unter dem Scheine theilnehmender Erkundigungen Gift in die Seele träufeln können, sorgten, daß er von allen mißliebigen Urtheilen Kenntniß erhielt. Er ras'te und brütete über Rache an dem Künstler, den er überall gepriesen hatte und von dem er sich nun verrathen und verläumdet hielt. Wir wollen sehen, wie er die Gelegenheit dazu benutzte.

Wie schon bemerkt, hatte Herzheim vorsätzlich keinen einzigen Kritiker aufgesucht; selbst dieses anscheinend gefährliche Unternehmen fiel zu seinen Gunsten aus, denn die Blaguéoni, denen er verboten hatte, sich in derartige Angelegenheiten zu mischen, die aber durchaus ihren Einfluß und ihre Dienste geltend machen wollten, — um seine Compositionen für ihren Verlag zu erlangen — erfanden ein Mittel, auf indirektem Wege für ihn zu wirken. Appalton war der Agent der Fürstin Varazimoff bei der Kritik, so oft sie dem Publikum die Gnade erwies, sich für einen wohlthätigen Zweck bewundern zu lassen; denn, wenn sie im Concerte auch durchaus nur als Fürstin erscheinen wollte, so war sie doch geneigt, den Kritiker, der sie in der Zeitung am geschicktesten als große Künstlerin schilderte, zu einer Tasse Thee zu laden; derartige Angelegenheiten vermittelte Appalton. Nun nahm die hohe Dame besonderen Antheil an den Erfolgen Herzheim's, der ihr empfohlen war, und dessen warme Huldigungen sie einigermaßen für die Gleichgiltigkeit Ewalt's und für die bitteren Sarkasmen Horst's entschädigten. Appalton unterrichtete sie von der „Caprice" ihres genialen Schützlings, und sie unternahm es, im Verein mit einigen Damen, denen jede Abwechslung willkommen war, die Kritik für ihn, und ohne sein Zuthun zu gewinnen. Es ward ein kleines Complot geschmiedet. Jede der Damen lud einen der Kritiker ein und überhäufte ihn mit Artigkeiten, bis er sich für Herzheim zu wirken verpflichtete; einige der schönen Verschwörerinnen fanden es sogar unterhaltend, die älteren und grämlichen Kritiker persönlich zu besuchen und so lange durch alle Künste der Verführung in Verlegenheit zu setzen, bis diese hoch und theuer versprachen, Alles, was von ihnen verlangt ward, zu leisten. Daß unter solchen Umständen die Blätter Herzheim's Preis verkündigten, war vorauszusehen. Zwei der einflußreichsten Kritiker waren jedoch den verführerischen Schlingen entgangen. Der eine hatte eben zu der Zeit, als das Complot der Damen in's Werk gesetzt wurde, eine junge hübsche Frau geheirathet, und glaubte ihr seine Treue dadurch beweisen zu müssen, daß er den Künstler angriff, für den sich die Damen besonders eifrig verwendeten. Der andere war unser alter Bekannter, der Sohn des Epicier, der berühmte Kritiker, der Compagnon der Blaguéoni, der sich zum erstenmale entschieden gegen ihre Beeinflussung wahrte. Er erklärte, daß der Thee, den ihm Frau von Varazimoff für die lobsprechenden Artikel, die er ihr widmete, kredenzt hatte, ihm keine Verpflichtung ihrem Protegé gegenüber auferlegte; und er wollte durchaus von keinem Compromisse hören. „Wenn er schon aus Freundschaft lobte," meinte er, „so sei er es Horst zuerst schuldig, der sich ihm immer angenehm gezeigt hatte, und für den er noch gar nichts gethan habe." Auf dieser Erklärung beharrte er und gewann seinen neuverheiratheten

Collegen für den Plan, in Opposition gegen Herzheim zu treten und hiebei das ganze Unternehmen der Damen mit allen Pfeilen des Witzes und Sarkasmus anzugreifen. Der andere war eben daran, einen Artikel zu veröffentlichen, worin den Damen der Rath ertheilt werden sollte, lieber die Berichte über ihre Schützlinge selbst zu schreiben, als die Kritiker durch alle möglichen Mittel gewinnen zu wollen; diese könnten nur dafür dankbar sein, wenn sie durch solche liebenswürdige Kolleginnen aller weiteren Mühe des Concertbesuches u. s. w. enthoben würden. Er ließ sich daher zu dem Vorschlage bereit finden. Doch auf den Rath des erfahrenen Compagnon hielt er noch zurück; man wollte die Damen von dem ihnen bevorstehenden Angriffe in Kenntniß setzen und abwarten, was sie zur Abwendung der Gefahr thun würden; einstweilen aber nur gegen Herzheim vorgehen.

Zu diesem Zwecke war es aber nothwendig, einen erschöpfenden, auf musikalische Kenntnisse gestützten Bericht zu verfassen, in welchem die mancherlei Fehler in den Compositionen Herzheim's, von denen die Classicisten sprachen, die Schwäche seiner kontrapunktischen Arbeiten, manche Leere in der Instrumentation, die hier und da vorkommende Styllosigkeit seines Vortrags genau und deutlich hervorgehoben und beleuchtet werden sollten. Nun waren die beiden feindlichen Kritiker ebenso arm an jeder gründlichen Kenntniß, als reich an Witz und Gewandtheit in allen Stylgattungen. Der Compagnon der Blaguéoni fand es dem Zwecke entsprechend, daß sie sich an Horst

wandten, und das Mittel mochte sehr glücklich gewählt
erscheinen. Horst hatte schon beim ersten Auftreten Herz=
heim's seine Meinung über die oben berührten Mängel
seines Collegen — dem er dabei immer die größte Ach=
tung zollte — ausgesprochen; seither waren seine Be=
ziehungen zu ihm ganz abgebrochen; er war überdies
noch auf's Tiefste verletzt durch die Gleichgiltigkeit, welche
Publikum und Kritik seinem inzwischen gegebenen zweiten
Concerte gegenüber, trotz seiner ausgezeichneten Leistungen,
gezeigt hatte. Alles das war dem Kritiker, der sich an
ihn wandte, bekannt, und dieser hoffte daher für seine
Vorschläge die günstigste Aufnahme zu finden. Um ganz
sicher zu gehen, versuchte er noch der Eitelkeit Horst's zu
schmeicheln und besuchte ihn mit seinem Verbündeten, unter
dem Vorwande, ihn über sein letztes Concert zu becompli=
mentiren und seine Meinung über eine neue Oper zu
vernehmen; daß das Gespräch auf Herzheim kommen
würde, war vorauszusehen.

Der Plan gelang bis auf einen gewissen Punkt voll=
kommen. Horst, dem es wirklich ein unerwartet erfreu=
liches Ereigniß war, in einem Momente, wo ihn bereits
Alle ignorirten, den Besuch zweier bedeutenden Kritiker zu
erhalten, und der von all dem Manövriren für und
gegen Herzheim nichts wußte, erging sich in weitläufigen
Erklärungen über die Composition Herzheim's und über
seine Vortragsweise, die er auf die Länge als eine mit
dem Charakter des eigentlichen klassischen Klavierspieles
unvereinbare bezeichnete. Die beiden Besucher horchten

hoch auf, aber sie verstanden nichts und verwünschten im Innern die gelehrten Deutschen, die auch nicht einmal über das Klavierspiel reden könnten, ohne zu philosophiren; da es ihnen aber um die Ausführung ihres Planes zu thun war, so thaten sie, als wären sie voll Bewunderung für Alles, was Horst sagte, und baten ihn zuletzt, ihnen das soeben Mitgetheilte doch auch schriftlich und mit genauerem Eingehen in die Einzelnheiten darlegen zu wollen. „Sehen Sie," meinte der Sohn des Epicier, „dieser neue Pianist wird in so unverständiger Weise von allen Seiten gelobt, es werden so viele Hebel angewandt, um ihn in die Höhe zu treiben, daß es sehr nothwendig ist, ihm zu zeigen, er sei nicht unfehlbar. Geben Sie uns die musikalischen Grundstoffe einer scharfen Kritik, die Mixtur, das Zubehör wollen wir in einer Weise bereiten, daß der Glanz dieses Meteors einigermaßen erbleichen wird."

„Wie!" rief Horst mit einer solchen Heftigkeit, daß die Anderen erstaunten, und fast erschracken, „ich soll Ihnen die Anweisung geben, in welcher Weise Sie einen ausgezeichneten Künstler in den Augen des Publikums herabsetzen können? Ich soll die Fehler, die ich als Künstler an dem Künstler entdeckte, — vorausgesetzt, daß meine Meinung eine richtige sei — zwei geistreichen, aber in Musik ganz uncompetenten Kritikern genau detailliren, damit diese ihre Journalleser, von denen neun Zehntheile gar nicht im Stande sind, einen echten Musiker zu würdigen, sich an den leeren Witzworten ergötzen, mit denen eine wichtige Kunstfrage abgemacht wird?

Und das muthen Sie mir zu? Herr, welches Recht haben Sie dazu?"

„Aber," meinte der Neuverheirathete schüchtern, „wir dachten Ihnen einen Dienst zu erweisen, einen Beweis unserer Achtung zu geben. Sie sind durch diesen Herzheim in ungerechter Weise vom Publikum gleichgiltig behandelt worden; die Damen, Frau von Varazimoff, Ihre Feindin, an der Spitze, haben seine Partei ergriffen, machen überall Propaganda und haben alle Kritiker gewonnen, nur wir beide ließen uns nicht beschwatzen, und wollten uns erst mit Ihnen in's Einvernehmen setzen."

„Und," setzte der Sohn des Epicier hinzu, „Sie erlauben mir, als altem Bekannten, wohl die Bemerkung, daß Ihre Großmuth eine sehr schlecht placirte ist gegenüber einem Künstler, den Sie freundlich aufgenommen haben und der Sie jetzt so geringschätzend behandelt; die ganze Stadt ist ja voll davon. Und Sie versäumen eine so günstige Gelegenheit, den Gegner auf's Empfindlichste zu treffen?"

„Wenn dieselben Damen," entgegnete Horst bitter, „die mich in ungerechter Weise verfolgen, die Kritiker für Herzheim zu gewinnen trachten, so ist das Eure persönliche Angelegenheit, oder vielleicht auch eine Angelegenheit der Kritik, im Allgemeinen; Ihr könnt dagegen auftreten, ohne daß meine Person hierbei in Anbetracht kommt; aber soweit ich die Verhältnisse kenne, müßt Ihr Herren mir eingestehen, daß Ihr Euch wohl bedenken werdet, bevor Ihr einen Angriff auf große Damen wagt, und wäre er auch noch so gerecht. Da ist ein ungerechter Ausfall gegen einen Musiker viel bequemer und weit weniger gefährlich. Und wenn Herzheim sich schlecht gegen mich benommen hat, so ist das eine Privatangelegenheit zwischen uns; ich werde mich im Leben an ihm rächen, wo ich es vermag; seine Geliebte zu verführen, ihn persönlich zu demüthigen, zu kränken, zu mystificiren, werde ich nicht einen Augenblick zaudern; aber seine Kunst angreifen, ihn, einen Künstler, der Eure hiesigen Miniatur-Musiker gigantenhaft überragt, den nur ich recht zu würdigen vermag, durch ein derartiges Manöver in der Meinung herabsetzen, das werde ich nie. Einen literarischen Bravo gebe ich nicht ab, noch weniger sollen meine Kenntnisse zum Messer in der Hand der Bravi werden."

„Monsieur Horst," — bemerkte der eine Journalist, in dem noch ein Rest von Rechtssinn lebte, und der die Wahrheit von Horst's Bemerkungen tiefer fühlte, als der Sohn des Epicier, der die ganze Rede mit sehr ruhigem Lächeln angehört hatte — „wir sind in Ihrem Zimmer und müssen uns die Beleidigungen für den Moment gefallen lassen, aber Sie werden mir Rede stehen."

„Wenn es Ihnen beliebt," entgegnete Horst. „Sie haben nur zu bestimmen —"

„Nicht doch," unterbrach der Sohn des Epicier das Gespräch und wandte sich an seinen Collegen, „Sie werden doch nicht die philosophischen Deductionen des Herrn Horst ernsthaft nehmen? Wenn er glaubt, daß sein deutsches Gewissen ihm nicht erlaubt, uns das aufzuschreiben, was er uns mündlich gesagt hat, so müssen wir uns ohne seine tiefe Weisheit behelfen; aber seinen Ausfällen besondere Wichtigkeit beizulegen, wäre im hohen Grade thöricht. Wir haben noch andere Waffen, mit denen wir ihm eine Lection geben können. Kommen Sie. Monsieur Horst, ich bin Ihr ergebenster Diener, und als solcher rathe ich Ihnen freundschaftlichst: Suchen Sie nichts mehr in Paris, hier ist es mit Ihrer Carrière zu Ende."

Und damit entfernten sich die Beiden. Auf der Straße trafen sie Appalton, der bereits beauftragt war, sich mit ihnen über die Bedingungen zu verständigen, unter welchen sie sich verpflichteten, den satyrischen Artikel gegen die weiblichen Ruhmwerber Herzheim's nicht zu veröffentlichen. Da diese Bedingungen sehr angenehme und sie gerade in übler Laune gegen Horst waren, so gaben sie noch die Versicherung, für Herzheim schreiben zu wollen, mit in den Kauf.

Laidier, den Horst von dem eben erzählten Vorfalle unterrichtete, befand sich in nicht geringer Verlegenheit. Er sah ein, daß die Blaguéoni, die sich nun ganz an Herzheim verdingt hatten, auch von ihm ein Gleiches verlangen würden; er sah ein, daß Horst's Stern ganz erblichen war; und doch konnte er sich nicht entschließen, diesen jetzt zu verlassen, wo ihn Alles verließ — und machte sich Vorwürfe über seine Schwäche, über die

Sentimentalität, wie er es nannte, die ihn immer verführte, seinen Vortheil außer Acht zu lassen.

"Bin ich nicht ein Narr, ein Esel," eiferte er gegen sich, "daß ich mich da für einen Klavierspieler interessire, den alle Anderen hassen oder gleichgiltig betrachten? Ist er nicht alt genug, um für sich selbst einzustehen? Warum soll ich für ihn besorgt sein und mir den Unwillen der Blaguéoni zuziehen, von denen ich Vortheile und Erwerb genieße? Ich will mich von ihm losmachen." Dann kamen wieder Betrachtungen: "Er hat mir vertraut, hat mir gegeben was er konnte, hat meine Kinder beschenkt, sich anständig gegen meine Frau benommen. Er ist ein guter Mensch, ein tüchtiger Künstler, aber unpraktisch. Jetzt ist er unglücklich. Soll ich ihn verlassen, ich, dem er am meisten vertraute, ich, der allein noch unter diesen Hallunken Gefühl für Freundschaft besitzt? Nein, ich werde bei ihm aushalten! Aber fort muß er, fort von hier, sonst geht er zu Grunde, und ich schade mir, ohne ihm nützen zu können."

Seine dringenden Vorstellungen bewogen Horst endlich, sich aus der Lethargie emporzuraffen, in welche der Arme in Folge all' der Unfälle und Demüthigungen versunken war, und den letzten günstigen Moment zu benutzen, in welchem der Wiener noch an die Erfüllung seines Versprechens anzuhalten war. Denn auch dieser hatte, obwohl er bei seiner Schlemmerei und Unbildung sich wenig um Kunstangelegen=

heiten bekümmerte, doch bemerken können, daß die
glänzenden Hoffnungen, die Horst und seine Freunde
auf das zweite Concert gebaut hatten, nicht in Erfüllung
gegangen waren, daß die Gunst des Publikums und
der Kritik sich ganz dem neuaufgegangenen Gestirne
Herzheim zugewendet hatte. Sein Enthusiasmus war
schon längst verraucht, und er suchte nach irgend einem
Vorwande, um sich von der übernommenen Verpflichtung,
Horst die nöthige Summe zur Reise nach London vor=
zustrecken, wenigstens theilweise zu befreien. Er klagte
über große Ausgaben, sprach von nicht richtig einge=
laufenen Zinsen, von Verlusten im Spiele, schlechten
Coursen der Staatspapiere u. s. w. und begann zu
feilschen. Horst, der des reichen Gecken Anerbieten nur
im Hinblick auf die künstlerischen Zwecke, die er mit
Hülfe der geliehenen Summen zu erreichen hoffte, ange=
nommen hatte, konnte den Muth nicht fassen, auf die
Erfüllung des Versprechens zu dringen. Laicher, der
über die trüben Aussichten, die sich auf allen Seiten
zeigten, fast verzweifeln mochte, gab der Angelegenheit
noch eine entscheidende günstige Wendung. Er berechnete
genau, daß es ganz vergeblich sein würde, auf das Ge=
fühl, auf die Gewissenhaftigkeit und Ehrenhaftigkeit eines
Menschen einwirken zu wollen, der blos im Momente
der Prahlerei einem Künstler Summen lieh oder zu
leihen versprach, die er am nächsten Tage viel lieber an
eine Kunstreiterin verschwendete, wenn er dadurch die
Aufmerksamkeit der sogenannten eleganten Kreise erregte.

Ihm gegenüber aufrichtig vorzugehen, ihm vorzustellen, in welche verzweifelte Lage er den Künstler bringen würde, wenn er ihm in dem Augenblicke die versprochenen Mittel vorenthielt, wo dieser allein auf seine Hülfe rechnen konnte, wäre der vom Ziele am weitesten liegende Weg gewesen. Horst wollte freilich gerade nur diesen Weg einschlagen, weil es ihm gewissenlos dünkte, noch weiter von künstlerischen Zwecken zu reden, aber Laicher, der die Abwicklung der Angelegenheit übernommen hatte, die doch nur von ihm angeregt worden war, zwang ihm das Versprechen ab, sich nicht um die Mittel zu bekümmern, welche er dabei anwenden wollte, so lange diese keine unehrenhaften sein würden, wobei er freilich den elastischen Begriff des Wortes wohl im Auge behielt. Er leitete es ein, daß Appalton ihn und den Wiener bei Herzheim einführte; unterrichtete diesen von dem Verhältnisse, in welchem der Erbe zu Horst stand, und blieb insofern der Wahrheit getreu, als er versicherte, daß sein Freund nur dringenden Anerbieten nachgegeben hatte. Auf der andern Seite gab er dem Wiener zu verstehen, daß Herzheim sich nicht in den besten geldlichen Verhältnissen befinde, und erlebte die Freude, daß der Tropf in die Falle ging, dem „berühmten und in der Mode stehenden Künstler", wie er sich ausdrückte, Anträge stellte, die dieser mit der Einladung, sich augenblicklich zu entfernen, beantwortete. Inzwischen hatte er den jungen Lord — dessen sich der Leser noch erinnern wird — aufgesucht, hatte ihm erzählt, daß zwischen Horst und seinem reichen „Verwandten" ein Zwist ausgebrochen sei, daß dieser sein Wort zurückgenommen habe, und somit der erstere sich in einer üblen Lage befinde, aus welcher ihn nur der indirekte Einfluß des Lords für immer und sicher befreien könnte. Der gutmüthige junge Engländer ging auf das einfache Mittel ein, das Laicher zu diesem Zwecke angab. Er sandte Horst die Empfehlungs= schreiben für seine beiden (von London abwesenden) Cou= sinen zu, die er dem Wiener versprochen hatte, und fügte sogar noch eines für eine ehemalige Kammerfrau seiner Mutter bei, die an einen Postbeamten mit einem langen Titel verheirathet war. Zu gleicher Zeit setzte er den Wiener, dem er fast alle Tage im Restaurant begegnete, in Kenntniß, daß er die zugesagten Briefe seinem Anverwandten Horst, „mit dem er ja nach London zu gehen beabsichtigte," zukommen gelassen, machte ihm so herrliche Beschreibungen von London, von dessen Damen, von ihrer Vorliebe für die Deutschen, daß der eitle Geck, dessen Erlebnisse bei Herzheim durch Laicher und Appalton absichtlich überall bekannt gemacht worden waren, der sich allenthalben ver= lacht sah, durch die plötzliche Aussicht auf einen neuen günstigen Schauplatz für seine Prahlereien entzückt, und im Geiste schon mit „Lehdis" Romane spielend, sporn= streichs zu Horst rannte und ihm die versprochene Summe gab, um nur die Empfehlungsbriefe gleich mit nach Hause nehmen zu dürfen.

Horst traf sofort seine Anstalten zur Abreise. Er ordnete alle seine Rechnungen, stattete einige unvermeid=

liche Abschiedsbesuche ab und packte seinen Koffer. Er hatte nichts mehr zu thun in der Stadt, in welche er mit so großen, nicht unberechtigten Hoffnungen gekommen war, und die er nun verließ als ein Verrufener, Gehaßter, Gedemüthigter. Nur Laicher wollte er noch sehen, er bereitete sich eben zu ihm zu fahren, als dieser in das Zimmer trat. Freundlich und schwermüthig lächelnd reichte er ihm die Hand und sagte: „Sie kommen mir zuvor, liebster Laicher, ich gedachte eben Sie zu besuchen und Ihnen Lebewohl und zugleich Dank zu sagen für die glückliche Lösung der Wirren, die Ihr Genie allein herbeiführen konnte. Sie haben wohl wieder einen diplomatischen Meisterstreich ausgeführt."

„Ja," antwortete Laicher, „vorausgesetzt, daß es mir gelingt, Sie auch für den Plan zu gewinnen, den ich dabei vorzüglich in's Auge gefaßt habe."

„Wie, noch neue Entwürfe?" frug Horst. „Sind wir nicht genug der Umwege gewandelt, um dem drohenden Uebel zu entgehen? Was ist's wieder?"

„Wo wollen Sie hin?"

„Welche Frage! Doch nach England!"

„Gehen Sie nicht hin! Gehen Sie nach Deutschland!"

„Laicher," rief Horst erschrocken, „was ist das für ein Gedanke! Soll ich des Lords Vermittlung angegangen haben, des Wieners Geld nehmen, der bei all' seiner Eitelkeit und Gemeinheit mir doch so viel Güte erwies, als er zu erweisen überhaupt fähig ist, um dann wie ein Schurke nicht einmal das eine Versprechen zu

erfüllen, und das Geld zu den Zwecken zu verwenden, zu
denen ich es erhielt? Sie wissen doch, daß jener in wenig
Wochen nach London kommt? Was wird er sagen, was
muß der Lord denken, wenn ich nicht dort bin, wenn
ich keine weitere Kunde von mir gegeben habe?"

„Lassen Sie den Wiener kommen, wohin es ihm
beliebt, und den Lord denken, was er will. Sie müssen
sich retten, zur Ruhe gelangen, aus der Gemüthsstim=
mung, aus der immerwährenden Erregung kommen, in der
Sie sich befinden und welche Sie aller Kraft und aller
Consequenz beraubt. Glauben Sie, daß die Leute besser
von Ihnen denken werden, wenn Sie, wie vorauszusehen,
nach einigen Monaten in England ebenfalls zu keiner
Stellung gelangt sind, als wenn Sie jetzt nicht hingehen
und sich auf ein Jahr oder zwei ganz zurückziehen und
dann plötzlich als ein tüchtiger Mann wieder auf dem
Kampfplatze erscheinen und sichere Siege erkämpfen?
Darum gehen Sie nach Deutschland."

„Nach Deutschland?!" rief Horst bitter.

„Ja, nur dorthin," entgegnete Laicher. „Ich weiß,
wie Sie darüber denken, und Sie haben in vielen Dingen
nicht Unrecht. Und doch kann ich Ihnen sagen, Sie
passen noch am ehesten nach Deutschland. Dort werden
Ihre Fehler eher verziehen, Ihre guten Eigenschaften eher
anerkannt. Hier kümmert sich niemand um Ihre Moral,
wenn Sie nur Ihr Unternehmen durchzuführen wissen,
geschieht aber das nicht, so mögen Sie thun was Sie
wollen, es wird zu Ihrer Ungunst ausgelegt. In Eng=

land sieht man, so viel ich weiß, vor Allem auf die appearances, auf eine Art von äußerer Ehrbarkeit und Ruhe, die Ihnen am meisten fehlt. In Deutschland "gr begreifen die Leute noch, daß einer begabt sein kann, wenn ihm das Glück auch nicht günstig ist, und daß er, wenn auch auf Abwegen wandelnd, doch gute Eigenschaften besitzt und ein besseres Streben in sich fühlt."

„Aber —" meinte Horst.

„Ich weiß," unterbrach ihn Laicher, „was Sie mir sagen wollen; Sie compromittiren sich vor dem Lord u. s. w. Nun, begehen Sie ein letztes Unrecht, um dann für immer den rechten Weg zu wandeln. Sie haben eine ziemlich bedeutende Summe in der Hand. Gehen Sie damit zu einem bekannten Banquier und lassen Sie sich noch tausend Franken unter irgend einem Vorwand vorstrecken; er wird sie Ihnen geben, wenn er sieht, daß Sie schon über einen bedeutenden Betrag verfügen. Damit gehen Sie nach Deutschland in eine mittlere Residenzstadt; bleiben Sie zwei Jahre dort, leben Sie mäßig, üben Sie fleißig und gewinnen Sie innere Ruhe, dann ist Alles gewonnen! Oder wollen Sie das nicht, glauben Sie, daß das kleinstädtische Leben Ihnen nicht behagen wird, dann bleiben Sie hier! Lassen Sie sich von einem Arzt ein Fieber verschreiben, nehmen Sie ein Brechmittel ein, kurz, werden Sie so krank, daß Sie nicht abreisen können, und daß, bis Sie hergestellt sind, die Saison in London vorübergehe; dann gehen Sie für zwei Wochen auf's Land und kommen zurück, laſſen ſich hier nieder, geben Lectionen und leben von dem Gelde, das Sie jetzt beſitzen, bis ſich Ihnen neue Hülfsquellen eröffnen."

„Und Herzheim?" frug Horſt. „Und Fernonville und meine zahlreichen Feinde?"

„Werden alle binnen einem Jahr anders denken. Herzheim iſt übrigens ein wackerer Künſtler, der einer Intrigue gegen Sie unfähig iſt, ſich wahrſcheinlich nur durch Zuträgereien gegen Sie einnehmen ließ und ſein Unrecht ſpäter oder früher einſehen und gut machen wird. Und was Ihre Feinde betrifft, ſo iſt das beſte Mittel gegen dieſelben, kümmern Sie ſich nicht um ſie, gehen Sie Ihre Wege, und wenn ſie ſehen werden, daß man Sie nicht beirren kann, ſo werden ſie jede weitere Mühe Ihnen zu ſchaden aufgeben. Glauben Sie mir, ich bringe ein großes Opfer, wenn ich Ihnen in dieſem Augenblicke rathe hier zu bleiben. Aber ich bringe es freudig."

Horſt dachte eine Weile nach. „Mein lieber Laicher," ſagte er endlich, „Ihr Rath iſt ein freundſchaftlicher, gut gemeinter, aber ich kann und darf ihn nicht befolgen. Die Ruhe, von der Sie ſprechen, werde ich weder in Deutſchland finden, noch in Paris. Hier ſind ſo viele Unglücksfälle über mich hereingeſtürmt, daß ich für eine Zeit lang den Anblick mancher Orte und Menſchen ver= meiden muß. Dort aber widern mich die Verhältniſſe an. Schon das Bewußtſein, mich in der Mitte all' der kleinen erbärmlichen Intriguen, des Schnüffelns nach perſönlichen Verhältniſſen zu befinden, würde mich von allen Studien abhalten. Sie kennen ja die elende sogenannte Gemüthlichkeit unserer kleinen und auch größeren Städte, wo man sich nicht scheut, im harmlosen Gespräche hinter einem Glase Bier die Ehre eines Menschen zu vernichten, wenn die Verläumder nur ihren Rücken dadurch gedeckt wissen, daß der Angegriffene ein Mißliebiger ist. Wie passe ich nun dahin? Nein, ich muß nach einem mir noch unbekannten Lande, in ein neues Terrain, wo ich wieder frei athmen kann. Nach England habe ich mich schon lange gesehnt. Ich glaube, gerade dort, unter diesen sich immer gleichmäßig bewegenden, kalten, aber tüchtigen Menschen, die sich um nichts kümmern, als um das, was ihnen einer bietet, bei regelmäßigem Leben, unter schönen tugendhaften Frauen werden meine Nerven nach und nach jene Beruhigung finden, die mir, wie ich wohl fühle, so sehr Noth thut. Ich werde dort nichts suchen, als Beschäftigung, und da ich dort keine störenden Zwischenfälle zu erwarten habe, so werde ich bald in ein richtiges Geleise gekommen sein. Darum, lieber Laicher, wollen wir über diesen Punkt nicht weiter discutiren, sondern thun, was eben gethan werden muß, und alles Andere Gott überlassen. Haben Sie Dank für Ihre freundlichen Bemühungen, vielleicht ist es mir noch einst vergönnt, Ihnen diesen Dank in wirksamerer Weise als durch Worte zu bezeugen."

Laicher begleitete ihn zur Eisenbahn. Als sie sich trennten, weinte er einige Minuten lang wie ein Kind; dann trocknete er seine Thränen und sprach: „Ich bin für mich und ihn froh, daß er fort ist; hätte er am Ende meinem Rathe, hier zu bleiben, Gehör gegeben, er hätte zuletzt uns beide ruinirt. Armer Horst! ich habe ihn doch lieb!" Am andern Tage ging er zu Herzheim.

23. Capitel.

Horst's Meerfahrt. Handlungsreisende und Virtuosen. Der Schwab und der Thüringer. Bedeutung des Freimaurerordens für gewisse Leute. London und Paris in den Morgenstunden.

Das eigenthümliche Schicksal, das unsern Horst seit einiger Zeit begleitete, — wir vermeiden den Ausdruck: verfolgte — ließ ihn bei seiner Londoner Reise, anstatt über Dover zu gehen, die Wasserstraße wählen, die von Calais längs der Küste an die Themsemündung und von da stromaufwärts nach der Hauptstadt führt. Er befolgte hierbei den wohlmeinenden Rath mehrerer deutschen Musiker und Kaufleute, mit denen er von der beabsichtigten Reise gesprochen hatte, und die ihm den bezeichneten Weg nicht blos als den weniger kostspieligen, sondern als den unzweifelhaft bequemeren darstellten. Sie beschrieben die mannigfachen Unannehmlichkeiten, die man für theures Geld auf der Sommerfahrt über Dover auszustehen habe: wie man müde, durchnäßt und noch vor der Landung von den am Ufer anprallenden Wellen

gehörig durchgerüttelt, um ein Uhr Morgens nach Dover
gelange, wie man dort, wenn nur einigermaßen Andrang
von Reisenden stattfindet, im customhouse eine Stunde,
wo nicht länger, warten müsse, bis man endlich zu seinem
Gepäck gelassen werde, das ein verschlafener Beamter
mit verdrossenem Gesichte von oben bis unten durch=
stöbere; wie man dann um zwei Uhr mit dem Expreß=
Train wegfahre im verschlossenen, dumpfigen Waggon
erster Klasse, dessen Plätze trotz der hohen Preise sehr
unbequem sind, und wie man endlich um fünf Uhr in
dem Häuserwalde, London genannt, ermüdet, schlaftrunken,
von der Morgenluft durchfröstelt, anlange; wie man dann
kaum einen Cab finde, der einem, wenn man nicht
schon im vorhinein eine Wohnung bestellt hat, und dann
erst am frühen Morgen suchen will, so lange in den
Straßen herumfährt und in seinem unverständlichen
Jargon erklärt, daß in den großen Hôtels kein Platz zu
finden sei, bis man endlich froh ist, in einer von ihm
empfohlenen Kneipe Unterkommen zu finden. Dann
lege man sich am hellen Tage in's Bett, stehe am Nach=
mittag ermüdet und erschlafft auf und gehe auf die Straße,
von der man, durch den Lärmen vollkommen betäubt,
sogleich wieder nach Hause flüchten möchte. Dagegen
beschrieben sie die Fahrt auf der Themse in den reizendsten
Farben. „Sobald man vom Meere in den Strom ge=
langt, hört jede Unannehmlichkeit der Seefahrt auf; der
Reisende kann sich ruhig ausschlafen, frühstückt dann
auf dem Verdecke in freier schöner Luft, besieht die Ufer;

die Mauthbeamten kommen auf das Schiff noch während der Fahrt, und ordnen ihre Geschäfte mit Ruhe; und so gelangt der Reisende zu einer Stunde nach London, wo schon die Geschäfte beginnen, und er getrost in jedes Hôtel fahren und ohne große Unbequemlichkeiten suchen kann, bis er ein allen Wünschen entsprechendes Quartier gefunden hat."

Da nun die Abreise Horst's gerade auf einen der Tage fiel, an welchen das Schiff von Calais nach London fährt, so benützte er die ihm warm empfohlene Fahrgelegenheit. Diese bietet den nur für geschäftliche Zwecke Reisenden manche Vortheile; ihnen ist das bequeme und schnelle an Ort= und Stelle=Gelangen erste Bedingung, und jede Stadt hat für sie vor allem die Bedeutung der Erzeugung oder des Verbrauchs der Waare, mit der sie handeln. Und doch muß der Verfasser gestehen, daß ihm die eigentlichen Handlungsreisenden viel achtbarer erschienen, als die in Musik Reisenden — anders können die meisten Virtuosen ja nicht bezeichnet werden. Jene sind freilich viel weniger elegant und geschmeidig, und gehören sehr oft nicht zu der angenehmen Reisegesellschaft, besonders in der Periode, wo sie sich gleich Heuschrecken über die Länder verbreiten und die Majorität des Publikums in den deutschen Eisenbahnwaggons zweiter Klasse bilden; ihre Unterhaltung hat schon manchen Reisenden in die dritte Wagenklasse unter die lärmenden Bauern, oder nach der ersten unter die schweigsamen, vornehmen Herren getrieben. Aber wenn man sich über das Aeußerliche hinwegsetzen will — was freilich für die Leute, in deren Gesellschaft die Virtuosen sich am meisten bewegen, unmöglich ist — so wird man finden, daß jene Menschen meistens einen tüchtigen strebsamen Sinn und oft ein vortreffliches Herz besitzen. Man wird unter ihnen manchen treffen, der neben seinen Geschäften noch Zeit gewinnt, sich eine, wenn auch oberflächliche, literarische Bildung anzueignen, die Klassiker unserer Sprache zu lesen und Musik, manchmal mit überraschendem Talente und mit gutem Geschmacke, zu treiben. Man wird entdecken, daß wenn einen von ihnen ein unverdientes Mißgeschick trifft, er fast immer auf die warme freundliche Unterstützung seiner eigenen Concurrenten rechnen kann; sie werden nur einen sehr Mißliebigen fallen lassen. Auch ist es nichts Ungewöhnliches, daß man einen Commis voyageur, der vor einigen Jahren noch ein unerträglicher Schwätzer war, als Chef desselben Geschäftes, für das er reiste, oder als anderweitig etablirten tüchtigen Kaufherrn, liebenswürdigen Hausvater, als Freund der Künste wiederfindet, der im Kreise der Seinigen behaglich und glücklich, mit zufriedenem Gewissen auf eine strebsame Laufbahn zurückblickt — herrliches Bewußtsein der erfüllten Pflicht! Welche echte Virtuosen aber von der Klasse, welcher wir alljährlich überall im Winter in den Gesellschafts=Concerten, im Sommer in den Spiel=Bädern begegnen, studirt wohl etwas anderes, als die Musik=Zeitungen und Berichte über seine Concerte? Zaudert der „Gemüthlichste" unter ihnen einen Augenblick, über seinen Collegen die niedrigsten Verläumdungen zu verbreiten, wenn ihn nicht besondere Gründe, Furcht oder die Gegenwart von Freunden des Concurrenten, bewegen, sich anständig zu zeigen? Und sind diese Virtuosen, je älter sie werden, je mehr der Nimbus der Neuheit von ihnen schwindet, je mehr sie arbeiten und überall herumsuchen müssen, um ihrem Geschäfte neue Absatzquellen zu finden, nicht die traurigsten Geschöpfe für jeden, der vom Menschen etwas mehr verlangt, als höfliche Phrasen und elegante Manieren? Ihr Loos ist, nach jahrelangem nobeln Vagabondiren, gealtert, von Anderen, Neueren, die oft noch schlechter sind, als sie waren, überflügelt, vergessen, in irgend einer Stadt eine untergeordnete Stellung einzunehmen, und ohne irgend ein tröstendes Bewußtsein, nur mit dem bitteren Gefühle gedemüthigter Eitelkeit auf die Zeit zurückzublicken, wo sie zu den Gestirnen der eleganten Gesellschaft gehörten.

Horst's Fahrt von Calais begann unter den günstigsten Auspicien. Das Meer war ganz ruhig, die Luft etwas neblig, aber mild und erfrischend. Wer nun je eine Seereise bei schlechtem Wetter oder hochgehender See unternommen hat, wer je all' die Leiden duldete, deren Grauen selbst der (oder die) Dichter der Odyssee nicht zu schildern versuchte (oder versuchten), wer sich an jenes Gefühl erinnern kann, das den Seekranken nach einigen Stunden befällt, ein Gefühl, das alle Erinnerungen und alle Vorstellungen von Katzenjammer in einer einzigen schrecklichen Wirklichkeit zusammenfaßt, an jenes Gefühl, das selbst gegen den Trost, Mitleidende zu sehen, unempfindlich macht, und auch sonst keinen weiteren Gedanken in des Menschen ödes dumpfes Gehirn einläßt, als daß er seekrank ist und bleiben muß, bis er an's Land kommt, — der wird ermessen, wie glücklich sich alle die Reisenden fühlten, und wie besonders Horst wohlgemuth sein mochte, der nach der Beschreibung, die ihm von der Seekrankheit gemacht worden, in solcher Angst auf das Schiff gestiegen war, daß seine Phantasie, die sich immer mit der Vorbereitung zur Krankheit beschäftigte, bald, ohne jeden anderen Grund, das Uebel selbst herbeigeführt hätte. Erst nachdem er sich, den in Büchern gelesenen Weisungen zufolge, in der Mitte des Schiffes, wo er nur auf Waarenballen Platz fand, auf den Rücken gelegt hatte und auf solch' hartem Ruhebette eine lange Zeit ohne Bewegung, die Augen gegen Himmel gerichtet, verweilte, ohne auch nur die Bewegung des Schiffes, geschweige ein Schwanken auf hohen Wellen, zu verspüren; erst nachdem er auf seinem Marterbette eingeschlafen und sich im Traume seekrank gefühlt hatte, erschrocken erwacht von seinem Platze herabgesprungen, dem Schiffsrande zugeeilt und dort zu der Entdeckung gelangt war, daß das Uebel nur im Traume bestanden hatte, daß das Schiff ganz ruhig dahingleitete, gab er sich der frohen Sicherheit hin, daß ein wohlwollender Genius über seiner Reise nach England wache, und ging in die Cajüte. Dort schlief alles, auch er fand ein Plätzchen, wo ihn erst am Morgen die Unter=

haltung zweier, in seiner Nähe befindlichen Reisegefährten weckte. Sie sprachen von Musik; er horchte auf. Aus den gegenseitigen Mittheilungen entnahm er, daß der eine ein Klavierlehrer aus Schwaben war, der schon seit einigen Jahren in London lebte, daselbst Unterricht, zuerst um wenige Schillinge in Privathäusern, dann in einem kleinen Pensionate mit etwas besserer Bezahlung ertheilt, und es endlich so weit gebracht hatte, daß eine reiche Schusterstochter, eine alte Jungfer, deren Gesang er manchmal begleitete, sich in sein rundes Gesicht und seine breiten Schultern verliebte und ihn nun in wenigen Wochen heirathen sollte. Zwar, meinte er, hatte es Schwierigkeiten gegeben, bis die Eltern und Verwandten in die Verbindung willigten, da die ganze Familie die Heirath mit einem Musiklehrer als eine Mésalliance betrachtete; Nachgiebigkeit war aber einerseits durch die Umstände geboten, anderseits durch eine hohe Protektion schneller erlangt. Eine Landsmännin des schwäbischen Don Juan war Kammerfrau bei der alten Herzogin von X.; diese hatte sich durch die Bitten ihrer Dienerin bestimmen lassen, den Klavierlehrer zu berufen, auf daß er einer kleinen Enkelin die Anfangsgründe der Musik beibringe; der Mann war ohne allen Zweifel so unterthänig gewesen, als es eine englische Herzogin von einem Staubgebornen verlangt; und da die kleine Lady Adeline ihren Lehrer fast ebenso lieb gewonnen hatte, wie ihren rauhhaarigen Pintscher Snob, so sandte „her grace" eines Tages, abermals auf die Bitten ihrer vertrauten Kammerfrau, nach dem Schuster, dem stolzen Vater der verliebten Sängerin, um für Lady Adeline ein Paar Schuhe zu bestellen und bei dieser Gelegenheit ihren Lehrer als Schwiegersohn zu empfehlen.

Der Schuster besaß als ein Engländer, der täglich seine Times liest, genug politischen Takt, um sogleich einzusehen, daß die Herzogin niemals Schuhe bei ihm bestellt hätte, wenn seine Tochter nicht in den Klavierlehrer verliebt gewesen wäre. Er erwog die Vortheile, die für beide Theile aus einer so hohen „patronage" erwachsen würden, und ließ sich bereit finden, dem hohen Befehle zu gehorchen. Der Schwabe wurde aufgeboten, ging nach der Heimat, um seine Papiere in Ordnung zu bringen, und war nun auf der Rückkehr nach London, wo die holde Braut seiner harrte. Und nach dieser Erzählung wurde er warm und sprang plötzlich von der bisher eingehaltenen Sprachweise, wo er „bequeem", und „dinner" statt Mittagessen sagte, in's Schwäbische über. „Sie is zwar nit mehr jung und hat e wüaschte Haut," meinte er, „aber s' ischt a gute Person und hat Batze, und wenn die Herzogin will, ischt mei Glück gemacht. In London muß alles protegirt werden. Der jetzt berühmte X. war noch vor ein Paar Jahren „e klans Büable" in einer Stadt zweiten Ranges; da hat ihn die Herzogin X. gesehen; er hat ihr „gfalle" und sie hat ihn mitgenommen; jetzt ist er ein reicher Mann und gibt keine Stunde unter einer Guinee. So weit," endete er bescheiden, „werde ich's freilich nit bringen, aber mei Auskomme is mer gesichert. Ja! Protecßie und e bisle Kopf isch viel werth!"

Der andere Musiker war ein Fagottist aus Thüringen, der im Orchester einer kleinen Residenzstadt gerade so viel erwerben konnte, um sich und seiner Familie Brod zu kaufen, und nunmehr für die Concerte im Crystal palace um ein Honorar angeworben worden war, das ihm England als ein Eldorado erscheinen ließ. Um dem Schwaben zu beweisen, daß die Thüringer sich auch „Protecßie" zu verschaffen wüßten, enthüllte er das Geheimniß, daß er dem Orden der Freimaurer angehöre und diesem allein seine nunmehrige glänzende Anstellung verdanke. Dabei erging er sich in einer langen Auseinandersetzung der großen Vortheile des Ordens für jeden, der sicheres „Fortkommen" sucht und überall, wo er hinkommt, Freunde und Gönner finden will, die, wenn sie auch direkt nichts für ihn thun, doch durch ihren Einfluß und durch ihre Verbindungen so viel und mehr wirken können, als wenn sie Geldunterstützungen verabfolgten. Und nach all' den Lobpreisungen — bei denen des eigentlichen humanitären Zweckes des Ordens mit keinem Worte gedacht wurde — rieth der Fagottist dem Klavierlehrer, er solle sich doch recht bald in den Orden aufnehmen lassen, weil die „Freimaurerei in England doch noch viel stärker ist, und noch viel reichere Leute dabei sind, als in Deutschland".

„Daß dich des Mäusle beißt!" bemerkte der Schwabe, „des hätt' i nit geglaubt! Habe denn die Freimaurer e solche Macht? Ich wußte zwar, daß sie in „Stukkert" e „Losch" halte, aber weil die großen Herren auch meistens dabei sind, hab' ich mir gedacht, es steckt Nir dahinter."

„Oh!" entgegnete der andere, „da sind Sie im Irrthum! Ich sage Ihnen, wir haben eine große Macht; die meisten Kapellmeister und Orchestermitglieder sind jetzt Freimaurer, und wie die zusammen halten, davon haben Sie keinen Begriff! Wen wir nicht mögen, den bringen wir gewiß herunter, wenn's kein zu großer Herr ist! Nach der Stadt, wo ich zuletzt war, kam ein Recensent, der griff unseren Kapellmeister mehrmals an, und wir haben es durchgesetzt, daß er gar nicht mehr im Orte bleiben konnte, so sehr haben wir das Publikum gegen ihn gehetzt! Er soll ein Mann von vielem Talent, und seine Recensionen sollen ganz gut gewesen sein; hätte er sich mit uns gut verhalten, so würden wir ihm zu einer guten Stellung verholfen haben, aber da er einen der Unsrigen beleidigt hatte, konnte er sich nicht halten."

Horst sprang von seinem Lager weg, daß ihn die anderen für verrückt halten mochten, und lief auf das Verdeck. Es bedurfte einer geraumen Zeit, bis sich seine Wuth über den Fagottisten einigermaßen legte. Er hatte für den Freimaurerorden immer eine Art von mystischer Verehrung gehegt, und wenn er auch wußte, daß ihm nicht mehr die unermeßliche Bedeutung zuzuschreiben war, durch die er in dem letzten Viertel des verflossenen Jahrhunderts den weitestgreifenden Einfluß auf die Veränderungen im staatlichen und gesellschaftlichen

Leben ausübte, so betrachtete er ihn doch noch immer als
eine Art von Sanctuarium für die höchsten Güter der
Menschheit, und zu seinen liebsten Phantasien gehörte
es, daß er einst dieser Verbindung angehören, vielleicht
gar eine höhere Stelle in dieser erlangen würde! Und
nun hatte er vernehmen müssen, wie ein gemeiner,
ungebildeter Mensch, eine Art von Musikant, den Orden
in geschwätziger Weise, also den Geboten des unver=
brüchlichen Schweigens entgegen, beschrieb, so daß er als
eine Art von Clique erscheinen mußte, die sich gegenseitig
unterstützte und dabei sogar Privatinteressen diente! Er
konnte sich zwar erinnern, daß wohlmeinende Personen
in Deutschland ihm öfters gerathen hatten, sich zur Auf=
nahme zu melden, und dabei ebenfalls den Ausdruck
„Fortkommen", der ihm aus dem Munde des Fagottisten
am meisten anstößig erschienen war, gebraucht hatten.
Aber in seiner Eitelkeit mochte er sich eingebildet haben,
daß man ihm und seinen Fähigkeiten einen Weg bahnen
wollte, und daß daher dem Ausdruck keine allgemeine
Beziehung beizulegen sei. Doch das eben vernommene
Gespräch ließ keinen Zweifel bestehen, daß eine Verbindung,
deren Gründer die edelsten Zwecke der Menschheit an=
strebten, zu ganz gemeinen Privatspekulationen, und gerade
von Musikern, also von Männern, deren Beruf sie gerade
für jene hohen Zwecke begeistern sollte, mißbraucht wurde.
Hätte er ruhig nachgedacht, so würde er zu dem Schlusse
gelangt sein, daß es dem Bunde der Freimaurer nicht
besser geht, als allen zum Wohle der Menschheit gestif=

teten Verbindungen. Einige wenige Edle unternehmen es aus innerem Drange, für Besserung der Menschen, für Freiheit und Aufklärung zu wirken; sie geben ihr Gut und Blut hin. Hintendrein kommen andere und verbreiten die Lehre der Märtyrer, natürlich mit der gehörigen Vorsicht, um nicht zu viel zu riskiren; sie folgen hierbei dem den meisten Menschen angebornen Hange zum Neuen, oder begeistern sich für die in Mode gekommene Lehre; zuletzt treten dann jene auf, welche finden, daß sich aus den Lehren, welche die Gründer mit ihrem Blute besiegelt haben, bei weiser Benutzung auch Vortheile ziehen lassen, und diese sind die eigentlichen Sieger. Es ist eine weise Fügung der Vorsehung, daß die liberalen Prinzipien von der Entwicklung materieller Wohlfahrt der Völker unzertrennlich sind, daß der Absolutismus nicht blos die geistigen Interessen unterdrückt, sondern zuletzt auch die Finanzen zerrüttet, und daß daher selbst Oligarchie und Plutokratie gezwungen wird, die „Sache der Nation" zu vertreten; es würde sonst um die „Freiheit" wahrscheinlich heute gerade noch so stehen, als es zu der Zeit stand, wo die Regierungen stark genug waren, jede Regung zu unterdrücken und ihre Prinzipien und ihre Aktien in hohem Course zu halten.

Horst mochte wohl eine Viertelstunde auf dem Verdeck allein gewesen sein, als es sich mit den andern Reisegefährten füllte, die nach und nach aus der Cajüte heraufkamen. Es waren meistentheils junge Kaufleute, unter ihnen mehrere Champagner-Reisende aus der Rhein-

und Moselgegend, die ihn mit der ihrer Klasse eigenthümlichen Neugierde betrachteten und ein Gespräch anzuknüpfen suchten, um zu erfahren, in welchem Geschäfte er reiste. Eine Zeit lang machte er sich den Spaß, als Reisender für eine große Tapetenfabrik zu gelten, die ihre Erzeugnisse nach einer ganz neuen Erfindung mit Hülfe der Galvanoplastik verfertigte. Das langweilte ihn zuletzt auch, und er setzte sich plötzlich, mürrisch, und ohne weitere Notiz von den Reisegefährten zu nehmen, in einen Winkel des Hinterdecks, wo er wieder düstern Träumereien nachhing. Die Luft war zwar milder und die Vegetation an den Ufern weiter entwickelt, als sie vor Frühlingsanfang in denselben Breitegraden des Continents ist; aber noch wurde das Auge nicht von dem herrlichen, saftigen Grün erfreut, das mit dem Erscheinen der schönen Jahreszeit in Südengland allenthalben üppig hervorsprießt und das schmutzige Wasser der Themse war eben nicht geeignet, einen, der trübsinnig hinstarrte, auf fröhliche Gedanken zu bringen. Horst saß eine Zeit lang da, ohne sich um das, was um ihn vorging, zu bekümmern; die andern sprachen von Wolle, Champagner und Weibern; die beiden Musiker unterhielten sich von den verschiedenen Gattungen des baierischen Bieres; er dachte an die nächste Zukunft, über die er selbst zu keiner klaren Vorstellung gelangen konnte. So merkte er nicht, wie das Schiff näher an London kam, und wie die Luft immer dicker und trüber wurde, bis er endlich um sich blickte und nun der Veränderung

gewahr wurde, die, fast unmerklich, seit einer halben
Stunde eingetreten war. Das Schiff wogte bereits
in dem eigentlichen Londoner Wasser. Ein dichter,
mit Kohlendampf vermischter Nebel lag auf Fluß und
Ufer. Die Sonne stand am Himmel, wie ein glühender
Feuerball, dessen Wiederschein der Atmosphäre nur eine
gelbliche Färbung gab. Vom Ufer her erscholl lautes
Getöse und Geschrei, aber es war eigenthümlich monoton,
nicht fröhlich anregend, nur betäubend. Das alles
bemerkte freilich niemand auf dem Schiffe als Horst. Die
andern Reisenden kannten, mit Ausnahme des Fagottisten,
London mit allen seinen Annehmlichkeiten und Wider=
wärtigkeiten; sie ließen sich in ihren Gesprächen gar nicht
stören; der Fagottist aber gehörte zu den Leuten, die
nicht so leicht aus ihrer Schneckenruhe zu bringen sind;
auf ihn machten weder die wunderbaren Docks, noch
der Wald von Schiffen einen Eindruck, nur einige
kolossale Bierfässer aus der Brauerei von Barclay &
Perkins, die zum Einschiffen am Ufer aufgestappelt lagen,
erregten seine Aufmerksamkeit.

Für Horst war der erste Anblick und die ersten Ein=
drücke, die ihm London boten, entmuthigend; und sie sind
es mehr oder weniger für jeden, der in den Morgen=
stunden in London ankommt und nicht als Kaufmann
unmittelbar dem Geschäfte, das alle Nebenbetrachtungen
ausschließt, nachzugehen hat.

Die allgemeine Regel, daß man große Städte
bei einem ersten Besuche nicht in den Morgenstunden

zu sehen trachte, wo das eigentliche gesellige Treiben sich noch nicht entwickelt hat, wo die Straßen in den eleganten Vierteln noch ganz menschenleer sind und man in den andern nur die Arbeiter erblickt, die sich nach den Fabriken und sonstigen Orten ihrer Beschäftigung begeben,*) soll in London am genauesten beobachtet werden.

In Paris wird der Morgenwanderer im Frühlinge durch das lustige Aussehen der Häuser, durch die eigenthümlichen pikanten Physiognomien der Arbeiter und Arbeiterinnen angenehm berührt; ja er fühlt sich fast versöhnt mit dem Gedanken, wie viele Tausende hier am frühen Morgen an ein Tagewerk eilen, das ihnen bei größter Anstrengung kaum die momentane, oft dürftige Existenz, geschweige die zukünftige sichert, wenn er sieht, wie auch jene Armen dieser Existenz eine angenehme Seite abzugewinnen vermögen — oder doch wenigstens trachten. Hie und da bieten sich ihm Erscheinungen, die seine Phantasie freundlich anregen. Dort aus einem Fenster des fünften Stockwerkes blickt das frische Gesichtchen einer Grisette, die eben ihre Blumen begossen hat; sie sieht sich nach allen Seiten um, und man kann wetten, daß die lustige kokette Französin, deren Auge zuerst das

---

*) Anderseits vermeide man in kleineren Städten am Mittage einzutreffen, wo die sogenannten Honoratioren und ihre lächerliche Nachäffung großstädtischen Lebens dem fremden Besucher zuerst in die Augen fallen.

gegenüber liegende Fenster suchte, wo gestern Abends
ein hübscher junger Mann stand, doch auch den von
der Straße nach oben blickenden Beobachter bemerkt.
Aus einem der nächstliegenden Häuser kommt trällernd
ein junger Bursche, irgend ein Schreiber, oder sonst in
einem Geschäfte Angestellter, der den schönen Morgen
noch zu einem Spaziergange benutzen will. Keck sitzt
die Mütze auf dem einen Ohre; die Hände stecken
in den Taschen, er blickt um sich wie ein Eroberer;
verwundert schaut er den fremden „aristo", den Früh=
wanderer, an, aus dessen Anzug und Aussehen er ent=
nimmt, daß es kein übernächtiger roué ist, sondern einer,
der, gleich ihm, die frische Morgenluft genießen will,
und die Straßen zu der Zeit durchwandelt, wo die echten
élégants noch in ihren dumpfen Kissen vergraben sind.
„Je parie que c'est un Allemand!" denkt sich der
Junge, und er irrt sich selten. Inzwischen beleben sich
die Straßen. Einzelne Reiter traben vorüber, unter
ihnen manch' berühmter Mann; da ist A., der Journalist,
der regelmäßig um sechs Uhr des Morgens aufsteht,
seine Artikel schreibt, jährlich ein paar Bücher veröffent=
licht und dabei noch Zeit gewinnt, alle interessanten
Gesellschaften zu besuchen; der große Maler B., den
das erste Grün immer unwiderstehlich anzieht; auch
der Componist der „Stummen von Portici", „des Fra Dia=
volo", Auber, der seine schönsten Melodien zu Pferde erfand,
versucht noch sein Rößlein in Galopp zu bringen. An
den offenen Fenstern erblickt man Gelehrte, Geschichts=

forscher, Minister; Männer, denen es nur die unbegreifliche französische Elasticität ermöglicht, angestrengteste Berufsthätigkeit mit dem eleganten Leben zu vereinen. — Nach und nach füllen sich die Kaffeehäuser dritten Ranges; dort nehmen die ärmeren Beamten und Angestellten, dann unbekannte Schriftsteller, Lehrer, ärmere Musiker, auch herabgekommene Kaufleute, überhaupt jene Klasse von Menschen, die bereits Gesetze des äußeren Erscheinens beobachten müssen, und deßwegen oft noch unglücklicher sind, als der eigentliche Proletarier, ihr bescheidenes Frühmahl. Und diese Franzosen sind weit weniger unglücklich, als Deutsche und Engländer in derselben Lage sein würden; denn sie finden auch in diesem ärmlichen Winkel Manches, das sie erhebt. Dort, an jenem Tische saß gewöhnlich der Minister A., als er noch ein armer Advokatenschreiber war; der berühmte Compositeur B. frühstückte in jener Fensternische und summte die Melodien vor sich hin, die ihm später Tausende eintrugen; der Marschall C. nahm oft des Nachmittags im Vorübergehen sein Gläschen Rum am Buffet, als er noch ein petit lieutenant war. Stolz hebt sich die Brust des Franzosen, wenn er denkt, wie viele ruhmreiche Söhne des Vaterlandes aus dem Staube hervorgegangen sind; ist er jung und fühlt er Fähigkeit und Thatendrang in sich, dann stärken solche Erinnerungen seinen Muth und seine Ausdauer, und keine Höhe dünkt ihm unerreichbar; und ist er alt und seine Kräfte reichen nicht mehr aus, nun dann findet er seinen Trost darin, von Jugenderinnerungen und von den großen Männern seines Landes, die er gesehen, zu erzählen.

Wie anders ist das Alles in London! Dort eilt in dem Moment, wo es helle wird, jeder, der sich nicht zur bestimmten frühen Morgenstunde an einem Arbeitsorte einfinden muß, den bevorstehenden Aenderungen in der Atmosphäre zu entfliehen. Die noble Gesellschaft, die sich erst um 11 Uhr oder Mitternacht versammelt und um zwei oder drei Uhr Morgens trennt, die Parlamentsglieder, die nach lang in die Nacht dauernder Sitzung noch zur Privatberathung beisammen blieben, der Gelehrte, der die Nacht — wo die Luft während der schönen Jahreszeit fast immer rein und mild ist — zu seinen Studien benützte, der Wüstling, der sich an allen Orten des Vergnügens und des Lasters herumtrieb, sie alle eilen nach dem Schlafgemache, wo dichte Vorhänge und geschlossene Läden der äußeren Luft das Eindringen verwehren; und der Fremde, der am frühen Morgen einen Spaziergang in dem Theile des Westendes beginnt, wo die Palläste der Großen stehen, wird verwundert bemerken, wie viele Leute sich nach Tagesanbruch noch bewegen, wie viele Equipagen ihm begegnen und wie dann, fast plötzlich, mit der Helle eine unheimliche Stille eintritt, die nur hie und da unterbrochen wird, wenn aus den Bier- und Branntweinstuben, welche mit theurem Gelde die Erlaubniß erkauft haben, die Nacht hindurch offen zu bleiben, eine jener Gestalten wankt, welche die Menschheit in ihrer tiefsten Erniedrigung zeigen.

Denn zu der Stunde, wo das rege Leben der Menschen beginnt, die für ihr Leben kämpfen müssen, und wo sich dem Beobachter in andern Städten, vorzüglich in Paris, die mannigfaltigsten Bilder bieten, senkt sich fast alltäglich ein dumpfer, schwerer Nebel über London, er drückt den, hunderttausend Kaminen entsteigenden Kohlendampf herab; die Sonne zeigt sich in ihm als ein glühender Punkt, wie ihn Horst bei der Ankunft in London zuerst erblickte, und in dessen fahlem Scheine die großen schwerfälligen Palläste, die nach ein und demselben Plane gebauten Wohnhäuser, die breiten menschenleeren Straßen einen noch düstereren Charakter annehmen. In diesen entwickelt sich zwar nach und nach — wenn auch viel später als in andern Städten — die Bewegung und das Geräusch der Menge, die dem Broderwerbe nachgeht; aber die ernste unbekümmerte Hast, mit der einer an dem andern vorübereilt, diese Vereinzelung, der ernste Ausdruck der meist fahlen Gesichter, alle diese Anzeichen der Concentrirung aller Fähigkeiten auf den einen Punkt, auf das Geschäft, das den Menschen fast zum Automaten macht und all' seine Geisteskräfte wie ein Räderwerk und für eine rein mechanische Thätigkeit sich bewegen läßt, wirkt bei einer ersten Beobachtung fast unheimlicher, als jene vorausgegangene Stille, die wenigstens der Phantasie einen gewissen Spielraum frei ließ.

Man kann behaupten, daß in Paris alle Annehmlichkeiten des französischen Lebens sich zusammendrängen, London aber nur die unangenehmen Außenseiten englischer Sitten und englischen Lebens zeigt. Die eigentliche Größe Englands ist nicht, wie die Frankreichs, in der Hauptstadt zu suchen.

24. Capitel.

Horst's erste Erlebnisse in London.

Zu der Zeit, als Horst nach London kam, hatte die „season" eigentlich noch nicht begonnen, alles war noch im Werden. Der hohe Adel, der im Winter auf seinen Gütern oder in Italien lebt, war noch nicht angelangt. Die großen Banquiers fuhren zwar täglich nach ihren Häusern in der City, aber sie warteten ab, bis die Lords ihre ersten entertainments gegeben haben würden, um sich dann dem high life anzuschließen — denn welcher wahrhaft große Banquier sieht nicht ein Hauptverdienst darin, den Affen der Aristokratie abzugeben? — Die Sänger und Sängerinnen der italienischen Oper, unter denen es an deutschen und italienisirten Namen nicht fehlte, waren meistentheils angelangt; aber die Vorstellungen hatten noch nicht begonnen; ja die eigentlichen Löwen ließen noch auf sich warten. Dies war auch der Fall mit den berühmten Virtuosen und Concertsängern, die alle, noch vor ihrer Ankunft, mit Concertunternehmern oder musikalischen

Gesellschaften bestimmte Uebereinkunft bezüglich ihres Auf=
tretens getroffen hatten, und die aus Bequemlichkeit wie
aus Berechnung erst als Meteore erscheinen wollten, wenn
die kleinen Gestirne bereits alle ihr spärliches Licht ver=
breiteten; auch Ewalt weilte auf dem Landsitze eines
reichen Musikenthusiasten und wurde gegen die Mitte
Mai erwartet. Die bereits anwesenden fremden, und
nicht in London ansässigen Musiker gehörten also zu
jener Klasse von Geschäftstreibenden, die, wie die kleinen
Kaufleute auf den Messen, so früh als möglich erscheinen
und so spät als möglich abreisen, um den Einzelverkauf
zu betreiben, während die bedeutenden Kaufherren zu
einer bestimmten Zeit erscheinen und ihre Geschäfte en
gros abmachen.

Horst beschloß, die Entwicklung der season und die
Ankunft der nobeln Leute, an die er empfohlen war,
abzuwarten, einstweilen wollte er sich in London ein
wenig umsehen und sich „amüsiren". Und es ging ihm
wie jedem, der sich in London amüsiren will; er gab
sehr viel Geld aus und genoß doch kein Vergnügen; denn
London ist eine Stadt des Geschäftes, der Beschäftigung,
des Studiums, der Forschung, des Glanzes, des höchsten
Luxus, — der Ausschweifung, aber nicht des Vergnügens;
in allem großartig, aber in nichts angenehm. Dabei
ist das Wetter im Anfange des Frühjahres abscheulich,
und es war in der Periode, als Horst hinkam, noch
etwas abscheulicher als gewöhnlich. Der immerwährende
Nebel, der Rauch und die sonstigen Unannehmlich=

keiten des Londoner Clima's verursachten ihm Kopf- und Brustschmerzen; und es gab Momente, wo ihm das Leben, ohne eigentlichen Grund, fast zur Last wurde; was würde er erst gedacht und gefühlt haben, wenn er ohne Geldmittel gewesen wäre?

Als einige Wochen nach seiner Ankunft verstrichen waren, als der Nebel etwas weniger dick und weniger übelriechend wurde, der Frühling und die Aristokratie ihren Einzug feierten und die Temperatur sich jenem Grade von Hitze näherte, welche andere Erdenbewohner in die Gärten und auf's Land treibt, den Engländern aber die eigenthümliche Lust einflößt, sich in geschlossenen Räumen zusammenzudrängen, als mit einem Worte die „season" ihren Anfang nahm, ging Horst an die Ausführung seiner Londoner Projekte. Es stand ihm noch immer eine nicht unbedeutende Summe Geldes zu Gebote — der Rest des vom Wiener Freunde angebotenen Darlehens; er war mit Empfehlungen an hochtönende Namen versehen; er hatte in Paris mehrere adelige und bürgerliche englische Familien kennen gelernt und von allen die Einladung erhalten, sie in London „anzurufen" (call upon them); er fühlte sich entschlossen, nur den Weg der Kunst zu verfolgen, und sich durch nichts beirren zu lassen; und seine Hoffnungen auf Ruf und Ehre mochten ihm — und jedem, der die eigenthümlichen Londoner Verhältnisse nicht kennt — nicht unberechtigt erscheinen. Er gedachte in kurzer Zeit eine so ausgebreitete Bekanntschaft zu erlangen, als er in Paris besaß, dann ein Concert zu veranstalten, sich Ruf zu erwerben und endlich durch das Ertheilen von Unterricht die gesicherte Existenz zu finden, die er bisher vergeblich gesucht hatte. Zwar hatten ihm manche Franzosen und auch einige deutsche Musiker gesagt, daß in London alles, daher auch die musikalischen Verhältnisse, auf andern Grundlagen eingerichtet sei als anderswo, aber das Urtheil dieser Leute klang so absprechend, sie schimpften dermaßen auf die Langweiligkeit und Geschmacklosigkeit der Engländer, daß man wohl argwöhnen durfte, mißlungene Unternehmen und verletzte Eitelkeit trübten die Anschauungsweise der Klagenden. Horst erinnerte sich, mit welcher Vorliebe Ewalt immer von England gesprochen hatte, wobei derselbe freilich nie zu bemerken unterließ, daß ihm der sonst so schwere Anfang in London durch besonders günstige Umstände erleichtert worden war. Diese letzte Aeußerung schrieb Horst der Bescheidenheit des Collegen zu, und stützte seine Hoffnungen auf den Gedanken, daß ja in England deutsche Musik und deutsche Tonkünstler immer die günstigste, ja enthusiastische Aufnahme gefunden hatten. Es ist also ganz erklärlich, daß er die Unannehmlichkeiten, die ihm, als er seine Pläne in Ausführung bringen wollte, allenthalben entgegentraten, nicht der Unkenntniß der Verhältnisse, nicht einer gewissen Vernachlässigung der geschäftlichen Vorbedingungen, sondern einzig und allein der Mißgunst des Schicksales zuschrieb.

Er sandte seine Empfehlungsbriefe an die hohen Damen ab. Einige ließen ihn zu sich bescheiden, um

ihn zu fragen, welchen Preis er für seine Lectionen fest=
gestellt habe, und ob er denselben um ein Drittel er=
mäßigte, falls sie ihn bei Familien, die mehrere Kinder
unterrichten lassen wollten, empfehlen würden? Andere
bedeuteten ihm gleich, daß sie nichts für ihn thun könnten,
weil ein Lehrer, mit dem sie sehr zufrieden wären,
in ihrem Hause seit mehreren Jahren angestellt wäre,
und sie für ihn doch zuerst Rücksicht nehmen müßten;
die höchststehenden Damen endlich, von deren Pro=
tection er sich am meisten versprochen hatte, ignorirten
die ihnen gesendeten Empfehlungen ganz, und nahmen
seinen Besuch nicht an. Er stellte sich den adeligen
Familien vor, die er in Paris kennen gelernt hatte.
Die meisten empfingen ihn mit großer Förmlichkeit,
versprachen ihm, sich gelegentlich für ihn zu verwenden,
luden ihn aber nicht ein wiederzukommen. Nur die
Bürgerlichen, die er zuletzt aufsuchte, weil er sich am
wenigsten von ihnen versprach, nahmen ihn freundlich
auf, und bei ihnen fand er jene mit dem besten Tone
verbundene Ungebundenheit, jene unvergleichliche Behaglich=
keit des innern Lebens, jene echt englische, in den schönsten
Schranken des Anstandes sich bewegende Freiheit und
Unabhängigkeit des weiblichen Geschlechtes, die jeden
entzücken, der noch Sinn hat für etwas anderes als
für geschäftlichen Gewinn oder für leichte oberflächliche
Salonunterhaltung. Wer das Familienleben Englands
— selbst der höheren Stände, die dem Bürgerlichen, zu=
mal in London, fast unnahbar sind — kennen gelernt

hat, der wird es begreifen, wie mancher tüchtige Deutsche, im Hinblick auf den halbfranzösischen und doch wenig anregenden Gesellschaftston, der bei uns herrscht, auf das Geklatsche und Nachtragen, das den meisten Stoff unserer Unterhaltung abgibt, zum Anglomanen werden konnte — selbst wenn er noch keinen Vergleich der politischen Zustände angestellt hat.

Von jenen bürgerlichen Gastfreunden erfuhr Horst zu seinem großen Schrecken, daß der Weg, den er eingeschlagen hatte, und der überall der richtige gewesen wäre, in London ein falscher sei; daß daselbst ausgebreitete Bekanntschaft, Empfehlungen u. s. w. für den Musiker zwar insoweit wichtig seien, daß sie in dem Erwerbe, bei der Erlangung von gut bezahlten Unterrichtsstunden Einfluß ausüben, daß sie dagegen für seine Stellung der Oeffentlichkeit gegenüber ganz bedeutungslos bleiben; daß anderseits die noble Gesellschaft nur in außerordentlich wenigen Ausnahmsfällen von den Künstlern Kenntniß nehme, die sich in der Oeffentlichkeit großen Ruf erworben hätten; daß nur Sänger — meistens von der italienischen Oper — in die Concerte berufen werden, welche die reichen Lords manchmal in ihren Palläsen für ihre Bekannten veranstalten, und wobei zwölf Nummern hintereinander gesungen werden, worauf sich die Gesellschaft trennt; daß die öffentlichen Concerte von eigenen Unternehmern oder Gesellschaften, welche die Künstler gegen ein vorausbestimmtes Honorar anwerben, veranstaltet werden, und daß die Künstler selbst nur in den seltensten Fällen und erst nachdem sie mehrere Jahre in London ansässig waren, ein Concert auf ihren eigenen Namen zu geben wagten, wobei sie meistens nur den Gelderwerb anstrebend, keinen öffentlichen Saal mietheten, sondern trachteten, daß ihnen irgend ein Lord den Saal seines Pallastes überlasse, weil dieses Zeichen besonderer Protection auch günstig auf die Aristokratie wirkt und sie zur Billetabnahme bewegt. Als Beweis hierfür wurden ihm Anzeigen berühmter und unberühmter Concertgeber gezeigt; auf allen waren obenan, vor dem Verzeichniß der vorzutragenden Piecen, die Namen der hohen Damen zu lesen, welche den glücklichen Musiker protegirten, überall prangte die Formel: Under the patronage of etc. etc. Dreimal glückselig der Mann, der so drei Herzoginnen hinter einander auf seinem Concertzettel als patroness anführen konnte! Hierauf legten ihm die Freunde in schonenden Worten dar, daß der Künstler in London als solcher keinen Anspruch auf die gesellschaftliche Stellung erheben dürfe, die ihm in Paris meistens, und manchmal auch in Deutschland eingeräumt wird, daß man ihn wohl zu schätzen wisse, ihm so viel Erwerb als möglich zuwende, aber — nicht als zur Gesellschaft gehörig betrachte; daß er daher vor allem trachten müsse, ein sicheres Einkommen und wo möglich Vermögen zu erlangen. Erst dann, nach mehrjährigem Aufenthalte in London, und wenn seine Persönlichkeit als eine achtbare anerkannt ist, würden ihm auch Annehmlichkeiten gesellschaftlicher Stellung nicht entzogen bleiben.

Hierauf wurden ihm die Bedingungen und Verhaltungsmaßregeln erklärt, durch welche man in London, wenn man sich daselbst als Lehrer niederlassen will, den Ruf eines respectable man, viele Lectionen, Connexionen, Vermögen und Stellung erlangt. Zuerst müsse man in einer „nice street", d. h. in einer anständigen Straße wohnen, dann sehr regelmäßig leben, keine öffentlichen Vergnügungsorte besuchen, sehr exact, ja auf die Minute, zur bestimmten Zeit kommen, bei dem Unterricht so wenig als möglich sprechen, und die Schülerinnen nicht strenge behandeln, da die meisten, besonders in den höheren Ständen, nur aus Zeitvertreib Musik lernen und mehr nach Abwechslung als nach Erlangung von Kenntniß oder Fertigkeit trachten. Endlich wurde ihm angedeutet, wie sehr die „appearances" in allen Dingen gewahrt werden müßten, weil sonst auch das bedeutendste Talent unberücksichtigt bliebe. Im übrigen riethen ihm die Freunde, sich mit den Musikalienhändlern in's Einvernehmen zu setzen, weil diese ihm die genauere Erklärung über manches geben würden, was sie nur andeuten konnten.

Horst kannte noch von Paris her einen der bedeutendsten Musikverleger Londons; er war nach seiner Ankunft zwar zu ihm gegangen und war von ihm förmlich, aber gerade nicht kalt empfangen worden, da er gleich erklärte, daß er nichts zum Verlage anbieten wolle, und daß er mit den nöthigen Mitteln für seinen Aufenthalt versehen sei; er hatte aber seinen Besuch nicht wiederholt, weil er zu den

Leuten vom Handwerk erst nach Ordnung seiner künst=
lerischen Angelegenheiten in nähere Beziehungen treten
wollte. Seine Erlebnisse mit jenem Verleger in Deutsch=
land, wie mit den Blaguéoni und Consorten in Paris
mochten dies einigermaßen gerechtfertigt erscheinen lassen,
obwohl ein Unglücklicher, oder doch vom Mißgeschicke
Verfolgter, keinen verderblicheren Entschluß fassen kann,
als seinen eigenen Weg gehen zu wollen.*) Das kann
einer wagen, dem das Glück lächelt; der andere aber
mag mit Gewißheit darauf rechnen, daß er von all' den
Unannehmlichkeiten und kleinen Miseren der gewöhnlichen
Wege, die er zu vermeiden getrachtet hat, gerade die
unangenehmsten ertragen müssen wird. So ging's auch
Horst. Es blieb ihm zuletzt nichts, als eben den Ver=
leger, dem er zu imponiren gedacht hatte, um Rath und
Auskunft zu bitten.

Das altberühmte Etablissement der Herren X. & Comp.,
zu dessen Chef Horst sich begab, liegt in einer der Haupt=
straßen Londons, und ist im Umfange, in der Einrichtung,
wie in der ganzen Führung mit keinem derartigen auf
dem Continente zu vergleichen. Das Haus Brandns &
Comp. in Paris allein dürfte, was die äußere Gebahrung
betrifft, einige Aehnlichkeit damit beanspruchen dürfen;
aber in Deutschland, dem Lande, wo am meisten Musik

---

*) Goethe sagt:
Geht's in der Welt dir endlich schlecht,
Thu' was du willst, nur habe nicht recht.

„getrieben" wird, wäre es vergebene Mühe, ein Haus zu suchen, das nach außen hin das Kunstgeschäft in der Weise vertritt, wie jenes englische. Damit wollen wir nicht etwa andeuten, daß es als Kunstanstalt höher stehe, denn unsere Musik-Verlagshandlungen. Im Gegentheile, Breitkopf & Härtel, und Kistner in Leipzig veröffentlichen in einem Jahre so viel Werke, als die Londoner Verleger insgesammt; das erstgenannte Haus hat sich, durch die Herausgabe sehr kostspieliger und wenig einträglicher Werke der musikalischen Literatur, Verdienste um die Kunst erworben, von denen man im praktischen England keine Ahnung besitzt, und durch Kistner wurden Chopin's Compositionen in Deutschland zehn Jahre früher verbreitet, als man in England seinen Namen nennen hörte. Aber diese Häuser bestehen in Leipzig, also in einem Orte, wo ihre örtliche Wirksamkeit zu der nach andern Städten und Ländern hin entfalteten in keinem Verhältnisse steht. Was wir hier bei der Beschreibung dieser englischen Musikalienhandlung ersten Ranges hervorheben wollen, ist also nicht ihre Wirksamkeit für die Kunst, sondern die bewundernswerthe Geschäftsführung und der daselbst herrschende Ton.

Als Horst in das Etablissement trat, war es von Gästen aller Art gefüllt, und der große längliche Saal mit seinen verschiedenen parallel mit der Wand laufenden Verkaufstischen und den Säulen im Hintergrunde, bot ein belebtes Bild dar. Am oberen Ende neben dem Eingange standen einige Lehrer, die, der äußeren Erscheinung, wie ihrer Aussprache nach, den verschiedensten Nationalitäten angehörten, und gaben Bestellungen an. Gegenüber an einem schrankartigen Möbel, wo die Novitäten auflagen, stöberten einige junge, fashionable Lehrer. In der Mitte saßen junge und ältere Damen und ließen sich Musik von den Angestellten zur Ansicht vorlegen. An einem Fenster stand eine Gruppe italienischer Sänger und unterhielt sich leise. Im Hintergrunde endlich war ein immerwährendes Ab- und Zugehen von Leuten, die allerlei Bestellungen zu machen hatten. Einer ließ Sitze für die nächste italienische Opernvorstellung vormerken. *) Eine Lady verlangte die Adresse eines Lehrers, ein junger Gentleman wollte für die Dauer seines Aufenthaltes ein Klavier miethen, ein anderer ein Physharmonika — nunmehr orgue expressive genannt — für seine Cousine kaufen. Dazwischen kam irgend eine besonders wichtige Persönlichkeit, die, ohne mit einem der Angestellten zu sprechen, direct nach einer Vertiefung des Saales ging, wo die Chefs saßen, oder gar in einem kleinen Gange verschwand, der wie eine Art von Sanctuarium betrachtet wurde und zu dem Zimmer des obersten Leiters führte.

Horst wurde, als er eintrat, fast gar nicht bemerkt, hatte also Zeit und Muße, das Treiben zu beobachten. Es herrschte eine eigenthümliche Ruhe bei all' der

---

*) Die großen Musikalienhandlungen Londons haben fast immer eine Anzahl Sitze und Logen abonnirt oder in Commission.

Bewegung. Die Haltung der Angestellten gegenüber den Lehrern war eine höfliche, anstandsvolle, und die Gespräche betrafen, mit seltensten Ausnahmen, nur das Geschäftliche, da war nichts von dem Gekeife, dem Geklatsche über anderer Leute Verhältnisse und über Stadtgeschichten, kein Hin= und Herfeilschen wahrzunehmen, und nichts von dem Hin= und Herfahren, dem Gezänke unter den Angestellten, das man in allen deutschen Musikalienhandlungen, die von Leipzig ausgenommen, mehr oder weniger findet.

Er mochte wohl eine ziemliche Weile dagestanden haben, als der Buchhalter, der nur die Bestellungen ein= zuschreiben hat, von seinem Pulte aufblickte und ihn bemerkte; da jener eben einen Moment frei hatte, ging er auf den Fremden zu und frug um sein Begehren.

„Ich wünschte Herrn X. — er meinte den Chef — zu sprechen."

„Mr. X. ist in diesem Augenblicke sehr beschäftigt. Es befindet sich bereits der Director Y. bei ihm, und zwei Herren sind angemeldet, um nacheinander mit ihm zu conferiren."

„Wollen Sie ihm vielleicht meine Karte überliefern und anfragen, wann ich ihn sprechen kann?"

„Ich darf ihn in diesem Augenblick nicht stören; es ist auch ganz vergeblich, er empfängt niemanden als die Vorausbestellten. Sie können Ihre Karte da lassen."

In diesem Augenblicke rief einer der Angestellten dem Buchhalter eine Bestellung zu; er trat wieder vor sein Pult, ohne von Horst weitere Notiz zu nehmen. Dieser wartete eine Zeit lang, bis endlich einer, der die Damen bedient hatte, zugänglich wurde; an diesen wandte er sich mit der Frage: "Können Sie mir nicht sagen, wann Herr X. zu sprechen sein dürfte?"

"Sehr unbestimmt, Sir; immer beschäftigt; season begonnen, theatre-engagements, Concertveranstaltungen."

"Wann kommt er gewöhnlich hierher?"

"Sehr unbestimmt, Sir. Manchmal um 11 Uhr, geht oft gleich wieder weg."

"Wo ist seine Wohnung? vielleicht kann ich ihn daselbst am Morgen, bevor er hierher kommt, einen Augenblick sprechen?"

"Wohnt auf dem Lande, Sir; uneingeladen wird niemand empfangen. Absteigquartier hier im Hôtel *, versuchen Sie's daselbst. Mr. * (zu einem Schreiber gewandt), sind die Noten an Mylord X. gesandt worden? Wartet bereits seit gestern."

Horst war verlegen, verblüfft, fast erbittert; er war gewohnt, in den Musikhandlungen von Paris und den deutschen Städten entweder den jungen Commis, die da hin und her rannten, zu imponiren, oder mit den ältern auf einem Fuße der vertraulichen Conversation zu verhandeln, jedenfalls aber eine gewisse Rolle zu spielen; aber diesen geschäftigen, kurz angebundenen, aber immer sehr höflichen gentlemens gegenüber fühlte er sich ganz hilflos. Ein schon etwas ältlicher Herr, dem Aeußeren wie der Aussprache nach Italiener, näherte sich ihm.

„Sind Sie nicht Herr Horst?" frug er in französischer Sprache.

„Ja wohl," entgegnete dieser überrascht.

„Sie wollen Herrn X., den Chef des Etablissement, sprechen. Ich rathe Ihnen, ihm früher zu schreiben und den Zweck Ihres Besuches zu erklären. Ist er geneigt oder im Stande, mit Ihnen darüber zu verhandeln, so wird man Ihnen hier Antwort sagen. Wo nicht, so werden Sie bald ersehen, daß Sie einen andern Weg zu Ihrem Ziele einschlagen müssen. Kennen Sie Herrn *?" — Hier nannte er einen deutschen Musikverleger, der seit einigen Jahren in London ansässig war.

„Nein," antwortete Horst.

„Zu dem rathe ich Ihnen zu gehen. Er ist gegen alle Landsleute sehr gefällig; er kann auch leichter gefällig sein, als der Chef hier, der von Geschäften überhäuft ist. Ich wünsche Ihnen viel Glück in London. Adieu, Monsieur Horst." Er wechselte noch einige leise Worte mit einem der Angestellten und ging, Horst freundlich zunickend. Dieser sah dem Rathgeber verblüfft nach. Auf seine Frage antwortete ihm einer der Anwesenden, es sei der ehemals berühmte italienische Sänger X., der nunmehr auf seinen Lorbeeren ruhte. Er war nach London gekommen, um seinen Schwiegersohn, der auch als Sänger auftreten sollte, in der Themsestadt einzuführen. Warum er Horst wohlwollend angesprochen und unterrichtet hatte, konnte sich dieser nicht erklären. Er fand aber den ertheilten Rath vortrefflich und folgte ihm.

Als er am andern Morgen in das große Etablissement trat, kam ihm derselbe Angestellte, der ihm die kurzen Antworten ertheilt hatte, entgegen und meldete in freundlichem Tone: „Mr. * ist eben sehr beschäftigt, es thut ihm leid, Sie nicht persönlich sehen zu können, hat mir aber aufgetragen, Ihnen über alles, was Sie wünschen, Auskunft zu ertheilen."

Und hierauf hörte er Horst's Mittheilungen mit so gespannter, ungetheilter Aufmerksamkeit an, erkundigte sich mit so systematischer Genauigkeit nach allen Einzelnheiten, und gab über alles so klare Auskunft, daß Horst den ersten Beweis fand, wie alle unglaublich klingenden Erzählungen von englischer Zurückhaltung und Einsylbigkeit bei ersten Begegnungen, aber auch jene von englischer Gefälligkeit und Bereitwilligkeit, sobald durch irgend einen Anlaß nähere Beziehungen eintreten, von der Wirklichkeit übertroffen werden.

„Sie müssen vor allem trachten, viel Lectionen zu geben, das wird Sie gleich in „respect" bringen," meinte er. „Wo wohnen Sie?"

Horst nannte eine Straße in der Nähe von Leicester square, die ihm sehr lebhaft und anständig erschienen war, und wo er eine sehr schöne Wohnung zu einem verhältnißmäßig sehr billigen Preise gefunden hatte.

„Dear me," rief der Engländer, „not respectable! Von dort müssen Sie wegziehen, sonst werden Sie nie in ein anständiges Haus berufen, um Unterricht zu geben, und auch in der musikalischen Welt kein Ansehen gewinnen."

„Aber," entgegnete Horst schüchtern, „es dünkt mir doch, daß der Lord X. in derselben Straße wohnt?"

„Ja wohl, aber er wohnt im vorderen, beim *square gelegenen Eck, und dies ist noch fashionable; aber Sie wohnen gegen die Seite von X.-street, und die steht in schlechtem Rufe. Gehen Sie vor allem ein neues Quartier suchen."

Horst eilte gleich von dannen; schon am Nachmittage konnte er seinen Mentor benachrichtigen, daß er nun eine sehr „respectable" Wohnung in einer Straße gefunden und fest gemiethet habe, die in der Nähe des königlichen Pallastes von St. James und zwischen zwei Clubb= häusern lag.

„O— — h!" rief der Engländer und dehnte das oh, daß man eine Eisenbahn von einer Viertelmeile darauf hätte bauen können, „diese Straße ist noch verpönter, als die erste, dort —" und dabei machte er eine eigenthüm= lich schüttelnde Handbewegung.

„Nun?" frug Horst, der die Pantomime nicht verstand.

„Dort soll es hells geben."

Horst faßte die Bedeutung des Wortes noch weniger, als die Handbewegung, in seinem Innern regten sich einige wenig fromme Wünsche. Endlich erklärte ihm ein Angestellter, der den letzten Theil des Gespräches ange= hört hatte, daß in jener Gasse „Spielhäuser" existirt hätten oder noch existirten, wo die Würfelbecher die Nacht hindurch kreisten und mancher junge unerfahrene Fremde ausgeplündert wurde.

II.

„Und," frug Horst, „am Eck des — square (er nannte eines der elegantesten, berühmtesten), gegenüber dem * Clubb?"

„Rechts oder links?" frug der Engländer.

„Links."

„Dort wurde vor drei Monaten ein berüchtigter Putzmacherladen von der Polizei geschlossen."

Horst fand nach zweitägigem Suchen eine Wohnung in einem „respectablen" Quartier, zog aber auch von dort weg, weil die Zugluft im Kamine den Kohlendampf des ganzen Hauses in sein Schlafzimmer drängte, und nachdem er von zwei Hausvermiethern abgewiesen worden war, weil sie keinen „professional" aufnahmen, erbarmte sich der gentleman in der großen Musikhandlung seiner, und verschaffte ihm ein Haus*) in dem „nicest quarter" von London, in einer dem green park gegenüber, zwischen Piccadilly und Berkeley-square liegenden Straße, wo die Sonne im Sommer jeden Nachmittag eine halbe Stunde schien, und wo er drei Guineen für die Woche bezahlte. Dafür befand er sich freilich in einer zwar ziemlich kleinen Wohnung, die aber in ihrer Einrichtung, Bequemlichkeit und Reinlichkeit den Typus repräsentirte, den man nur in London findet.

---

*) Es ist hier zu bemerken, daß in London jeder gentleman der alleinige Miethsmann im Hause ist, deßwegen sind auch die Räume selbst in Häusern, die für Familien berechnet sind, beschränkt.

Mittlerweile hatte Horst auch den deutschen Musikverleger aufgesucht, der ihm von dem alten italienischen Künstler bezeichnet worden war, und jener, auf den Besuch bereits vorbereit, hatte den Landsmann sehr freundlich aufgenommen. Er vertrat eines der bedeutendsten deutschen Musikgeschäfte, er kannte die englischen Gebräuche, Sitten und das Kunstleben Londons nach allen Seiten hin, und von ihm erfuhr Horst manche Eigenthümlichkeiten, die ihm der Angestellte des großen Hauses X. & Comp., als echter Engländer, verschwiegen hatte.

„Jeder Deutsche," sagte er, „der zum erstenmale nach England kommt, bringt die Idee mit, daß er nunmehr die Freiheit in Person, so von Angesicht zu Angesicht sehe, und daß er den Boden eines Landes betritt, in dem ein jeder seine Meinung hegen und aussprechen, und überhaupt leben kann wie er will, ohne daß Behörde, Polizei oder sonst jemand ihm irgend etwas in den Weg legen dürfe. Sobald er aber einige Zeit in dem gelobten Lande verweilt, wird ihm klar, daß, wenn auch die englische Nation als politischer Körper sich größerer Unabhängigkeit erfreut als irgend ein Volk Europa's, das gesellschaftliche Leben Englands dagegen einer Masse von Etikette- und Gewohnheitsgesetzen unterworfen ist, denen niemand entgegen zu handeln wagen darf, ohne dem Vehmspruche zu verfallen, der ihn aus der guten Gesellschaft verstößt. Diesen tyrannischen Gesetzen sich zu unterwerfen, fällt dem Fremden — besonders in der ersten Zeit seines Aufenthaltes — sehr schwer, ja es ist ihm

fast unmöglich, und so erklärt sich auch die entschiedene
Abneigung, die noch mancher Stock=Engländer gegen den
foreigner nährt und sehr oft nicht in der angenehmsten
Weise kundgibt; einheitliche Völker, wie Engländer,
Franzosen und Russen, halten einmal an ihren Gewohn=
heiten fest. Vollends unbegreiflich aber erscheint manchem
„freien Deutschen" die Ausnahmsstellung, welche die
englische Aristokratie, und zwar mit der freiwilligen
Zustimmung der Nation einnimmt. Ich will
Ihnen keine politische Abhandlung liefern, aber nur das
Verhältniß beschreiben, in welchem der Künstler als Lehrer
zu der nobility steht. Er muß erstens bei vielen großen
Herrschaften sich gefallen lassen, mit jener eisigen Höflichkeit
behandelt zu werden, die drückender, entmuthigender ist,
als die — oft mit Gutmüthigkeit gepaarte — Insolenz
des deutschen Cavalierthums. Von dieser Geringschätzung
haben nur die berühmtesten Künstler oder die durch lang=
jährigen Aufenthalt quasi eingebürgerten, als naturalisirt
betrachteten, weniger zu leiden, obwohl es noch nicht so
lange her ist, daß bei den Concerten in den Häusern
der Lords, wo alle Größen der italienischen Oper mit=
wirkten, der Raum, wo sich das Klavier und die aus=
übenden Musiker befanden, von dem Publikum durch
einen dazwischen gespannten Strick getrennt war. Einen
solchen benützte einst Lablache als Sitz, wobei er der
Gesellschaft seine bekanntlich sehr breite Rückseite zuwandte,
und dies Impromptu des ebenso witzigen als großen
Sängers gab vielleicht den ersten Anlaß zur Beseitigung

der Scheidewand. Das durfte aber nur Lablache wagen. Der Künstler, der hier noch neu ist und dahin strebt, bekannt zu werden und seine Existenz zu gründen, hat, bevor er das Ziel erreicht, nicht selten gar harte Prüfungen zu bestehen. Es ist unserem *, der sich in Deutschland eines wohlgegründeten ehrenhaften Rufes erfreut, hier vorgekommen, daß ihn der Diener der Marchioness X. in der Gesellschaft mit den Worten ankündigte: Mylady, the man for the piano is come! Und einem anderen tüchtigen Pianisten gab der Kammerdiener die Weisung, den für die Dienerschaft am Hausthore links angebrachten Glockenzug und nicht den für die „visitors" bestimmten zu ziehen. Alle diese Uebelstände verschwinden nach und nach, wenn der Künstler einmal seinen Ruf festgegründet hat und als ein „respectable man" anerkannt ist. Dann kommt es vor, daß Leute, denen er früher empfohlen war und die ihn bisher ignorirt hatten, ihm ihre Aufmerksamkeit zuwenden, und daß hochgeborne Damen, denen er ein Empfehlungsschreiben zugesandt hatte, und die ihn nicht einmal einer Antwort gewürdigt hatten, einmal gelegentlich Notiz von seinem Dasein nehmen. Sie sehen mich ungläubig an, Herr Horst? Ich will Ihnen ein ziemlich schlagendes Beispiel erzählen, wobei ich für die Genauigkeit der Angabe bürge. Der berühmte Geiger E. ging vor mehreren Jahren, als sein Name auf dem Continente bereits zu den gefeiertsten gehörte, nach London. Auf der Reise traf er im Eisenbahnhofe zu X. eine deutsche

Prinzessin, Verehrerin der Musik. Die hohe liebenswürdige Dame erkundigte sich nach dem Ziele seiner Fahrt, ließ ihr Reiseschreibzeug bringen und gab dem Künstler einige Zeilen der Empfehlung an ihre liebe Freundin, die Marquise X. in London, mit. Konnte es eine wärmere Empfehlung geben, als die Art, in der sie ertheilt ward? Unser Geiger hatte kaum London erreicht, als er das Schreiben an die Adresse sandte. Die Frau Marquise aber ignorirte es, selbst nachdem E. seine Karte abgegeben hatte; und der Künstler, der durch Freunde von den Gewohnheiten englischer Aristokraten einigermaßen unterrichtet worden war, gab der Angelegenheit keine weitere Folge. Einige Jahre später spielte er in Manchester in einem Wohlthätigkeits-Concerte. Nach dem Ende schreitet eine lange bocksteife Dame mit gemessenen Schritten auf ihn zu und spricht ihn mit den Worten an: „Sie haben mir einmal einen Brief von der Prinzessin X. gesendet;" sagt darauf noch einige höfliche Phrasen, dreht sich um und geht wieder ebenso gemessenen Schrittes von dannen. So oft sie ihn hier in London traf, versäumte sie nie, mit ihm zu sprechen, und dabei blieb's. Dieser Fall steht nicht vereinzelt da. Die Eigenthümlichkeiten der englischen Aristokratie haben ihre vortrefflichen wie ihre unerträglichen Seiten. So z. B. in dem Verhältniß zu den Lehrern. Die Aristokratie zahlt ungleich besser als das Bürgerthum und beschäftigt während der season den größten Theil der Lehrer; aber sie bezahlt auch nur, wenn es ihr beliebt. Keiner, der

in dem Hause eines Großen Unterricht ertheilt, darf es
sich beikommen lassen, das Honorar zu verlangen, bevor
er aufgefordert wird, seine Rechnung einzureichen. Thut
er dies, so wird seine Forderung wohl augenblicklich be=
friedigt, er kann aber darauf rechnen, daß er alsbald in
den Ruf eines Mannes von schlechter Manier kommt
und seine ganze Stellung verliert. Es gibt Lehrer, die
Jahre lang keine Bezahlung von ihren hochgebornen
Schülerinnen erhalten haben, und die sich nicht erlauben,
auch nur eine Andeutung hierüber fallen zu lassen; denn
— und das ist wohl in's Auge zu fassen — diejenigen
Häuser, die am unregelmäßigsten zahlen, sind auch dafür
insofern die nützlichsten, als sie den delikaten, verschwiegenen
Lehrer in jeder Weise entschädigen, beschützen und ihn
allen ihren Verwandten und Bekannten empfehlen. Und
das muß man ihnen lassen, zu protegiren verstehen die
großen englischen Damen besser, als ihre Protégés zu
behandeln. Denn, wie schon gesagt, er mag bezahlt
werden oder nicht, beliebt sein oder nicht, — eine andere
Stellung zu erringen als die eines Lehrers, der für seine
Unterrichtsstunden gut, oder sehr gut bezahlt, und der
endlich nach Jahren als ein respectable oder nice man
hie und da gelobt wird, darf er nicht hoffen."

„Aber" — bemerkte Horst — „unterwerfen sich denn
die bedeutenderen Künstler einer derartigen Paria=Existenz
willig? Und gibt es keine Ausnahmen?"

„Die in England ansässigen Künstler haben sich
mehr oder weniger alle an diese Existenz gewöhnt, die

Sie mit Unrecht die eines Paria nennen; denn sie ist die eines jeden Mannes in England, der nur durch sein Talent lebt, also „sein Leben macht", wie die Leute hier zu Lande sagen. Es wird dem bedeutendsten Gelehrten, Künstler oder Schriftsteller in England nicht einfallen, aus seinem Berufskreise herausgehen zu wollen. Er wird sich gut bezahlen lassen, ein Vermögen erwerben, aber eine Stellung, in der er sich mit den höheren Klassen auf gleichem niveau befindet, wird er niemals erringen. Bei uns in Deutschland ist es doch in vielen Stücken anders. Jeder reiche Banquier z. B. strebt nach einer Auszeichnung, und mit einigem Geschick erlangt er sie auch. Der eine wird ein „Ritter", ein anderer läßt sich von einem kleinen Potentaten baronisiren, ein dritter wird Consul; wenn einer endlich gar nichts werden kann, so erwischt er zuletzt doch noch den Titel Commerzien= oder Hofkammerrath. Der Gelehrte wird ausgezeichnet, indem man ihm Orden ertheilt, ihn zum Hof= oder Geheime= rath ernennt. In Frankreich ist jeder Capacität der Weg zu den höchsten Ehren offen, und wer sehr reich ist und glänzende Soiréen mit einigem Geschicke veranstaltet, ver= sammelt die ganze schöne Welt in seinem Hause, ohne daß sich jemand bekümmern wird, wo er sein Geld und sein Recht, gute Gesellschaft einzuladen, hergenommen hat. Hier aber kann nur eine übermächtige politische Capacität die Schranke zwischen Adel und Bürgerthum beseitigen. Der reichste Banquier bleibt ein Banquier, der es nie zu hoffen wagen darf, daß sich irgend eine

Dame aus altadeligem Geschlechte in sein Haus verlieren wird, und der Sohn eines reichen Juweliers muß die Fußstapfen seines Vaters verfolgen, wenn er nicht den harten Kampf um einen Sitz im Parlamente wagen will, wobei Zehn auf Eins gegen ihn zu wetten sind. Selbst sehr geschickte Advokaten ziehen die reichen Einkünfte ihres Berufes der unsicheren Ehre eines Parlamentssitzes vor. Die Robert Peel und die Benjamin d'Israeli sind ebenso seltene Erscheinungen als seltene Capacitäten; ihre Väter waren auch reich genug, um das Genie der Söhne gehörig zu unterstützen, und sie sind auch durch die Tories zur Macht gelangt; die Whigs lassen trotz ihres Geschreies für Volksrechte und für Fortschritt zc. niemanden aufkommen, der nicht zu ihrer oligarchischen Clique zählt. Nach' all' dem," schloß der Musikverleger, „werden Sie einsehen, wie die Musiker hier gesellschaftlich stehen, selbst wenn sie gebildeter wären, als sie sind, und wenn die Engländer sie auch höher achteten, denn als angenehme Zeitvertreiber. Wenn dieser Fall eintritt, wie es bei Mendelssohn geschah, dann weiß der Engländer seine Achtung freilich so gut zu beweisen, als irgend eine andere Nation. Um meine Bemerkungen zusammenzufassen, guter Herr Horst: die politische Unabhängigkeit wird hier wohl unterschieden von gesellschaftlicher Gleichstellung; erstere liegt in den Gesetzen des Landes, die letztere hängt von dem Willen der verschiedenen Gesellschaftsklassen ab."

„Nach dem, was Sie mir hier erzählt haben,"

bemerkte Horst, „fühle ich mich nicht sehr angeregt, mich als Lectionengeber hier zu etabliren, da ist's doch in Frankreich und in Deutschland besser —"

„Vorausgesetzt," schaltete der andere ein, „daß man den immensen Unterschied des Gelderwerbs nicht in Anschlag bringt."

„Ich werde also trachten, hier in einigen Concerten mitzuwirken —"

„Ich fürchte," unterbrach der Verleger den Künstler, „daß Sie für diesen Zweck Ihre Maßregeln zu spät treffen dürften. Hier muß alles zur gehörigen Zeit eingeleitet werden, und das bedeutendste Talent findet oft unübersteigliche Schwierigkeiten, wenn es nicht den gebräuchlichen Geschäftsgang eingehalten hat. Die season hat begonnen; und um diese Zeit sind die Programme fast aller Concerte von einiger Bedeutung bereits festgesetzt; und einen Lückenbüßer abzugeben oder in einem nichtssagenden Concerte aufzutreten, vor einem indifferenten Publikum, das sich nur aus Nebenrücksichten, ohne irgend einen Kunstgenuß zu erwarten, versammelt hat, liegt doch weder in ihrer Absicht, noch in Ihrem Interesse. Uebrigens läßt sich mit Energie und einigem Glück auch Ungewöhnliches durchsetzen. Versuchen Sie es, bei der Oberleitung der hiesigen Gesellschafts-Concerte anzukommen. Ich will Sie den maßgebenden Persönlichkeiten, sowie einigen hier seit längerer Zeit ansässigen, daher ebenfalls einflußreichen Künstlern empfehlen. Ich fürchte nur, die Herren werden jetzt bereits so beschäftigt sein, daß gar kein Abkommen mit ihnen getroffen werden kann. Einstweilen rathe ich Ihnen, jeder Aufforderung zum Unterrichtertheilen Folge zu leisten. Der Fremde muß hier vor allem suchen sich zu beschäftigen, sonst geht er moralisch zu Grunde. Seien Sie also recht fleißig, Sie werden sehen, daß in England, trotz der Impertinenzen, die man von einigen hochnasigen Ladies zu ertragen hat, doch noch immer und unter Umständen sogar sehr gut leben ist."

Horst hatte bald Gelegenheit, sich von der Vortrefflichkeit der Rathschläge des freundlichen deutschen Verlegers, sowie von der Richtigkeit seiner Ansichten über die Concertangelegenheiten zu überzeugen. Die Directoren der philharmonischen Gesellschaft sowie der musical union waren nie zu treffen, und erst nachdem er sich schriftlich an den einen oder andern von ihnen gewandt und eine geraume Zeit auf Antwort gewartet hatte, ward ihm der Bescheid, daß die Programme schon seit langer Zeit festgestellt wären, daß die wenigen „unbekannten" Solisten, die überhaupt zugelassen würden, sich schon lange „von Paris aus" beworben hätten, daß er sich im nächsten Jahre wieder präsentiren solle, und man dann mit Vergnügen sehen wolle, was zu thun wäre u. s. w. Nicht besser ging es ihm bei den Künstlern, an welche ihn der Verleger empfohlen hatte. Vergebens suchte er sie zu sehen, er traf sie nie. Er mochte wohl glauben, daß irgend welche Gründe sie bestimmt hatten, sich vor ihm verläugnen zu lassen, wenn nicht ein glücklicher Zufall ihn dem peinlichen Argwohn entrissen hätte. Der Chef der großen Musikalienhandlung, den wir beschrieben haben, lud ihn nach seiner Villa auf dem Lande. Dort traf er mit einem der erwähnten Künstler zusammen, und dieser begrüßte ihn auf's freundlichste und entschuldigte sich, daß er seinen Besuch noch nicht erwiedert oder ihm geschrieben hatte. Er bewies aber in unwiderleglicher Weise, daß ihm seit etwa vierzehn Tagen noch keine Minute Zeit zu irgend einem Nebengeschäfte übrig geblieben wäre. Und nun beschrieb er ihm, wie er des Morgens um sieben Uhr beginne Unterricht zu ertheilen, dabei die musikalische Leitung von drei verschiedenen Dilettanten-Gesellschaften führe, die Privat-Soiréen für mehrere Lords arrangire, mit den dabei beschäftigten Sängern Proben halten und sie am Abend selbst begleiten, wie er dabei noch Zeit gewinnen müsse, zweimal in der Woche nach einem nahegelegenen Orte, wo sich viele Damen-Institute befinden, zu fahren, um auch dort Unterricht zu ertheilen, und wie er endlich — eine Cantate für eine feierliche Einweihung componire, die in vier Wochen stattfinden sollte, und dazu auch noch sein jährliches Concert arrangire. Er wäre sehr erfreut gewesen, sich Herrn Horst's Mitwirkung zu erbitten, wenn nicht bereits drei Pianisten angeworben wären und das Programm bereits siebzehn Nummern zählte. „Und dieser Mann," dachte Horst, „arbeitet heute noch in dieser Weise, nachdem er bereits seit längerer Zeit von seinen Renten leben kann, arrangirt noch Soiréen für

Lords und gibt sich zum Begleiter von italienischen Arien her? In Paris wäre er schon lange Ritter oder Offizier der Ehrenlegion und empfinge die großen Herren in seinem Hause. Scheint es doch, als ob Englands Clima die besondere Eigenschaft besäße, des Menschen Fähigkeiten zu einer Maschinenthätigkeit zu entwickeln! Was soll aber der beginnen, dessen geistige und physische Constitution zu einer solchen Thätigkeit nicht tauglich sind?"

Horst begann nach und nach einzusehen, daß jenes Schattenbild des Ruhmes und der Ehre, das ihm vorgeschwebt, das er erreichbar hielt, und das sich ihm in dem Augenblick entwand, wo er es zu umfassen wähnte. in immer weitere Ferne rückte; er fühlte, wie der Glaube an die eigene Kraft, wie selbst die künstlerische Ueberzeugung in ihm immer schwächer wurde, und wie nach und nach jene stumpfe Gleichgültigkeit, die zum Fatalismus führt, sich seiner bemächtigte. Er trat in jene Phase des menschlichen Lebens, wo der Geist, zur vollkommenen Reife gediehen, den Moment und dessen Forderung genau zu ermessen vermag, wo des Menschen Handlungen und Schicksale in immerwährender Wechselwirkung stehen, und wo er über sich selbst so weit klar wird, als dies ihm überhaupt von der Vorsehung gestattet ist. Daß Horst in jener Phase sich gerade in England befand, in dem Lande, wo ein vollkommenes Entsagen, ein Aufgeben aller Illusionen, rastlose Thätigkeit die ersten Bedingungen der Existenz sind, war wohl die härteste Prüfung für ihn, den Künstler, dessen Gemüth in freundlicher Hoffnung, in Schwärmerei und in Selbsttäuschung vielleicht noch den einzigen Trost fand. Er glich einem Wanderer, der einen Berg besteigen will und von der Fahrstraße abweichend, einen Fußpfad einschlägt, von dem er sich Abkürzung des Weges verspricht. Er strebt durch's Dickicht hinan; manchmal öffnet sich ihm die herrlichste Aussicht, die ihn fesselt; entzückt bleibt er stehen; indessen rückt die Zeit vor, der Tag beginnt zu sinken; der müde Gewordene merkt endlich, daß er ganz abgekommen sei vom rechten Wege, daß der eingeschlagene nach einem ganz anderen Ziele führe. Und nun, anstatt nach diesem letzteren hin zu streben, um wenigstens unter sicheres Obdach zu gelangen, oder umzukehren, verläßt er den bisher verfolgten Pfad, und bricht wieder in's Dickicht, will durchaus nach jener Höhe, die er zuerst zu ersteigen gedachte, bis endlich die Nacht hereingebrochen ist, und das Bewußtsein gänzlicher Hilflosigkeit sich seiner bemächtiget.

25. Capitel.

Horst's weitere Erlebnisse in London. Betrachtungen über die Stellung des Engländers zum Virtuosen.

Mehrere der großen Damen, an die Horst empfohlen war, ließen, sobald er seinen Wohnungswechsel angezeigt und eine „respectable Adresse" abgegeben hatte, die Einladung an ihn ergehen, ihre Töchter, Nichten oder andere in nahen Beziehungen zu ihnen stehende Damen zu unterrichten. Obwohl er im Anfange nicht geneigt war, des deutschen Verlegers Rathschlag zu folgen, nahm er doch, von anderen Gründen bewogen, die Einladungen an. Er wollte London nicht verlassen, ohne das dortige Musikleben erkannt zu haben; und das Honorar, das ihm die Unterrichtsstunden trugen, bot ihm eine kleine Compensation für die Unkosten seines Aufenthalts. Der zweite Grund, den er sich selbst nicht eingestehen mochte, der aber ebenso entscheidend auf ihn wirkte, war, daß er nur in der Eigenschaft als Lehrer mit den hochgebornen Damen zusammentreffen konnte; und in London, wo ein hochtönender Name einen Nimbus um sich verbreitet, der selbst noch weitabstehende Nebenfiguren beleuchtet — wie in Correggio's heiliger Nacht das vom Jesuskind ausgehende Licht die Hirten und selbst die Ochsen an der Krippe — ist wohl jeder Musiker zu entschuldigen, wenn er seine „introductions" und „connexions" in und mit der „aristocracy" so viel als möglich zur Geltung zu bringen sucht.

Zum ersten Mal nach langer Zeit befand sich Horst in der Lage Unterricht zu ertheilen, und seine Stellung war beziehungsweise eine angenehme zu nennen, da die Damen, welche ihn berufen hatten, zu denjenigen gehörten, die auf dem Continente gelernt hatten, den Lehrer freundlicher zu behandeln, als es gewöhnlich, besonders

im Anfange in England geschieht. Aber nichts desto
weniger war der Abstand von den gesellschaftlichen Be=
ziehungen, an die Horst bisher gewohnt war, noch
groß genug, um ihm das Lectionen=Geben in England
als das härteste Brod erscheinen zu lassen. Vielleicht
wäre es unserem unglücklichen Freunde zuletzt dennoch
möglich geworden, sich mit jener Entsagung vertraut zu
machen, ohne welche keiner, der von seiner Arbeit leben
muß, in dem freien England leben kann; vielleicht
hätte ihn die regelmäßige Beschäftigung, an die er sich
nach und nach gewöhnte, zu einer ruhigeren Anschauung
des Lebens und seiner Mühen und Lasten, denen man
doch nicht entrinnen kann, zuletzt noch hingeleitet. Aber
eben die besseren Eigenschaften, welche ihm in anderen
Ländern noch von einigem moralischen Vortheile waren,
ließen ihn in England, und bei seiner Gemüthsstimmung
das wahre — wie das eingebildete — Bittere seiner
Lage erst recht fühlen. Er war, wie der Leser bereits
ersehen hat, ein Mensch, der nicht blos für seine Kunst
schwärmerische Liebe hegte, sondern dessen Geist nach
allen Seiten hin Kenntnisse und Erfahrungen zu erwerben
strebte. Er gab sich also auch in England Studien
und Beobachtungen über die Geschichte und Verfassung
des Landes hin, und erkannte bald, daß dort, trotz des
Kastengeistes, und der unglaublichen Verachtung, mit
welcher der Hochgeborne, der Peer, auf das im Staube
sich bewegende Menschen=Nichts, auf den nobody herab=
blickt, trotz all' der Ausbeutung des Menschen durch den

Menschen, die nirgends in dem Maße zu finden ist, trotz der Armuth und dem Elende, das nur ein englischer Proletarier erträgt — vor dem slop-system würde selbst der hartherzigste deutsche Fabrikant zurückschaudern — trotz der maßlosen Widersprüche, denen man daselbst in der Gesetzgebung wie im gesellschaftlichen Leben täglich begegnet, trotz der eigenthümlichen Gebräuche, die darauf berechnet scheinen, eine zu freundliche Annäherung zwischen den Individuen zu verhindern, und die den Fremden (foreigner) im besten Falle, d. h. wenn er alles von seinem Vaterlande stammende abgestreift hat, zu einer Art von Toleranz gelangen lassen, — daß trotz all' dieser Uebelstände die englische Nation durch ihren sittlichen Kern*), durch ihre Ehrenhaftigkeit, durch ihr Festhalten an Dem was sie einmal für heilig hält, durch ihr Familienleben, durch ihren Sinn für Gesetzlichkeit, durch die Unbestechlichkeit ihrer Staatsmänner**), durch ihre Festigkeit und Ausdauer, durch ihren eisernen Fleiß und durch ihr Colonisationstalent die größte der

---

*) Selbst unser großer Historiker Schlosser, der den Engländern im Ganzen wenig gewogen ist, gesteht (im vierten Bande seiner Geschichte des 18. und 19. Jahrhunderts), daß der unverdorbene Theil dieser Nation „auch sogar in unseren Tagen noch ansehnlicher ist, als unter andern reichen, aber entsittlichten Völkern Europa's."

**) Ein englischer Minister wird heutzutage seiner Partei alle Vortheile zuwenden, aber zu bestechen wird er nicht sein; und wie mag er auf die Jagd nach Orden in Deutschland herabblicken! — — —

II.

Erde ist. — Er erkannte aber auch, daß diese Grund=
lagen nationaler Größe mit dem Wesen der Künste
wenig, mit dem der Musik in fast gar keiner Be=
ziehung stehen, und daß unter allen foreigners, die nach
England kommen, um sich daselbst eine Existenz zu
gründen, der Virtuose in seinem ganzen Wesen dem
Engländer am fernsten steht; und daß er diesem, wie schon
einmal bemerkt, nicht höher gelten kann, als irgend ein
angenehmer Zeitvertreiber. Wohl konnte er bemerken,
daß auch in den gesellschaftlichen Verhältnissen Englands
ein Umschwung im Werden ist, daß die Zeit kommen
wird und muß, wo auch dort der gebildete Mensch das
Recht, mit allen Kasten auf einem Niveau zu stehen,
fühlen und zur Geltung bringen wird; aber für den
Musikerstand liegt diese Zeit noch ferne, und was
das Musikleben in London noch in diesem Augenblicke
bietet, ist wohl geeignet, eine bessere Zukunft vor der
Hand nur für die A u s n a h m e n in Aussicht zu
stellen.

Denn was immer selbst ein Pessimist wie Horst sich
von dem musikalischen Handwerkerthume denken mochte, seine
Vorstellung ward von dem, was London in der Wirk=
lichkeit bietet, übertroffen. Nirgend wie dort tritt jenes
so schamlos auf, so alle andere Rücksicht als die des
Geldmachens beseitigend; nirgend läßt sich der Mu=
siker so ganz und gar als reines Räderwerk einer Ma=
schine gebrauchen, wie in London. Freilich wird er
nirgends unter besseren Bedingungen angeworben und ver=

werthet, aber auch nirgends so rücksichtslos, sobald er zu nichts mehr nütze ist, bei Seite geworfen.

Daher trifft man aber auch nirgend anderswo ähnliche — Erscheinungen, wie die, welche in London als Professoren der Musik auftauchen. Es ist unglaublich, was für Individuen dort ohne das mindeste Talent, ohne Wissen, nur mit einigen wenigen von jenen Gaben, die einen foreigner in den Augen englischer Damen als einen „nice man" erscheinen lassen, sich in London herumtreiben, und nach ein bis zwei Jahren Aufenthalt, bei einigen Empfehlungen und durch „connexions" — und gehörten diese auch nur zur kleinsten gentry — endlich soviel „Kundschaft" finden, daß sie ganz anständig existiren, ja sich ein Vermögen sammeln können. Sie wissen die dehors zu wahren, vermeiden gegen die Gesetze von „respectability" zu verstoßen; — das genügt. Alles andere wird mit dem Begriff business entschuldigt. Daß die bedeutenden, vorzüglich die einmal bekannteren und berühmteren Künstler die kleinen Kunstgriffe der andern nicht brauchen, daß sie auch in größerer Achtung stehen, ist selbstverständlich. Aber die Rücksicht, die man für sie hegt, ist doch meistens von den höheren Honoraren bedingt, die sie sich zahlen lassen; sie sind eben theurer. Mit ihrer Stellung in der Gesellschaft hat das nichts zu schaffen, und einer wohlerzogenen jungen englischen Dame, besonders aus den höheren Ständen, ist ihr Pferd doch noch lieber als ihre sämmtlichen Lehrer, den „nice" Kikerikoni, den schwarzlockigen Sänger aus Mailand, und den „very interesting" Pianist Rosenstengel, den Liebling der Damenwelt, dessen Spiel so „parlant" und dessen Compositionen so „lovely" sind — nicht ausgenommen. Das darf niemand wundern, der das englische Leben ein wenig kennen gelernt hat; wohl aber mag es erstaunlich scheinen, daß die meisten der in London während einer season versammelten Musiker, vorzüglich aber die deutschen, bei der angestrengtesten Thätigkeit, die ihnen nicht erlaubt, ein Journal oder je ein Buch zu lesen, wenn sie überhaupt das Bedürfniß dazu fühlten, doch noch Zeit gewinnen, die Privatverhältnisse und die Lebensgeschichte eines jeden neu ankommenden Concurrenten auf's Genaueste zu erforschen, und was immer ihm schädlich sein kann, durch tausend und tausend kleine Canäle unter die Leute zu bringen.

Blickt man von diesen kleinen Miséren, die nur während der drei Monate des eleganten Lebens in der Hauptstadt am bemerkbarsten hervortreten, auf das Londoner Musikleben im Ganzen, so läßt es sich nur mit dem Ausdruck gigantisch bezeichnen. Die Programme der italienischen Oper, der großen Concerte, der Musikfeste stehen in Anzahl der Nummern wie in den Eintrittspreisen im Einklange mit den Dimensionen der Stadt; sie sind gigantisch, aber nicht künstlerisch. Denn Niemand wird wohl behaupten wollen, daß er in einem Concerte zwei bis drei Quartette, dabei einige Sonaten und ein halb Dutzend Lieder, vielleicht auch ein Solo auf der Posaune, mit gleicher Aufmerksamkeit und Weihe anhört, ja daß es überhaupt möglich sei, eine solche nicht enden wollende Reihe von Tönen ohne Abspannung nur zu vernehmen. Aber es ist einmal so hergebracht, und die Concerte der philharmonischen Gesellschaft haben allein das Recht, ein Programm von nur zehn bis zwölf Nummern, worunter einige Symphonien und Concerte, einzuhalten, und diese Concerte und die Matinéen der musical union — wenn es nicht die Benefizmatinéen des Directors mit ihren unvermeidlichen fünfzehn oder sechzehn Piècen sind — bieten allein Auswahl von guter Musik und ein einheitliches Programm. In allen andern ist es etwas ganz Gewöhnliches, zwischen einem Triple-Concert von Bach und dem Trio der Engel aus Elias einen Walzer, vom Concertgeber componirt und von Frau Viardot gesungen, zu hören, oder daß, wie es der berühmte, in seiner Art einzige, nun im Grabe ruhende Jullien in seinen Surrey-garden-Concerten zuerst anordnete, eine große Symphonie von Beethoven mit allen Nüancirungen einer italienischen Cobbletta, dann ein klassisches Solostück gespielt wird, und endlich eine Polka, ein Walzer oder der volunteer-Marsch den Beschluß macht, — daß während der Pausen oder auch während der weniger interessanten Nummern die Besucher sich in den Gartenräumen ergehen, sich an tanzenden Bären, sonstigen Belustigungen ergötzen können, und daß nach dem Concerte ihnen noch ein glänzendes Feuerwerk geboten wird. Der Gründer dieser unvergleichlichen Kunstanstalt ist todt, aber sein Werk überlebt ihn. Die

Gattung der Concerte wird gepflegt, und was wohl zu bemerken ist, nur Virtuosen von bereits bedeutendem Rufe genießen und suchen die Ehre, in diesen Concerten die Solostücke vortragen zu dürfen. Woher soll nun dem Engländer die Achtung vor dem Musikerstande kommen?

Während Horst fruchtlose Versuche sich öffentlich hören zu lassen anstellte, fand er dagegen dort Vortheile und Annehmlichkeit, wo er sie nicht gesucht, nicht gehofft hatte, und wo sie ihm keine Befriedigung gewährten. Der Kreis der Familien, die ihn als Lehrer beriefen, erweiterte sich; einige protegirten ihn besonders, es ward ihm die Gnade zu Theil, zu einer musical amateur performance bei der right honorable Mistress Light geladen zu werden, wo sich hochgeborne Damen und Herren von der Whig=Partei vor einer small party versammelten, wo zweihundert Herzoginnen, Gräfinnen und Marquisen in italienischen Arien und Ensemblestücken den Beweis lieferten, daß die englische Aristokratie neben besserem Blute auch anders gebildete Gehörsnerven besitze, als die Plebejer; er hatte die Ehre, bei der Lady Huge, der Gemahlin eines Toristischen M. P. sich überzeugen zu dürfen, daß, wie verschieden auch die politischen Meinungen der beiden großen Parteien seien, sie in ihren musikalischen Leistungen ganz nach denselben Prinzipien vorgehen, und dieselben Arien in derselben Weise falsch singen; er hörte in dem Hause eines großen Herrn zwei Akte einer Oper, die der edle Lord höchsteigen componirt hatte, und mit welcher der Hochgeborne so tief hinabstieg, daß er mit andern Menschenkindern, die man im gewöhnlichen Leben als schlechte Compositeure bezeichnet, auf gleicher Stufe stand; er ward endlich, da er „decidedly" von der hohen Gesellschaft „patronised" schien, sogar in eine nicht musikalische party in Belgravesquare geladen, wo — Mitte Juni, und in einer Atmosphäre, die nicht mit der eines russischen Dampfbades verglichen werden darf, weil man hier nicht in weißer Cravatte erscheinen muß — vierhundert Menschen sich steif und mit gelangweilten Gesichtern bewegten und ihre Gefühle in den Worten „very nice people" oder „'tis dreadfully hot" austauschten. Die Beschreibung dieser party at Lady *s war am andern Morgen bereits und mit Angabe der nobelsten Gäste in einem großen Journale zu lesen:

— — Earls, dukes by name
Announced with no less pomp than victory's winner, wie Byron in Don Juan sagt; die bittern Verse, wo der Dichter bemerkt, daß die Namen der hohen Herren und Damen, die bei einem „dinner" zugegen waren, in den Journalberichten genauer zu lesen seien, als jene der nicht hochgebornen Helden, die auf dem Schlachtfelde ihr Leben für's Vaterland geopfert hatten, — die bitteren Verse, geschrieben zur Zeit der Kriege gegen einen Napoleon, konnten in der Periode, in der unsere Geschichte spielt, auf den mit einem Napoleon gemeinschaftlich geführten Krieg ihre Anwendung finden.

Je größere Gnaden Horst erwiesen wurden —

so daß selbst seine Collegen aufmerksam wurden, und seine Pariser Erlebnisse zu verbreiten begannen — desto klarer mußte es ihm werden, warum der Künstler, abgesehen vom Kastengeiste, überhaupt keine angenehme Stellung in London einnehmen kann. Es fehlt ein Bindungsmittel zwischen den verschiedenen Gesellschafts= klassen, es fehlt ein neutraler Boden. Was man Salon nennt, ein Haus, wo sich Menschen verschie= densten Standes und verschiedenster Richtung in der alleinigen Absicht angenehmer gesellschaftlicher Unterhaltung versammeln, kennt der Engländer nicht, und will er, allem Anscheine nach, nicht kennen; darum sind seine Gesellschaften so steif und langweilig; die Leute kommen nur zusam= men, weil sie müssen — weil es einmal hergebracht ist, daß man zwischen dem ersten und dritten drawing room der Königin alle Abende in drei Gesellschaften gehe. In sein **Haus**, in sein Familienleben nimmt der Engländer nur äußerst Wenige, Auserwählte, auf; wer aber das Glück hat, dies Leben kennen zu lernen, dem erschließt sich eine Welt, von der er keine Ahnung besaß, so lange er die Bewohner derselben nur in Londoner parties und entertainments gesehen hatte.

Die Londoner season ging dem Höhenpunkte ent= gegen, und die Hauptstadt des britischen Reiches glich einem Pandämonium, zu welchem die Musiker das größte Contingent und die meisten Varianten liefern. Ita= lienische primi tenori und prime donne assolute, fran= zösische Tänzerinnen und Romanzen=Troubadoure, deutsche

Liedersänger und Concertsängerinnen, keusche Vertreterinnen der sacred music, die unter diesen Damen sehr fashion geworden war, seitdem die Jenny Lind bei einem Bischof gewohnt hatte, dabei ein Schock Clavierspieler aus allen Weltgegenden, vierundzwanzig berühmte Geiger, acht Cellisten, zehn Posaunen-, Cornet à piston- oder Hornbläser, drei Professoren des Harmoniums, zwei Contrebaß-Virtuosen — Männergesangsvereine der verschiedensten Gattung, endlich noch eine Unzahl von unberühmten Namen, deren Träger doch auch ihre Rechnung zu finden schienen, alles in einer Stadt zusammengedrängt! Welch' ein Getriebe! Jeder jagte, rannte, stieß, drängte, schob oder kroch dem Einen Ziele zu: möglichst viel Geld zu verdienen! Alle Minuten schoß ein neuer Name empor: der celebrated so und so, von dort und dort; meistens war es eine Rakete, die einen Augenblick in die Höhe stieg und unbeachtet verschwand, weil man schon die nachkommende betrachtete, die auch bald verpuffte. Nur wenige firirten sich als wirkliche Sterne am Himmel. Freilich ist dieser Begriff von Stern ein ziemlich weiter in London; es gibt daselbst mehr Himmel für Concertisten, als in Dante's Paradiese für die Seligen; die Grade werden nach den Einkommen berechnet. Frau Viardot Garcia singt für 20 Guineen eine Arie von Gluck, Fräulein X. für fünf Pfund ein Reiterlied von Kücken; diese trillert ihr Fünfpfund-Stückchen zwölf Mal in einer Woche, jene singt nur dreimal; beide stehen an Einkommen ziemlich gleich;

daß die Viardot die größte lebende Gesangskünstlerin ist, hat mit dem Geschäft nichts zu thun; „die * macht gerade so viel wie jene"! sagen viele Leute, und auch viele Musiker in London! — —

Horst hatte in seinen künstlerischen Plänen die letzte Hoffnung auf Ewalt gesetzt, der zu den wenigen Künstlern gehörte, die sich in London unbedingter Achtung erfreuten; aber Ewalt kam erst als die Saison in vollem Gange war nach London, und war sogleich dermaßen in Anspruch genommen, daß es ihm erst nach einiger Zeit gelang, dem sehnsüchtig wartenden Freunde einen Besuch abzustatten. Er mußte ihm die schmerzliche Nachricht mittheilen, daß alle seine (Ewalt's) Versuche — auf die Horst's letzte Hoffnung gegründet war — ihm die Mitwirkung in einem großen Concert zu verschaffen, fruchtlos gewesen seien, weil alle Programme unabänderlich festgestellt waren.

Den Hauptgrund verschwieg er; Horst war bereits so unglücklich, das niederdrückende Bewußtsein seiner Stellung prägte sich so deutlich in seinen Zügen aus, daß der Freund ihm nicht mittheilen wollte, wie bereits die unvortheilhaftesten Urtheile über ihn cursirten, und wie er bei seinen Anfragen über manche Ereignisse in Paris mißliebige Andeutungen vernommen hatte, die es ihm gerathener erscheinen ließen, vor der Hand nicht weiter zu gehen, und es der Zeit zu überlassen, die ungünstigen vorgefaßten Meinungen zu mildern. Aber Horst errieth die Wahrheit mit jenem, den Unglücklichen eigenthümlichen

Instinkt, und der lang verhaltene Schmerz brach nun los. Es kränkte ihn, daß Ewalt nicht offen gegen ihn war; es kränkte ihn, daß der Freund, der ihn doch kannte, nicht seine Vertheidigung gegen solche Angriffe übernommen hatte, die gewiß meistentheils ungerecht waren; er vermochte sich nicht zu beherrschen, und sprach seine bittere Gefühle unverhohlen aus. Ewalt blieb den indirecten Vorwürfen gegenüber ruhig, doch konnte er sich eines unangenehmen Eindrucks nicht erwehren, der seine freundlichen Gesinnungen für Horst erkalten machte. Er war in London so sehr beschäftigt, daß ihm die Zumuthung, für eines Andern Ruf einzustehen — besonders, wo dieser nicht tadelfrei zu nennen war — etwas anmaßend erschien; auch überkam ihn jenes eigenthümliche Gefühl der Unbehaglichkeit, das leider oft auch den besten Menschen überkommt, wenn er mit einem zu thun hat, der immer von widrigen Schicksalen begleitet ist. Er bedauert ihn, hilft ihm auch, wenn er kann, aber er sucht doch die oftmalige persönliche Berührung zu vermeiden. Der Unglückliche ist den Menschen einmal unbequem!

Gerade in dem Momente als Horst durch seine Heftigkeit Ewalt verletzt hatte, trat auch ein Zwischenfall ein, der die äußeren Beziehungen zwischen beiden ganz und gar lockerte. Herzheim erschien in London. Die Kunde seiner außerordentlichen Erfolge war ihm vorausgeeilt. Die Leiter der großen Concertgesellschaften hatten sich seiner Mitwirkung im voraus versichert, andere Concertunternehmer beeilten sich, den Glanz des neuaufgehenden Ge=

stirnes auf ihr Programm zu leiten; und einer derselben
fiel auf den glücklichen Gedanken, für sein Concert Ewalt
zum Vortrage einer Beethoven'schen Sonate mit Herzheim
zu laden. In jedem anderen Momente hätte Ewalt sich
wahrscheinlich geweigert, in einem Concerte, dessen Pro=
gramm erst gebildet werden sollte, mit einem anderen
Pianisten als Horst zusammen zu wirken. Hatte er doch
diesem gegenüber behauptet, es wäre ihm nicht möglich
sein Auftreten zu bewerkstelligen! Und wenn der ange=
führte Grund insofern nicht der richtige war, als seine ent=
schiedene Verwendung die Schwierigkeiten beseitigen konnte,
so hatte er doch den Anschein vollkommener Giltigkeit.
Aber in dem nun eingetretenen Falle war eine derartige
Ausflucht nicht anwendbar. Ewalt hatte nicht einmal
irgend eine Rücksicht gegen Herzheim einzuhalten, denn
er kannte ihn kaum; er fühlte sich fast verpflichtet, für
Horst zu wirken, und nannte dessen Namen; aber wie
leicht vorauszusehen, der Concertgeber wollte von diesem
nichts wissen; er gab zwar an, daß der moralische Ruf
Horst's ein zu zweideutiger sei, als daß er zuerst ihn dem
hochgebornen und strengen Publikum seines Concertes
vorzuführen wage; in Wahrheit aber war der Umstand,
daß Herzheim mit einem berühmten Namen und Horst
ohne einen solchen von Paris gekommen war, das Motiv
seiner Weigerung. Und Ewalt, noch unter dem unange=
nehmen Eindrucke von Horst's Benehmen, erklärte sich
bereit, mit Herzheim zu spielen.

Es war eine eigenthümliche Zusammenkunft, als diese

beiden Künstler sich zum erstenmale sahen, um vereint mit einander zu wirken. Ein jeder von ihnen fühlte den eigenen moralischen Werth, so wie er die sittlichen Gaben des andern anerkannte; ein jeder fühlte das stolze Bewußtsein, seinen Weg sich selbst gebahnt zu haben, und daß er auf diesem Wege nie den Grundsatz der Unabhängigkeit einen Augenblick verläugnete, daß er dem Geschmack des Publikums nie ein Zugeständniß gemacht habe; und doch fühlten sie beide, daß trotz der großen äußeren Aehnlichkeit in ihrer Handlungsweise, wie in ihrer Stellung, eine Kluft zwischen ihnen lag. In Ewalt war jede That Ausfluß der sittlichen wie der künstlerischen Ueberzeugung, die er gar nicht von einander getrennt zu denken vermochte; seine Haltung, sein Gebahren im Leben waren ihm durch seine Anschauung von den Pflichten gegen die Kunst geboten; er durfte seinen Gefühlen nach gar nicht anders handeln. Herzheim dagegen handelte, wie er es seinen Fähigkeiten nach für Pflicht im allgemeinen hielt; er fühlte, daß er höher stand, daß er Bedeutenderes leistete, als viele andere, und dies Gefühl war die Richtschnur seiner Handlungen, die bei den hohen Gaben, womit ihn die Natur bedacht hatte, auch der Kunst zu gut kamen; doch stand diese mit ihren Geboten in zweiter Reihe bei ihm. Er war ein vollendeter „gentleman" — wie die Engländer sagten — weil er überhaupt nichts that, wodurch er sich herabgesetzt hätte, und weil er sich berufen fühlte, den Leuten zu imponiren. Er handelte also aus Stolz und Ehrgeiz gerade so wie

Ewalt aus Bescheidenheit; denn dieser folgte nur der inneren Stimme, ohne dabei zugleich auf das Wohlgefallen der Leute zu reflectiren. Ewalt war daher nie glücklicher, als wenn er schwärmte, wenn er dem Ideale eines Lebens in der Kunst nachhing, das nicht zu erreichen ist, weil die Menschen und Verhältnisse einmal nicht anders zu gestalten sind, und weil der Künstler mit den Menschen und von seiner Kunst leben muß. Herzheim dagegen war nie unglücklicher, als wenn er schwärmte; denn auch ihm schwebte ein Ideal vor; aber um sich ihm zu nähern, hätte er den Ehrgeiz aufgeben müssen, und Lebensgenüsse, die wie ein Nessushemd an ihm hafteten. Es gab während der ersten Probe, welche die beiden hielten, und wo doch auch mancher Ideenaustausch stattfand, Momente, wo Ewalt sich fast dem unglücklichen, von ihm aufgegebenen Horst näher fühlen mochte, als diesem mächtig begabten, hochstrebenden, siegessicheren Herzheim!

Auf Horst's wundes Gemüth wirkte die Nachricht von Ewalt's Annahme der Einladung gewaltiger und niederdrückender, als es eigentlich im Hinblick auf die Sache selbst zu begreifen war. Er sah sich von dem Künstler verlassen, den er am höchsten ehrte und bewunderte, von dem einzigen, der ihn kannte, dem er sein ganzes Herz aufgeschlossen hatte, verlassen in einem Momente, wo er von ihm Unterstützung im künstlerischen Streben gehofft, erwartet hatte; er hielt eine Handlung für Verrath, die eigentlich ganz in den Verhältnissen lag.

Es kann nicht geläugnet werden, daß Ewalt in einem Momente ruhiger Stimmung, nach besonnener Prüfung, anders gehandelt und Horst wenigstens in freundlichen Worten von der Sachlage benachrichtigt haben würde. Aber er war von Geschäften so überhäuft, daß er manchen Abend, wenn er nach Hause kehrte, sich kaum mehr im Stande fühlte, den Bogen zu halten; er hatte trotzdem das Horst gegebene Versprechen erfüllt, hatte sich für ihn verwendet, und war mit praktischen Engländern, die kaum Zeit für ihre eigenen Geschäfte behielten, in Unterredungen über die Angelegenheiten eines andern getreten; und dieser, anstatt sich dankbar zu erweisen, hatte alle möglichen Gründe hervorgesucht, um sich für verletzt zu halten. Er war demselben gegenüber jeder Rücksicht enthoben; man bot ihm an, mit einem berühmten, außerordentlich bedeutenden Künstler zu musiciren; er nahm die Einladung an, weil im Weigerungsfalle ein anderer seine Stellung eingenommen haben würde, ohne daß Horst dabei gewann; kein Mensch konnte hierüber auch nur den geringsten Vorwurf an ihn richten. Daß Horst, weil er ihm nicht wenigstens ein freundliches, beruhigendes Wort der Erklärung zukommen gelassen, an der Menschheit verzweifeln werde, fiel ihm nicht ein.

Der Unglückliche ist aber meistens Egoist, nur ist sein Egoismus ihm allein schädlich; er sieht die Menschen nur in ihrem Benehmen gegen ihn, und beurtheilt demnach ihren Charakter im Allgemeinen; er nimmt sein Schicksal als Centrum der Weltordnung an. Resignation,

Stoicismus, oder gar ein Erheben über die Miseren dieser Welt sind außerordentlich seltene Erscheinungen, und aufrichtig gestanden, sie dürfen dem Tonkünstler in der modernen Gesellschaft am wenigsten zugemuthet werden, da ihm Ehre, Ruf, angenehme Stellung, oder doch wenigstens die Schattenbilder derselben, den einzigen Ersatz bieten für all' das Schale und Anwidernde, was er um sich sehen und ertragen muß.

Horst bedachte nicht, in wieweit seine Stellung, sein Benehmen und nicht zu beseitigende Verhältnisse auf die Haltung Ewalt's ihm gegenüber eingewirkt haben mochten; er sah nur, daß dieser Vortreffliche ihn verließ und rücksichtslos gegen ihn verfuhr; er wollte keinen andern Grund dafür finden, als daß er eben unglücklich war und daß man daher keine Rücksichten gegen ihn zu hegen brauchte. Und nun begann er zu grübeln über die moralischen Gesetze, welche die Handlungen der Menschen regieren. In der Philosophie wollte er Aufschluß suchen über die Erscheinungen des materiellen Lebens, über die täglichen Sorgen, über den Kampf um die Existenz! Aus den Schriften der Denker, die sich am meisten mit Ursachen, Wirkungen in der geistigen Welt beschäftigten, wollte er Aufklärung über sein Schicksal schöpfen! Er fand in Spinoza den Satz von der Relativität der Begriffe: gut und schlecht; er sog mit Begierde eine Lehre ein, die jedem furchtbar werden muß, der sie aus dem Zusammenhange reißt, in welchen sie jener große, tugendhafte Philosoph mit den schönsten Lehren der Sorge für die Menschheit gebracht hatte. In Hobbes fand er die gräßliche Darstellung der menschlichen Gesellschaft, auf die allein das absolutistische Prinzip gegründet werden kann. Dabei rief er sich die Verse der Dichter in's Gedächtniß, in denen sie über die engen Schranken des menschlichen Daseins klagen; und so zimmerte er denn ein System zusammen, dessen Hauptgrundsatz dahin ging, daß alles, was die Menschen gut oder schlecht finden, es nur so lange sei, als ihr Urtheil einen Einfluß ausüben kann, daß also derjenige, der sich außerhalb dieses Einflusses zu stellen vermag, auch thun könne, was er will. Dieser Satz ist der des vollkommenen Bösewichts oder des vollkommenen Weisen, und da die Vollkommenheit kein menschliches Attribut ist, so wird der Satz auch ewig ein gesprochener, nie durchgeführter bleiben, wohl aber die, welche ihn durchzuführen meinen, in's Verderben bringen.

Die Stimmung, die sich Horst's in jener Zeit bemächtigte, ist in jedem Himmelsstriche als ein großes Unglück zu bezeichnen; doch wirkt sie in Deutschland vielleicht weniger verderblich auf die Thatkraft des Menschen, weil es in dem Lande des Träumens und Grübelns*) doch immer

---

*) Man hat in neuester Zeit finden wollen, daß die deutsche Nation diesen Vorwurf nicht verdiene, ja manche Schriftsteller, die uns durchaus zu praktischen Leuten erheben wollten, legen förmliche Verwahrung gegen obige Bezeichnung ein, und meinen, es wäre blos ein hergebrachter wohlfeiler Spott. Unserer Meinung nach sollte man einen eigenthümlichen Zug unseres Natio-

mehr als irgendwo gute Seelen gibt, die Mitleid hegen für einen Unglücklichen, mit sich Zerfallenen, und die ihn aufzurichten suchen; sie wird vielleicht oft gemildert, verscheucht werden in Frankreich durch die eigenthümliche Beweglichkeit der Nation, die sich auch einem schwerfälligeren Geiste mittheilt, und ihn, wenn auch nicht zur schaffenden Thätigkeit erhebt, doch auf irgend eine Weise zum Beobachten nach außen hin anregt; aber in England, dem Lande der praktischen und concentrirten Thätigkeit, in dem Lande der materiellen Contraste, die nur dem kalt berechnenden Verstande erklärlich sind, von denen das Herz sich schaudernd abwendet, dort ist Grübeln und Forschen über die Dinge über und außer uns nur dem Philosophen erlaubt und ersprießlich, — es gehört zu seinem Berufe, — und dem reichen Manne: der kann überall thun, was er will. Jedem andern aber ist es ein dreifacher Fluch; denn er fühlt sich dort mehr vereinsamt und gedrückt als irgendwo, seine Thatkraft erschlafft um so mehr, als die Anforderungen an sie, und nur um des elenden Daseins willen, dreifach erhöht sind, und endlich wird er — da eine solche Geistesrichtung sich nicht lange verbergen läßt

---

nalcharakters nicht zu verwischen trachten, freilich aber noch weniger verlachen. Der Enthusiasmus, dessen wir fähig sind, ist unzertrennbar von einer gewissen Schwärmerei. Ein sogenannter ganz praktischer Deutscher ist entweder ein vertrockneter Philister, oder er hat seine Nationalität in fremden Ländern ganz abgestreift.

— von den gläubigen und kirchlichen Engländern, die noch immer die große Majorität der Nation bilden, als ein Atheist in Bann gethan.

29. Capitel.

Der Wiener in London.

Horst befand sich unter dem fürchterlichen Drucke der Stimmung, die wir oben beschrieben haben, — wenn er ihn auch noch nicht klar fühlte, — als der Wiener Freund in London ankam. Da dieser sich mit der Einbildung trug, durch die Empfehlungen des jungen Lord Eingang in die „noble Gesellschaft" zu finden, so hatte er bedeutende Summen mitgebracht. Einige Tage vergingen im Besuch der öffentlichen Anstalten, der Theater und sonstigen Vergnügungsplätze. Horst leistete ihm Gesellschaft. Der unbedeutende prahlende Schwätzer langweilte ihn zwar, aber Verhältnisse und Stimmung bewogen ihn zur Heuchelei. Er fürchtete Vorwürfe und unangenehme Erörterungen, wenn jener sich in den Erwartungen getäuscht sehen, und die „noble Gesellschaft" nicht kennen lernen würde; und es kam ihm gelegen, sich auf eines andern Kosten zerstreuen zu können. Da er endlich in seiner vereinsamten Stellung sich immer mehr zum Egoismus und zum Menschenhasse berechtigt glaubte, so bildete er sich ein, nur als Mann von überlegenem Geiste zu handeln, wenn er dem Wiener, dem er Geld schuldete, Freundschaft heuchelte, und ihn benützte. Der gutmüthige Schlemmer seinerseits war zwar im Anfange sehr erbost, als ihm keine Einladungen von „Lehdis" zu Theil wurden. Doch da er bald durch die Beschreibungen Horst's sowie aus eigener Anschauung sich überzeugte, daß das Leben der englischen Aristokratie ein ganz abgeschlossenes und sehr wenig amüsantes sei; da es in London nicht so leicht wie in Paris war, lustige Gesellschaft zu finden, und er überdies der englischen Sprache nicht mächtig genug war, um sich auf eigene Faust unterhalten zu können, so schloß er sich immer mehr und mehr an Horst an, der ihm zuletzt fast unentbehrlich wurde; und dieser fand auch, je mehr er mit dem Manne, den er verachtete, umging, daß derselbe doch einige gute Eigenschaften besaß. Er vermeinte veredelnd auf ihn wirken zu können und merkte nicht, wie er in diesem Umgange selbst nach und nach tiefer sank.

Er hatte bisher die Künstler nicht aufgesucht, doch sich immer gefreut, wenn er mit einem der bedeutenderen zusammentraf, und von ihm auch nur scheinbare Beweise von Theilnahme erhielt; nun aber scheute er sich fast vor einer Begegnung, und vermied sie, besonders wenn er sich in Gesellschaft des Wieners befand; mit Ungeduld wartete er, daß die Saison bis zu dem

Zeitpunkte vorgerückt wäre, wo die großen Familien, in denen er Unterricht ertheilte, London verließen; in den wenigen Stunden, wo er allein war, fühlte er sich abgespannt; das Schreckliche seiner Lage tauchte manchmal wie ein dräuendes Gespenst vor ihm auf; er sah aber keinen Ausweg, überließ es dem Schicksale, das ihn so weit abwärts vom Ziele geführt hatte, ihn auf einen bessern Weg zu leiten, und suchte dann schnell den Gefährten auf, um mit ihm nach Lust und Zerstreuungen zu jagen.

Das Maß der eigentlichen Unterhaltungen, die London bietet, war indessen, besonders für den Wiener, bald erschöpft. Die italienische Oper gewann ihm bereits nach den ersten Abenden kein Interesse mehr ab; das „Gedudel" langweilte ihn, und Horst stimmte ihm mit voller Ueberzeugung bei; von den großen Concerten verstand er nichts, ließ Horst allein hingehen. Die Wettrennen waren freilich amüsanter; aber er hatte sich in Paris bei den courses de la marche „hineinreiten" (d. i. anführen) lassen, hatte in Gemeinschaft mit einem auf der „Nobeltribüne" sitzenden fremden Herrn zweitausend Franken auf ein Pferd gewettet, hatte verloren, und hinterdrein noch erfahren müssen, daß der Gegenpart ein ehemaliger Kutscher war und mit dem obenerwähnten nobeln Herrn unter einer Decke stak, um ihn (den Wiener) um tausend Franken zu prellen; die Polizei hatte ihm zwar zur Wiedererlangung seines Geldes geholfen, er war aber überall ausgelacht worden, hatte eine Abneigung gegen Wettrennen gefaßt, und wollte von Ascott-race nichts hören. Die Fishdinner in Blackwall verursachten ihm Leibweh, Greenwich, Hampton Court und Kew Garden boten einem, der an Landpartien in der Umgegend von Wien gewohnt war, wenig Ueberraschendes. Die Bildergallerien und die großartigen Sammlungen Londons hatte er bereits, wenn auch nur im Fluge, gesehen; in einen Clubb — dritten Ranges — war er vom Postbeamten eingeführt worden, an welchen ihn der junge Lord empfohlen hatte; er kam in der Idee hin, eine „Ressource" oder ein „Casino" nach deutschem Zuschnitte zu finden, wo man in oft unausstehlichem Tabaksqualme, hinter einem Glase Bier einige Abendstunden im gemüthlichen Kartenspiele verbringt; und er fand ernsthafte, schweigsame, lesende und schreibende gentlemens, die ihm vorkamen wie privilegirte Leichenbitter; vergebens suchte er nach einer Piquet-Partie, und die Frage, ob er eine Cigarre anstecken dürfe, blieb ihm im Halse stecken. Der Aufenthalt in London wäre ihm bald unerträglich geworden, und er würde es, zur Freude Horst's, viel früher verlassen haben, als in seinem ursprünglichen Plane lag, wenn nicht die „Wittwe eines in Indien verstorbenen Capitains", deren Bekanntschaft durch den oben erwähnten Postbeamten vermittelt worden war, ihn mit unlöslichem Bande an die Themsestadt gefesselt hätte. Horst, der über die wahre Geschichte und über die Verhältnisse der Dame nicht einen Augenblick Zweifel hegte, wagte es dennoch nicht, den Verliebten aufklären zu wollen; er berechnete, daß eitle Menschen wenig Dank wissen, wenn man sie über ihre Selbsttäuschung belehrt; er mußte befürchten, auf die best gemeinte Andeutung die Antwort zu erhalten, daß der Schuldner sich nicht in die Privatangelegenheiten seines Gläubigers mischen sollte; er schwieg also, vermied an den Spazierfahrten u. s. w. Theil zu nehmen, und suchte sich seinerseits zu amüsiren. Um jedoch den Betrogenen vor zu großen Ausgaben zu bewahren, wandte er das einzige Mittel an, welches einige Aussicht auf Erfolg bot: er leitete seine Aufmerksamkeit von dem einen Gegenstande auf die mannigfaltigen Zerstreuungen hin, wie sie London in derselben Gattung bietet; und es gelang ihm insoweit, daß er sich unmerklich der Herrschaft über den schwachen Wüstling bemächtigen konnte, an dessen Gesellschaft er selbst sich freilich mehr gewöhnt hatte, als ihm im Beginne der Bekanntschaft möglich erschienen war. Er ging mit der Idee um, den Rath, welchen Laicher ihm bei der Abreise von Paris gegeben hatte, zu befolgen, nachdem ihm die Ueberzeugung geworden, daß auch London ihm das was er suchte, — und was eigentlich er nur in sich selbst finden konnte, — nicht bot; er wollte also doch nach Deutschland zurückkehren und dort einige Zeit lang unbemerkt den Studien seiner Kunst mit angestrengtestem Fleiße obliegen. Hierzu bedurfte er jedoch neuerdings der Geldhilfe des Wieners; diesem war auf dem Wege der Freundschaft und des Antheils nicht mehr beizukommen; es mußte List angewendet werden. Einen Augenblick schauderte Horst vor diesem Gedanken; er glaubte die Stimme des Unbekannten zu vernehmen, der ihm in Deutschland vor dem Thurme, in Paris nach der mißlungenen soirée erschienen war, deutlich hörte er das Wort: Entsagen! Und zwei Bilder tauchten vor ihm auf.

Auf dem einen erblickte er sich, einen raschen Entschluß vollführend; er raffte das Wenige, was ihm noch von der entlehnten Summe geblieben, und die Honorare der Lectionen, welche er gegeben, zusammen, ging nach Deutschland und suchte seine Existenz, wie es eben ging, zu finden; er unterwarf sich der großen Einschränkung, der Entbehrung, er gab die Lectionen „für zehn Silbergroschen", von denen er einst zu Ewalt so höhnisch gesprochen; er ertrug manchen Hohn und Spott, er darbte zuletzt — in einem Alter, wo die geistige Thätigkeit schon von einer gewissen Bequemlichkeit des materiellen Lebens bedingt ist. Aber er erfüllte das, was allein als von der Pflicht geboten erschien.

Auf dem andern Bilde beging er das „letzte Unrecht", von dem Laicher gesprochen; er wartete auf einen günstigen Moment, um von dem Wiener einen neuen Vorschuß zu erhalten, er zog ihn immer mehr an sich, wußte ihm immer mehr unentbehrlich zu werden, benützte hierzu auch manches unedle Mittel in der Ueberzeugung, daß der geistig Ueberlegene ein Recht habe, einen eiteln Tropf auszubeuten, bis endlich das ersehnte Ziel erreicht war; dann eilte er in einen Winkel Deutschlands;

dort, ohne seine Existenz durch die Gnade der Menschen
zu fristen, ohne die bitteren Anspielungen auf sein
früheres luxuriöses Leben ertragen zu müssen, strebte
er nach moralischer Genesung; er studirte, componirte;
dann trat er als ein neuer Mensch vor die Oeffent=
lichkeit; und wenn Gott ihn nicht ganz verworfen hatte,
und ein Ersatz seiner Leiden ihm noch werden sollte,
dann konnte er doch noch zu Ehren, zu einigem Glücke
in dieser Welt gelangen. Und vor diesem Trugbilde
erblaßte das erste.

Die Saison ging zur Neige. Die großen Familien
verließen die Stadt oder bereiteten sich zur Abreise. Die
italienische Oper begann die Preise herabzusetzen. Die
berühmten Virtuosen hatten ihr letztes Auftreten ange=
zeigt, Ewalt war schon nach dem Continente gegangen.
Horst's Honorare waren ihm größtentheils bereits ausbe=
zahlt. Nichts hielt ihn mehr in London; aber er hatte
seinen Plan dem Wiener gegenüber noch nicht ausführen
können. Dieser zeigte sich zwar immer geneigt, Geld
zu verschwenden und die Unkosten von Lustpartien zu
bestreiten, aber weiter ging seine Freigebigkeit nicht. Er
hatte einige Cumpane gefunden, Italiener, Franzosen
und deutsche Abenteurer, deren Gesellschaft ihm be=
haglicher war als jene Horst's, der sich oft Zwang
anthun mußte, um mit ihm zu schwelgen, und der
sich auch nie dazu verstand, ihn bei Tage auf seinen
Ausflügen zu begleiten. Horst mochte verzweifeln,
wenn er sah, wie all' seine Mühe, und die moralischen

Opfer, die er gebracht hatte, um den schwachen Wüstling an sich zu ketten, vergeblich gewesen waren; um nicht den letzten Faden, an welchem er ihn leitete, seinen Händen entwunden zu sehen, mußte er mit jenen Cumpanen Gemeinschaft heucheln, und sie genau beobachten; er setzte seine letzte Hoffnung darein, daß die Reise nach den deutschen Bädern bereits beschlossen war; dort war er doch wenigstens für einige Zeit der alleinige Gefährte, vielleicht auch mochte sich während der Fahrt ein günstiger Moment bieten, um endlich das elende Geld, um dessentwillen er alles duldete, verlangen und erhalten zu können, und endlich nicht mehr heucheln zu müssen.

Er saß in seinem Zimmer und musicirte. Seit drei Tagen war er mit dem Wiener fast nicht zusammengekommen. Dieser hatte an jedem Morgen mit den obenbezeichneten Gesellschaftern und ihren Damen Ausflüge, die bis spät in die Nacht dauerten, unternommen; Horst, seinem Entschlusse treu, war nicht mitgegangen, und entwarf Pläne für die Abreise von London. Er hatte eben an seine Mutter geschrieben und sie besorgt um den Grund ihres ungewöhnlich langen Schweigens gefragt. Seit den ersten Tagen nach seiner Ankunft war er ohne Kunde von ihr, die sonst immer viele und lange Briefe sandte, geblieben. Er meldete, daß ihm bei dem besten Willen keine Zeit geblieben war, sich angelegentlich um Schwester Josepha zu erkundigen, daß er jedoch an seinen Freund Laicher in Paris schreiben und ihm die dringendsten Aufträge senden wollte.

Zugleich bat er sie, ihrerseits Nachforschungen darüber zu unterhalten, mit wem und wo die Vermißte zuletzt gesehen worden war, und ihm davon sowie vom Bruder Johann Kunde zu geben. Als sein Brief geendet war, dachte er an den Tag zurück, wo er von Paris aus zuerst über diese Angelegenheiten geschrieben hatte, wo ihm zuerst nach langer Zeit das Herz in Liebe für die Familie aufgegangen war; ein kurzer Zeitraum lag zwischen jenem Tage und dem, von welchem dieser letzte Brief datirte; und doch als er auf den Pfad zurückblicken wollte, den er seither gegangen war, schauderte er vor der Kluft, die sich hinter ihm geöffnet hatte. In der Angst seines Herzens suchte er Zuflucht am Klavier; die Lieder der Heimat erwachten in seinem Gedächtnisse; ein unendliches unbestimmtes Sehnen bemächtigte sich seiner; die Gestalten der Schwester, des Bruders tauchten vor ihm auf, er fürchtete ein Zusammentreffen mit der einen, und doch hätte er sie gerne wiedergesehen! er konnte von dem andern nur bittere Vorwürfe erwarten, und doch war er bereit sie zu ertragen, wenn es ihm nur gegönnt gewesen wäre, das treuherzige Gesicht Johann's zu erblicken! So brachte er einige Stunden in größter Aufregung zu; endlich fiel er auf den Gedanken, Fugen zu spielen, und in dem Studium der gewaltigen Formen Bach's eine gewisse Ruhe in seinen Geist zu bringen. Es war ihm fast gelungen, er dachte, zu Bette zu gehen, als der Wiener in's Zimmer stolperte.

„Horst, Freundchen," rief er, „Sie werden doch

nicht schon schlafen wollen, jetzt, um zehn Uhr? Sie müssen mit mir kommen, die Nacht ist wunderschön."

Horst bezwang den Grimm über die Störung und antwortete möglichst ruhig und heiter: "Ich bin wahrhaftig zu faul, um einen guten Gesellschafter abzugeben, wo sind denn Ihre Bekanntschaften?"

"Abgefahren, zerstreut, zerstoben nach allen Enden! Der schwarze Italiener hat der Dame des Deutschen den Hof gemacht, darüber gerieth eine andere Dame, des Italieners bisherige Geliebte, in Wuth; es kam zu einer Scene zwischen den beiden Schönen, sie warfen einander zuerst ihre eigenen Fehler, endlich die ihrer Ritter vor; und da erfuhr ich denn, daß der Italiener und sein Freund, der Franzose, falsche Spieler seien, die mit einander den Plan gefaßt hatten, mich nach und nach um mein Geld zu bringen. Ich habe die erste Lection im Spielhause schon mit hundertundzwanzig Pfund bezahlt, und die letzten Landfahrten waren nur anberaumt worden, um mich so recht in die Hitze zu bringen, und im Rausche des Weines und der Liebe bequemer plündern zu können. Welch' ein glücklicher Zufall, der mich rettete! es lebe die Eifersucht! ohne sie wäre ich wahrscheinlich in den nächsten acht Tagen ein ganz ruinirter Mann gewesen. Jetzt weiß ich auch, warum mich diese Spitzbuben immer gegen Sie einzunehmen trachteten! es war ihnen fast schon gelungen, lieber Horst; denn ich glaubte alles, was mir die Kerle sagten; jetzt aber sind mir die Augen aufgegangen! Sie waren nur so zurückhaltend aus Freundschaft für mich, weil Sie die schlechten Menschen besser durchschauten! es geht halt doch nichts über einen guten Wiener! die Hunde! als ich sie zur Rede stellen wollte, hätten sie mich bald geprügelt! aber ich gehe morgen auf die Polizei!" und so sprach er noch eine Weile fort.

Horst hörte die Rede mit einer Mischung von Verachtung und bitterem Mißmuthe an. „Hundert und zwanzig Pfund"! dachte er, „wenn ich sie besäße, wäre ich ein glücklicher Mensch! und wenn ich ihn darum gebeten, ihm vorgestellt hätte, wie meine ganze Zukunft von dem Besitze einer solchen Summe abhängt, Hohn und Spott wären die Antwort gewesen! Und was mögen ihn außerdem die Partien gekostet haben! das rechnet der herzlose Schlemmer nicht, der jetzt zu mir zurückkehrt, weil ihm andere Cumpane fehlen; aber ich werde den glücklichen Zufall nicht unbenützt vorüber gehen lassen, mit der Gewissenhaftigkeit ist's vorbei."

„Kommen Sie," endete der Wiener seinen Redeschwall, „wir wollen uns heute und morgen noch hier unterhalten, übermorgen das T—snest verlassen. Jetzt gehen wir in die beiden cafés chantants auf dem Leicestre-square, dann begeben wir uns in's Argyll-rooms*) und

---

*) Argyll-rooms, ein Ball=Haus, dessen Bedeutung der Leser leicht errathen wird, befand sich in der Zeit, wo diese Geschichte spielt, noch in der Nähe von Leicestre-square. 1858 — wenn wir nicht irren — wurde es von dem Gemeinderath von Middlesex, in dessen Territorium das Haus lag, aufgehoben; doch das Café de la Régence an der Straßenecke verblieb.

in's café de la régence; dort soupiren wir; vor vier Uhr wird und darf einmal nicht in's Bett gegangen werden! Morgen gehen wir dann in Cremorne-garden, und beschließen unseren Aufenthalt in solenneller Weise."

"Sie wissen," entgegnete Horst, "daß mir diese Argyll-rooms verhaßt sind, es ist so heiß dort, und die männliche Gesellschaft ist fast noch schlechter, als die — andere; und was wollen Sie denn auch dort anfangen; wer nicht gut englisch spricht, der ist ja unter dem Publikum, was sich da versammelt, verkauft und verrathen, ich kann doch nicht immer als Dollmetscher an Ihrer Seite bleiben. Ich bin bereit Sie, wo immer hin, zu begleiten, nur nicht nach Argyll-rooms."

"Ei was!" rief der Wiener, "ich weiß schon, warum Sie eigentlich nicht hingehen wollen! Ihnen steckt noch die Geschichte von dem jungen schönen Mädchen im Kopfe, das wir dort gesehen haben, in dessen Zügen Sie Aehnlichkeit mit einer ehemaligen Bekanntschaft fanden, und das später als Diebin vom Gericht verurtheilt worden war; sie stammte, wie sich's beim Verhör herausstellte, von ganz guten Eltern und war nur durch die Verführung eines Lord, der sie dann sitzen ließ, so weit herunter gekommen. — Sie sehen, ich kenne die Geschichte genau, obgleich Sie mir nichts davon sagten und nur immer auf Argyll-rooms schimpften. Jetzt ist ja die Affaire schon lange vorbei und vergessen, und das Mitleid nützt der armen Person nichts. Kommen Sie nur mit! Im Vertrauen gesagt, ich würde nicht so sehr darauf bestehen hinzugehen, aber ich habe vor zwei Tagen, als ich mit den Banditen da war, Bekanntschaft mit einem Mädchen angeknüpft, mit einem Mädchen —"

"Das" — meinte Horst unwillig — "ganz gewiß zu der sauberen Sippschaft gehört, deren Klauen Sie kaum entronnen sind, und die der Capitäns-Wittwe gleichen dürfte, auf deren Eroberung Sie ja so stolz waren, und die, eine vagirende Putzmacherin, jetzt mit Ihrem Gelde einen Laden hält, und Sie obendrein auslacht."

"Ei," antwortete der andere in gereiztem Tone, "ich kenne Leute, welche sich gar sehr um die Gunst dieser schönen Person beworben hätten, wenn sie über die nöthigen Mittel verfügen konnten. Doch wir wollen uns nicht zanken, Horstchen! mit dem Mädchen, von dem ich jetzt spreche, hat es eine andere Bewandtniß. Die ist erst seit sehr kurzer Zeit hier, und kennt meine bisherige Gesellschaft gar nicht. Sie ist keine Engländerin, sondern eine Deutsche, und obwohl sie mit einem gewissen fremdländischen Accent spricht, ihrer Ausdrucksweise nach eine Oesterreicherin. Ich hörte sie vor zwei Tagen mit einer anderen Besucherin des Locales deutsch sprechen, und da war ich so erfreut, daß ich sie gleich zum souper lud; sie hat es angenommen und mir erzählt, daß sie bis vor wenigen Wochen mit einem Franzosen in Bordeaux war, und sich nun ein wenig in England umsehen will. Ich sage Ihnen, Horst, es ist ein schönes, witziges Mädchen; in der ist doch ein anderes

Leben als in den Engländerinnen hier; und gutmüthig ist sie auch; sie hat mir ein rendez-vous für heute im café de la régence zugesagt, und als ich um Erlaubniß frug, ihr einen Landsmann vorstellen zu dürfen, zeigte sie sich im voraus sehr erfreut, und frug mich nicht einmal um Namen und Stand. Also Sie kommen mit, ohne Widerrede."

Horst befand sich in der übelsten Stimmung für die vorgeschlagenen Wanderungen; er wollte schon seine entschiedene Weigerung aussprechen; ein Gedanke hielt ihn zurück: die Abreise nach dem Continente sollte binnen zwei Tagen stattfinden; die neue Bekanntschaft des Wieners konnte einen gefährlicheren Einfluß erlangen, als die eben entlarvten wüsten Cumpane je auszuüben im Stande waren; der kaum wiederangeknüpfte Faden konnte neuerdings und für immer reißen; es erschien also nothwendig, den Schlemmer, auf dessen Unterstützung er seine letzte Hoffnung gesetzt hatte, nicht aus den Augen zu lassen. Und so entschloß er sich, noch einige Tage das wüste Leben, das seinen Geist wie seinen Körper in gleicher Weise ermüdete, weiter zu führen; aber er schwur in seinem Innern, es nur noch so lange fortzusetzen, bis sein Zweck erreicht wäre, und nicht einen Athemzug länger.

30. Capitel.

Eine Nacht, die für Jahre zählt.

Die beiden seltsamen Gefährten — wie kann man Horst und den Wiener anders bezeichnen? — begannen die nächtliche Wanderung: sie fuhren zuerst von der Wohnung des ersteren durch Picadilly, die regent-street hinab, an den Leicester-square. Dort stiegen sie vor dem Hause ab, in welchem zwei dicht nebeneinander befindliche cafés chantants sich Concurrenz boten. Das eine galt für das amüsantere, das andere war, wie es hieß, „von besserer Gesellschaft besucht." Diesen Unterschied konnte jedoch nur ein Kenner dieser Gesellschaft und ein täglicher Besucher, „eine Stütze des Hauses," ermessen. Jedem andern erschienen die beiden Kaffeehäuser als Orte, wo eine Masse Fremder, meistens Italiener und Franzosen, und nur wenige, ziemlich gemein aussehende Engländer sich versammelten, um sich mit den weiblichen Wesen, die daselbst Zerstreuung suchen, zu unterhalten. Ein Orchester spielte meistens Piècen aus italienischen Opern; manchmal sang ein Tenorist oder eine „Primadonna" eine Verdische Arie, oder sie führte mit Hilfe der „sujets zweiten Ranges" und unter dem Beifallsgejohle des Publikums ein Ensemble-Stück auf.

Es ward wenig Eis gegessen, aber viel Sherry und Brandy getrunken; und es herrschte äußerlich mehr An=

stand, als man im Momente des Eintretens erwarten mochte; einmal ward eine Frau gewaltsam hinausgeschafft, die ihren Mann schon an mehreren öffentlichen Belustigungsorten gesucht hatte, ihn endlich hier in der schlechtesten Gesellschaft fand und ihren Schmerz in lauten Klagen kundgab. Dann entstand ein Streit zwischen zwei gentlemens, die in praktischer Weise angewiesen wurden, ihre Meinungen vor der Thüre auszutauschen. Aber solche kleine Zwischenfälle abgerechnet, herrschte so viel Ordnung und self-government an den beiden Orten, daß das Einschreiten der Polizei daselbst nie nothwendig erschien. Nur warum der eine als amüsanter, der andere als anständiger bezeichnet wurde, ließ sich nicht erklären. Sie glichen einander viel mehr in Langweiligkeit und schlechter Gesellschaft.

Die beiden nächtlichen Schwärmer unterhielten sich eine kurze Zeit mit ihren Bekannten, bis der Italiener und der Franzose, die bisherigen Genossen des Wieners, mit ihren Begleiterinnen erschienen; dieser erblaßte und erröthete abwechselnd, während jene ihn mit höhnisch-herausfordernden Blicken betrachteten. Horst verging fast vor Scham über die Feigheit des Gefährten; er drängte ihn wegzugehen. Sie begaben sich nach dem café de la régence, und da die erwartete Schöne noch nicht angelangt war, so entschlossen sie sich, noch eine Weile auf der Straße herumzustreichen, um das Treiben zu beobachten.

Es war nahe an Mitternacht. Die Geister der

Hölle feierten ihren täglichen Triumph; sie sahen, wie tief die menschliche Natur sinken kann; wie das Laster selbst in seiner scheußlichsten Erscheinung noch immer Anziehungskraft ausübt; wie Mädchen, deren Züge und Gestalten eines Raphael's Pinsel nicht schöner zaubern konnte, von denen manche noch im jugendlichsten Alter standen, betrunken in den Straßen herum wankten und sich in Reden ergingen, daß der Mensch das Geschenk der Sprache verwünschen mochte, welches ihm allein die Gottheit vor allen anderen Geschöpfen verliehen hat, und wie Männer — und darunter auch manche, die vor der Welt als fromme und ehrenwerthe Herren erschienen — sich darin gefielen, die unglücklichen Geschöpfe in ihrem Treiben aufzumuntern, sie in die public-houses (Bier- und Branntweinläden) führten und ihnen dort mehr des zerstörenden Giftes reichen ließen. Von den cafés chantants des Leicester-square bis an Tichbourne-street und Haymarket wogte ein Menschenschwarm, der jede Bewegung hemmte; man schob und ward geschoben, an den Ecken besonders, vor der great Windmill-street, wo die Besucher der Argyll-rooms zusammen trafen, bildete sich oft ein Knäuel, den kaum der ruhig, ernst mahnende Ruf des policeman: „Halten Sie sich nicht auf, gentlemens und ladies!" aufzulösen vermochte. Der fremde Beobachter, der den Schauplatz dieser Scenen zum ersten Male betritt, und der die Vergnügungsorte von Paris und anderen großen Städten kennt und etwas ähnliches zu sehen vermeint, wird betäubt von dem

18*

Anblick, der sich ihm bietet, von den verschiedenartigen Sprachen und Redeweisen, die er hört; und wohl mag es ihm dünken, er befinde sich eher in einem Pfuhle der Verdammniß*), als an einem Orte des Vergnügens; denn er trifft nicht einmal die Eigenthümlichkeiten, welche allein das Treiben eines solchen Ortes und dessen Anziehungskraft für manche Menschen erklären: den unbekümmerten Leichtsinn, das tolle Uebersprudeln ungezügelter Leidenschaft und die Zierlichkeit, worein sich das Laster hüllen muß, um angenehm zu erscheinen.

Horst wollte sich aus dem Gewühle entfernen und die andere Straßenseite aufsuchen, wo es ruhiger herging, doch er konnte den Gefährten, dem es dort am besten gefiel, wo er sich nicht zu „geniren" brauchte, nicht aus der Nähe des café de la régence bringen, wo die Schöne sich einzufinden versprochen hatte. Ihn aus den Augen lassen wollte er auch nicht; so war er gezwungen, den Kelch des Ekels in langsamen Zügen zu leeren.

Der Wiener brannte vor Ungeduld; er ging mehremal in das Kaffeehaus, um zu sehen, ob die Erwartete noch nicht eingetroffen war; er lief nach den Argyll-rooms, um sie dort zu suchen; er konnte seinen eifersüchtigen

---

*) „Diverse lingue, orribile favelle,
  Parole di dolore, accenti d'ira,
  Voci alte e fioche, e suon di man con elle
  Facevano un tumulto . . . ."
  Dante, inferno, c. III.

Argwohn nicht verbergen, als seine Nachforschungen sich vergeblich erwiesen, und war unhöflich gegen Horst, als dieser ihn beruhigen wollte. Endlich nachdem sie vom Lokale des Stelldichein nach dem Ballhause, und selbst nach den cafés chantants des Leicesters-quare mehrere Male vergeblich gegangen, und, zum Gespötte der Umstehenden, an jeden anfahrenden Wagen gerannt waren, um die aussteigenden Damen zu betrachten, erblickte der Suchende die Schöne an einem Tische im café de la régence, von mehreren Herren und Besucherinnen des Lokales umgeben; er stieß einen Freudenruf aus und eilte zu ihr. Horst folgte.

Die wenigen Schritte, die er von der Haupt-Eingangsthüre bis zu jenem Tische zu gehen hatte, waren ein Dornenweg für ihn. Das Kaffeehaus war überfüllt, die Luft erstickend heiß; wo man hinblickte, sah man Branntwein und Wasser, das Hauptgetränke der Damen, die sich dort versammeln, auf den Tischen stehen. Horst konnte nur sehr langsam nach vorwärts dringen, und mußte jeden Augenblick eine andere Zumuthung der anwesenden weiblichen Gäste abwehren; sie riefen ihm zu, forderten ihn auf, ihnen ein Glas Punsch zu bezahlen, lachten über seine verdrießliche Miene und demüthigten ihn durch unanständige Reden und Geberden. Noch unmittelbar bevor er zu seinem Gefährten gelangen konnte, hatte er einen Wortwechsel mit einem halbbetrunkenen Lieutenant in Civilkleidern zu bestehen, der durchaus behauptete, er (Horst) habe ihn gestoßen, und müsse sich mit ihm boxen. Endlich war die Pilgerschaft der fünf Minuten zu Ende. Er fand den Wiener; an dessen Seite saß oder vielmehr lehnte ein schönes, aber frech aussehendes Mädchen. Horst fand im ersten Momente in ihren Zügen blos eine Aehnlichkeit, über die er nicht ganz klar werden konnte; und auch sie starrte ihn zweifelhaft an; doch nur einen Moment waren die beiden im Zweifel; im nächsten, als Horst, näher tretend, seine durchbohrenden Blicke auf die Unglückliche richtete, und auch sie ihn näher betrachtete, ward ihnen die schreckliche Gewißheit; das Mädchen schrie auf, entwand sich den Armen des Wieners, der sie zurückhalten wollte, und stürzte durch eine Seitenthür auf die Straße. Horst eilte ihr nach, erreichte sie an der Ecke und faßte sie am Arme; doch schon war der andere an seiner Seite. „Was gibt's hier,“ rief er wild, „was haben Sie mit der Dame, sie steht unter meinem Schutze, wollen Sie sie gleich loslassen? Kommen Sie nur mit mir, mein Fräulein, und fürchten Sie sich nicht.“

Horst stellte sich vor die beiden. „Sie wird keinen Schritt und am wenigsten mit Ihnen gehen, bevor sie mir Rede stand. Unglückliche, so muß ich Dich wieder finden?! Doch — vor allem entfernen wir uns von der Nähe dieses Ortes. Komm mit mir.“ Und wieder faßte er sie und wollte sie mit sich ziehen.

Das Mädchen sträubte sich.

„Wollen Sie wohl Ihre Hand von dem Fräulein lassen,“ schrie der Wiener wüthend, „oder soll ich die Polizei rufen und Ruhe schaffen?“ Und dabei brach er in einen Schwall von gemeinen Drohungen und Anspielungen auf die geldliche Verpflichtung Horst's aus und endete dann mit der Frage: "Woher kennen Sie denn das Fräulein?"

Horst wollte antworten; doch das Wort erstarb auf seiner Lippe.

Das Mädchen, das sich indessen vom ersten Schreck erholt hatte, sprach: "Ich will es Ihnen sagen, mein Freund; der Mann da ist nicht etwa ein Geliebter, den ich betrogen habe, und dem mein Anblick Zorn und Eifersucht erregen konnte, sondern es ist mein sauberer Herr Bruder, der sich nie um mich gekümmert hat und der jetzt Moral predigt, weil er mich an dem Orte trifft, wo er selbst wohlbekannt zu sein scheint. Hast Du mich" — fuhr sie zu Horst gewandt fort — "werden lassen was ich bin, so geht's Dich jetzt nichts an, wenn Du mich an diesem Orte triffst. Und jetzt will ich mit dem liebenswürdigen Herrn gehen, und Du suche Deine Wege."

Selbst der schwache Wüstling erschrak trotz der schmeichelhaften Worte, die sie eben an ihn gerichtet hatte, vor dem Tone der Verworfenheit, in dem das Mädchen zu ihrem Bruder sprach, der wie erstarrt vor ihr stand, und dessen vor Schmerz zitternde Lippen kaum die Worte zu stammeln vermochten: "Unglückliche, denkst Du nicht an die Mutter, die Du verlassen hast und die sich um Dich grämt? Ich habe ihr versprochen, Dich zu suchen, ihr zu schreiben" — Thränen erstickten seine Stimme.

Einen Augenblick stand das Mädchen stille; sie schien ergriffen. Doch diese Bewegung ging schnell vorüber. „Ei was!" rief sie, „ich bin von der Mutter weggegangen, weil wir beide zuletzt nichts zu beißen hatten; und wenn sie sich um mich grämt, so soll sie sich nur erinnern, daß mir von ihrer Liebe, so lange ich im Hause war, wenig erkennbar geworden ist. Ich war eine Magd, und während Du in Rußland geschwelgt und ihr manchmal Geld geschickt hast, sparte sie für Dich; und mir gab sie nicht einmal so viel, daß ich mir ein Kleid kaufen konnte, sie meinte, ich solle mir das Geld für meine Toilette erwerben wie Du! **Das habe ich zuletzt auch gethan**, habe, wie ich nach Paris gegangen bin, ihr noch Unterstützung gesendet, bis es mir zu viel wurde. Du scheinst ja viel Geld zu haben, wenigstens wie ich jetzt durch Paris gefahren bin, erfuhr ich von Bällen, die Du gegeben hast, und sonstigen Aventüren."

Diese letzten Worte erinnerten den Wiener an die Verpflichtungen, in welchen Horst zu ihm stand, und beseitigten schnell die leise Scheu, die ihn noch in Gegenwart des Bruders zurückgehalten hatte. Er nahm einen leichtfertigen Ton an und sprach: „Mein lieber Horst, das Unglück ist nun einmal fertig, und ich halte es für das Beste, daß Sie sich mit Ihrer schönen und liebenswürdigen Schwester versöhnen und mit uns soupiren." Und in seiner dumm=gutmüthigen Gemeinheit, und in der Meinung, etwas recht Witziges zu sagen, setzte er hinzu: „Es kann zuletzt Ihnen wie mir nur erfreulich sein — daß meine Freundschaften und mein Geld so recht in der Familie bleiben."

Horst raste. Er wollte die Schwester mit Gewalt wegführen, der andere widersetzte sich, es kam zu einem lauten Streite; die kleine Zahl von Neugierigen, die der Scene bisher von ferne zusahen, wuchs im Nu zu einem Kreis von lachenden und höhnenden Hetzern an, die aus dem café und aus den Argyll-rooms herbeigeeilt waren; der policeman kam ebenfalls heran, um Ruhe zu stiften; der Wiener benutzte dessen Dazwischenkunft, hob das Mädchen in einen Wagen und fuhr mit ihr rasch von dannen. Horst blieb allein zurück, unter kreischenden und lachenden Megären, die ihn umringten, sich an ihn drängten, ihn nicht von der Stelle ließen und verhöhnten. „Armer Deutscher," rief die eine, „hat Dich Deine Frau verlassen?" „Er wird wohl kein Geld mehr haben," meinte eine andere, — „doch wohl genug, um mir ein Glas Brandy zu zahlen," kreischte eine dritte, „komm mit mir und tröste Dich." Er wollte sich entfernen; sie hinderten ihn und höhnten noch mehr; in höchster Verzweiflung rief er: „Es war meine Schwester!"

— — — —

Wie vor einem Zauberspruch war der Schwarm zerstoben. Horst sah sich allein; er wollte weggehen, aber die Kraft verließ ihn, er lehnte sich an die Mauer. Mitleidig blickte ihn der policeman an, der, nach der Entfernung des Wieners, mit der Beseitigung des Streites auch seine weitere Einmischung aufgegeben hatte und in einiger Entfernung als Beobachter stehen geblieben war. Er trat näher. „Trösten Sie sich, Sir, und begeben Sie sich zur Ruhe. Nehmen Sie meinen Arm, ich will Sie zu einem Wagen führen." Horst dankte kopfschüttelnd und wankte nach Hause. Ob er wohl in jener Nacht geschlafen haben mag?

31. Capitel.

Kunst und Handwerk in London.

Wir werden nun Horst für einige Zeit seinen Schicksalen überlassen und gehen zu den Londoner Erlebnissen der anderen Musiker unserer Bekanntschaft über. Von Ewalt's und Herzheim's Erscheinen haben wir bereits berichtet. Außer diesen beiden Künstlern waren aber noch die glänzendsten Vertreter des Handwerkerthums aus Deutschland und Frankreich nach London gekommen. Herr Chladini, der Pianist, dem wir nun öfters begegnen werden, Herr Kanianski, der polnische Geiger, Herr Süßmann, der lyrische Tenorist, dessen sich der Leser noch vom ersten Bande dieser Erzählung her erinnern wird, endlich noch eine Masse der dii minorum gentium, die in der Zeit zwischen dem Ende der Pariser- und dem Anfange der Badesaison noch irgend eine Krumenlese halten wollten.

Chladini — für den Mordant um seiner Beweglichkeit und Geschäftigkeit willen die Bezeichnung „Figaro des Klaviers" erfand — hatte sich als tüchtiger Gewerbsmann vorgesehen, und war nicht ohne bestimmte Uebereinkünfte und anderweitige günstige Aussichten nach der Themsestadt gegangen. Noch während er seine Concerte in Paris ordnete, hatte er allen musikalischen Vereinen, allen Privatunternehmern von Concerten, allen Künstlern Londons, die vielleicht auch ein Concert veranstalten mochten, geschrieben und, mit Beilegung der über ihn erschienenen Kritiken, seine Dienste angeboten; um sich zu gleicher Zeit eine Absatzquelle seines Artikels für den Sommer zu sichern, besuchte er alle in Paris wohnenden Direktoren und Agenten, selbst die einflußreichen Croupiers der deutschen Spielbanken, um sich für die Concerte, welche von den erstgenannten während der Sommersaison veranstaltet werden, anwerben zu lassen. Sobald er von irgend einer Seite günstige Antwort erhielt, beeilte er sich, die Musikzeitungen davon in Kenntniß zu setzen, und diese waren immer bereit, ihm gefällig zu sein und seinen Ruf zu verbreiten. Denn Chladini war Meister in den Künsten, durch welche man in Deutschland und England den Ruf eines „gemüthlichen Menschen" erlangt, war immer freundlich, selbst gegen jene, die ihm unfreundlich und fast verachtend begegneten, war nie zu beleidigen, und wußte sich immer so zu wenden, daß selbst die, welche ihn durchschauten, ihre Meinung nicht laut aussprachen, um sich nicht den Vorwurf zuzuziehen, daß sie ohne Grund einen charmanten

Jungen gekränkt hätten. Er war auch in seinen Urtheilen immer milde, und nur wenn er merkte, daß ein Concurrent sehr verhaßt war, und man ihn ohne Gefahr angreifen konnte, ließ er sich durch moralische Gründe nicht abhalten, über denselben Lügengeschichten zu erzählen, um irgend eine, an Scandalen Geschmack findende Gesellschaft zu unterhalten. So verstand er auch, in seinen Leistungen die Widersprüche der musikalischen Schulen zu versöhnen; den Zukunftsmusikern gegenüber war er ganz und gar von Richard Wagner's Principien erfüllt, aber im Concertsaale war er bemüht, auch dem entgegengesetzten Systeme „Rechnung zu tragen", spielte Polkas, Carneval und Carillon neben Schumann'schen Compositionen und hütete sich wohl, Wagner'sche Motive anders als in moderner Passagen=Sauce aufzutischen; und die Männer der Zukunftsmusik, anstatt sich gegen eine derartige Entweihung zu verwahren, anstatt einzusehen und auszusprechen, daß dem wahren Streben Wagner's doch nichts feindlicher sein könne, als die Verwendung seiner Motive zu Concertphantasien, ließen Chladini gewähren, weil er insofern ein tüchtiges Werkzeug war, als durch ihn Wagner's Name selbst in den Programmen der Bade=Concerte erschien, weil die ganz unsinnigen Angriffe, die sie von mancher Seite erfuhren, jeden Verbündeten willkommen erscheinen ließen, und weil endlich, wie wir schon einmal bemerkt haben, im Parteikampfe von Gesinnungen gar viel gesprochen, aber oft sehr wenig gefunden wird. Und so kam es, daß Chladini in allen Musikzeitungen genannt und oft gepriesen war, mehr als Herzheim, neben dem er doch wie ein Pygmäe erschien. Auch ein Theil des Publikums zeigte sich manchmal diesem weniger günstig als jenem, denn gar viele lassen sich in ihren Urtheilen noch immer von Nebenrücksichten bestimmen, und werden sich bestimmen lassen, so lange die Kritik in den elenden Händen bleibt, in welchen sie sich größtentheils befindet. Chladini kannte aber diesen letztgenannten Theil der Musikwelt und das Coteriewesen besser als irgend einer, und seine Erfolge waren daher immer die gepriesensten, und selbst seine elenden Compositionen fanden Lob. Er war dabei auch wie für den Salon geschaffen, besaß nicht mehr Bildung als nöthig ist, um oberflächliches Geschwätz ohne Langeweile anzuhören und die Damen zwei Stunden mit nichtssagenden Reden zu unterhalten, war gefällig und freundlich, kurz, er war ein durchaus „gemüthlicher Mensch", „a nice man", wie die englischen jungen Damen sagen. Neben den altberühmten Künstlern war er in London vielleicht derjenige, der am meisten in den Concerten zur Mitwirkung aufgefordert und am besten dafür bezahlt wurde. Es galt ihm auch vollkommen gleich, wo und was er zu spielen hatte. Figaro qui! Figaro là! Sonaten oder Polken, Wagner oder Rossini, ihm war alles geläufig!

Neben ihm glänzte Kanianski, der polnische Geiger, der beste Akrobat auf den fünf Darmsaiten! Dieser hatte eine andere Manier, Publikum und Kritik für sich einzunehmen; während Chladini die Grazie repräsentirte, war Herr Kanianski der Prototyp eines „ungebundenen Genie's!" Was Anstand, Rücksicht, Zucht im Leben wie in der Kunst verlangten, schien er nicht zu wissen oder wollte es nicht wissen. Der Erfolg, der glänzende, unmittelbare Erfolg, Applaus und Geld war ihm — so gestand er selbst — das höchste. Die Natur hatte ihm jenes Talent verliehen, das sich im sicheren Ueberwinden von Schwierigkeiten aller Art gefällt, das aber doch nie ein wahres künstlerisches Wohlgefallen anzuregen vermag. Denn wir zollen auch der kühnsten Bravour nicht die Bewunderung, die wir dem großen Tonkünstler zollen, wenn er sich als Meister der Form bewährt, wenn seine Leistung dadurch eine vollendete wird, daß Gefühl, Auffassung und Ausführung immer auf gleicher Höhe stehen; sondern wir staunen jene Bravour höchstens an, wie wir den Clown in der Reiterbude anstaunen, der sich mit gleicher Leichtigkeit in allen möglichen Verrenkungen producirt. Ein großer Theil des Publikums kann durch derartige Leistungen eine Zeit lang verblüfft werden; es gibt ja gar viele Leute, die sich am liebsten verblüffen lassen, um nicht nachdenken zu müssen; und manche Kritiker sind auch recht froh, wenn sie einen Erfolg, den sie als verdient nicht anerkennen dürfen, auf Rechnung des Beifalls der Menge schreiben können. Der Kenner und der feiner fühlende Laie aber wird nie ordinäre Ungebundenheit als einen Beweis von Genie annehmen, selbst wenn sie mit einer ziemlichen Portion roher Kraft verbunden ist, und wird immer erkennen, daß es eine falsche Genialität gibt, die zum ärgsten Handwerkerthume zu rechnen, weil sie auf groben Effekt berechnet ist. Manche sogenannte Nachfolger Paganini's, die ihn wohl am meisten in dem langen Haarwuchse erreicht haben mögen, sollten dies wohl beherzigen.

Zu den beiden erwähnten Virtuosen ist als Dritter im Bunde der lyrische Tenorist Herr Süßmann zu rechnen, der alljährlich die deutsche Hofbühne mit dem Concertsaale in London vertauscht, um die süßelnden, schmachtenden Lieder vorzutragen, die seit einiger Zeit besonders in Aufnahme gekommen sind. Man kann diese Gattung von Liedern nicht besser beschreiben, als wenn man dasjenige anführt, welches vor mehreren Jahren die Runde durch Deutschland machte. Der Schwabe Stigele, der sich zum Stigelli italienisirt hatte, goß über Heine's Gedicht: „Du hast Diamanten und Perlen — mein Liebchen, was willst du noch mehr," eine italienisch-französisch-deutsche Melodien-Sauce; das so zubereitete Lied war „sang- und dankbar", ward überall mit vielem Erfolge aufgetischt, und nirgends fiel es auf, am wenigsten aber den Sängern, daß jenes Gedicht die bitterste Ironie ausssprach, die von dem Componisten als sentimentale Stimmung aufgefaßt worden war!

Süßmann war ein Hauptrepräsentant jener Zwittergattung der Concertsänger, die nicht genug Stimme besitzen, um auf dem Theater Wirkung hervorbringen zu können, und die nunmehr trachten, das, was ihnen die

Natur verweigert hat, durch eine Art von Kunst zu er=
setzen, die meistentheils keine ist. Denn die wahren
Gesangs=Künstler, die sich gründlicher musikalischer Studien
beflissen haben, wie der treffliche Stockhausen, der seine
Erfolge mehr der bewundernswerthen Feinheit, als der
Wärme und Leidenschaft seines Vortrags verdankt, oder
wie der gemüthreiche v. Osten, sind selten. Die meisten
italienischen, französischen und deutschen Troubadoure, welche
die Welt durchziehen, zeichnen sich durch süßlich=weibische
Sentimentalität aus, die vom wahren Gefühl ebenso weit
entfernt ist, als die Birch=Pfeiffer'schen Charaktere von
der Lebensfähigkeit. Aber „es macht Effekt", und Publi=
kum, „was willst du noch mehr?" Die wahrhaft
großen Liedersänger waren und sind immer auch aus=
gezeichnete dramatische Sänger; das haben Staudigl,
Wild, Roger, Ander und die Lind zur Genüge bewiesen.
Und nun haben wir uns zur Genüge mit den Hand=
werkern beschäftigt, und wollen unseren Freund Herzheim
beobachten.

32. Capitel.

Herzheim und Dorothea.

Herzheim debutirte in London mit demselben glän=
zenden Erfolge wie in Paris. Seine mächtigen An=

lagen, das dämonische Feuer seines Vortrags, seine geistreichen Compositionen erzwangen sich Anerkennung, die ihm die echten Künstler freudig zollten, vor welchen der Handwerksneid verstummen mußte. Dennoch erlitt er manche Demüthigung. Sein verzehrender Ehrgeiz fühlte sich in der Stellung, welche dem Musiker in London angewiesen ist, beengt; der Erfolg im Concertsaale und die bedeutenden Einnahmen allein genügten ihm nicht, der gewohnt war, in den Pariser Gesellschaften als eine Berühmtheit zu glänzen; er begriff nicht, wie Ewalt, den er hochehrte, sich in so beschränktem Kreise mit Ruhe und Würde bewegen konnte, und er sah nicht ein, daß der Künstler am höchsten steht, wenn er nichts Höheres sucht, als die Erfüllung seiner Pflicht, die Befriedigung seines künstlerischen Bewußtseins, und wenn er überhaupt von der schönen Welt nicht mehr verlangt, als die Anerkennung dessen, was er in seinem Berufe leistet. Herzheim versuchte in London die Schranken der Etikette und des Herkommens zu durchbrechen, die ihn von den Kreisen trennten, in denen allein er die ihm gebührende Stellung zu finden dachte; doch er lernte bald einsehen, daß das Unternehmen fast unausführbar war, daß allenfalls ein religiöser Componist, als welcher Mendelsohn den Engländern zuerst erschien, — der nebenbei ein reicher Mann und Urenkel eines berühmten Philosophen war — von ihnen anders aufgenommen werden konnte, als andere Tonkünstler; daß aber Mendelsohn und die Lind — deren größte Erfolge von dem Zeitpunkte datirten, wo sie das Theater aufgab, fromme Sängerin und Madame Goldschmidt wurde — als die einzigen Ausnahmen unter den Musikern, die in neuerer Zeit nach England kamen, zu betrachten sind. Herzheim, im stolzen Gefühle der Berechtigung, faßte den Entschluß, wenigstens in dem Kreise, in welchen er gebannt war, eine Ausnahmsstellung zu erringen, und nicht bloß als bedeutender Künstler, sondern auch als die interessanteste Persönlichkeit zu erscheinen. Zu diesem Zweck mußte er sich einen eigenen Weg vorzeichnen und consequent verfolgen, mußte den Kampf gegen hergebrachte Gewohnheiten selbst beginnen, anstatt nur Widerstand dagegen zu leisten, er mußte sich nicht bloß durch seine Leistungen, sondern durch sein **Gebahren** als eigenthümliche Erscheinung geltend machen.

Die Grundsätze, nach welchen er in London handelte, waren eigentlich dieselben, die ihn leiteten, als er noch im Dachstübchen wohnte und darbte. Und doch mußte er eingestehen, daß sich vieles, und nicht bloß in seinen äußeren Verhältnissen geändert hatte.

In jenem Dachstübchen kämpfte und duldete er für eine Ueberzeugung, die ihm eine wahre künstlerische schien, jetzt für eine glänzende Sonderstellung, zu der er sich berechtigt fühlte. Die Ueberzeugung war also zur Spekulation geworden. Daher waren seine Beziehungen zu Ewalt auch eigenthümlicher Natur. Dieser ging in seiner äußeren Haltung fast von denselben Ansichten aus, die jener befolgte; und doch standen sie weit auseinander.

Des Geigers Principien entsprachen nur seiner künst=

lerischen Natur; er fühlte sich, wie er sagte, „außerordentlich unbeholfen," so oft er daran dachte, auch nur mit einem Schritte von dem Pfade abzuweichen, den er eingeschlagen hatte; er verfolgte keinen Nebenzweck; er handelte aus unmittelbarem Antriebe, den er, falls es sein mußte, auch wohl zu erklären verstand. Auch Herzheim würde nie etwas gethan haben, was nach seinem Begriffe die künstlerische Würde herabsetzen konnte; aber diese Würde in den Augen der Welt und durch seine Person zu erhöhen, war ihm ein fast eben so hohes Ziel, als die Kunstleistung selbst. Und darum standen die beiden Künstler trotz ihres äußerlich gleichförmigen Handelns, so weit auseinander, daß es ein interessantes Schauspiel bot, wie diese starken, selbstbewußten Menschen mit einer Art von gegenseitiger Scheu ein und denselben Weg, anscheinend nach ein und demselben Ziele wandelten.

Wie überall, begleitete das Glück auch in London unsern kühnen Freund. Er schlug alle seine Rivalen aus dem Felde; und selbst Chladini mußte erfahren, daß es Momente gibt, in welchen das Publikum sich durch die geschmeidige Zierlichkeit eines Faiseur weniger gewinnen läßt, als durch eine von künstlerischem Geiste durchdrungene, wenn auch nicht ganz formenreine Leistung; das demüthigte jedoch diesen Handwerker weit weniger, und war ihm auch erträglicher, als daß er, der durch Hofiren und Scharwenzeln so weit gekommen war, als ein „nice man" selbst bei einem Theile der hohen Ge-

sellschaft zu gelten, und sogar zur hohen Ehre gelangt
war, daß einige Ladies sich beim Herausgehen aus dem
Concerte mit ihm unterhalten hatten, plötzlich durch
einen, der sich um die Gunst der großen Herren und
Damen gar nicht zu kümmern schien, von dieser Höhe
verdrängt ward. Daß Herzheim als der bedeutendste
Klavierspieler der Saison anerkannt wurde, erregte
Chladini's und seiner Genossen Grimm weit weniger, als
daß die Aristokratie an seiner Persönlichkeit den Antheil
nahm, den sie Leuten, die durch Geburt so tief unter
ihr stehen, wie ein reisender Virtuose, nie zu zeigen
gewohnt war, daß sie, die sonst nur nach den Ho=
noraren fragt, die ein Musiker für seine Lectionen oder
für seine Vorträge verlangt, Herzheim's Verhältnisse und
Lebensgeschichte interessant fand, und sogar seine ver=
liebten Abenteuer von Deutschland und Paris nach=
sichtiger beurtheilte; daß viele sonst sehr prüde Herren
und Damen den betreffenden Andeutungen, welche die
Collegen Herzheim's, vielleicht als letzten Versuch, fallen
ließen, die Bemerkung entgegenstellten, man müsse kleine
Leichtfertigkeiten einem genialen jungen Künstler ver=
zeihen, der keinen Unterricht in Familien ertheile, also
zu keinen besonderen Garantien verpflichtet sei, und sich
im übrigen immer als ein vollendeter Gentleman be=
trage; daß sie noch dazu, quasi als Bürgschaft für ihn,
behaupteten, London sei überhaupt kein Boden für ver=
liebte Abenteuer; es gebe daselbst keine Salons, keine
emancipirte große Damen, und die bedeutenderen Künstler

seien während der Saison so sehr in Anspruch genommen,
daß ihnen nur Zeit für Ausübung ihrer Geschäfte bleibe,
Herzheim werde also in der englischen Hauptstadt selbst
vor allen Verführungen — wenn auch nur gezwungen —
bewahrt bleiben.

Die großen Herren und Damen, welche diesen letzten
Entschuldigungsgrund anführten, hatten im allgemeinen
Recht; aber bei unserem kühnen Freunde hatten sie sich
geirrt. Herzheim hatte in der Themsestadt bereits verliebte
Abenteuer erlebt, und sollte gerade in diesem „unfrucht=
barsten Boden" deren zwei erleben, die einen tiefen Eindruck
für sein ganzes Leben hinterließen. Das eine, leichtfer=
tiger als alle andere begonnen, nahm eine ernstere Wen=
dung, als er je zu ahnen vermochte; das andere wurde
erst zum Abenteuer, während er — doch wir wollen nicht
vorgreifen.

Unter allen den fremden Künstlerinnen war Signora
Sommeri, die Primadonna der italienischen Oper, die
gefeiertste. Die „schöne Dorothea" — so hieß sie allge=
mein — war von Geburt eine Deutsche, hieß Sommer
und hatte erst in Italien ihrem Namen das italieni=
sirende i angehängt. Ein großer Ruf ging ihr voran;
man erzählte sich viele Geschichten von ihr, die, erfun=
den oder wahr, die Neugierde zu erregen wohl geeignet
sein mochten. Es hieß, sie habe früher große Verwüstungen
unter den Männerherzen angerichtet, jetzt aber sei sie
jeder Bewerbung unzugänglich, weil ein sehr großer Herr,
ein Mann aus regierendem und fürstlichem Hause, ihr

Herz und Hand angetragen habe; sie wollte jedoch
noch eine kurze Zeit die theatralische Laufbahn ver=
folgen, um, wie die Zeitungen berichteten, „den letzten
Becher des Ruhmes in vollen Zügen zu leeren." Kein
Wunder also, daß die eleganten snobs von London sie
göttlich fanden, und daß selbst die Damen die Sängerin,
die in Bälde im Range über ihnen stehen mochte, mit
großer Neugierde und selbst mit einiger Rücksicht betrach=
teten. Die schöne Dorothea war jedoch nicht blos eine
interessante Persönlichkeit, sondern eine bedeutende Künst=
lerin. Mit reichen Mitteln vereinigte sie vortreff=
liche Schule. Sie schrie nicht, wie die meisten unserer
deutschen Heldinnen, ihre Stimme klang voll und ange=
nehm selbst in den Momenten der Leidenschaft, und
ihre Coloratur war Verzierung, oder nach der italienischen
Abstammung des Wortes, „Färbung" des Gesanges, war
nicht jenes plumpe, unleidliche und unklare Tongeschnörkel,
das man jetzt überall zu hören bekommt; auch zeigte sie
natürliche Anlagen für dramatischen Ausdruck und für
Declamation, die sonderbarer Weise immer mehr von
der Bühne zu schwinden scheinen, je mehr davon gesprochen
und geschrieben wird, man müßte denn allenfalls das
tolle Herumfahren auf der Bühne, worin sich unsere
sogenannten „großen deutschen" Tenoristen gefallen, für
dramatischen Ausdruck annehmen. Ihr Anzug war gewöhn=
lich geschmackvoll, und, wo es die Partie nur immer
ermöglichte, reich und glänzend, aber immer dem Charakter
der Rolle vollkommen entsprechend. Und solche Vorzüge

bewirkten, daß neben dem eleganten Publikum auch die
Künstler sich für die Primadonna begeisterten.

Signora Sommeri genoß aber nicht blos den Ruf ihrer
Reize und ihres Talents, sondern sie galt auch für das
launenhafteste, herrschsüchtigste, boshafteste Geschöpf, das
je den Titel einer Primadonna getragen! Man wollte
sogar wissen, daß sie gegenüber einer gefährlichen Rivalin,
oder dort, wo sie beleidigt worden war, Mittel und
Hebel zu brauchen wußte, die einer italienischen Heroin
des fünfzehnten oder sechszehnten Jahrhunderts würdig
waren. Doch solche Beschuldigungen wurden nur in
vertrauten Kreisen, d. h. hinter den Coulissen erhoben,
und wurden von den Meisten, zu deren Ohren sie drangen,
dem Neide und der Mißgunst zugeschrieben. Ist das
Publikum einmal für einen Tonkünstler eingenommen,
dann erscheint jenem alles, was dieser thut, schön und
interessant, wie umgekehrt das, was ein Unbeliebter nur
immer unternehmen mag, im voraus getadelt wird.
Und wenn nun gar eine schöne Sängerin die Gunst der
Menge für sich gewonnen hat!

Dorothea lebte in London ziemlich zurückgezogen;
sie erwartete den erlauchten Freund, und empfing
nur wenige, sorgsam ausgewählte Personen; es war
natürlich, daß man sich um die Ehre, bei ihr ein=
geführt werden zu dürfen, so eifrig bewarb, als ge=
hörte sie bereits zur Noblesse. Alle Virtuosen brachten
ihre Huldigungen dar und schätzten sich glücklich, wenig=
stens ihre Karten an der Thüre abgeben zu dürfen,

nur Herzheim machte auch hierin eine Ausnahme; er
erklärte dem Capellmeister, der ihm anbot, ihn der berühm=
ten Dame vorzustellen, daß er recht gerne eine Collegin
besuchen würde, doch nach dem, was er gehört, keine Lust
fühle, sich von der künftig erlauchten Dame eine Audienz
ertheilen zu lassen. Die schöne Dorothea war außer=
ordentlich „piquirt" gegen den stolzen Künstler und gelobte,
daß er seinen Hochmuth büßen solle. Doch unser Herz=
heim fürchtete sich nicht einmal vor einer erbosten
Sängerin; einem Freunde, der ihn einer kleinen Unhöf=
lichkeit gegen Signora Sommeri beschuldigte und ihn
vor ihrem Zorn warnte, entgegnete er lächelnd: „Ich
bin eine Zeit lang mit zwei prime donne assolute des
Künstlerlebens, Noth und Sorge, umgegangen, und bin
zuletzt mit ihnen ausgekommen, warum soll mich der
vorübergehende Zorn der schönen Dorothea erschrecken?
Sie wird Prinzessin werden und mich vergessen, und
wenn sie einmal den hohen Rang bekleidet, dann werde
ich mich zur Audienz melden." Und die Sängerin, der
man diese Worte hinterbrachte und auch manches aus
dem früheren Leben Herzheim's erzählte, besänftigte ihren
Zorn und fühlte ein gewisses Interesse für den jungen,
originellen Mann, der sich durch so viele Abenteuer zu
solch' großem Rufe emporgeschwungen hatte.

In einem Concerte bei dem Herzoge X. trafen sich die
beiden zum erstenmale; Herzheim benutzte die Gelegenheit,
stellte sich unversehens selbst vor und entschuldigte seine
eigenthümliche Weigerung in der freundlichsten und anstän=

digsten Weise. Die schöne Dorothea, die im ersten Momente
gedacht hatte, Herzheim mit großer Kälte zu behandeln,
sah ein, daß Primadonna-Launen bei diesem nicht gut angewendet wären; ein Mann, der sich mit so viel Ruhe
und Takt zu bewegen wußte, war durch Hochmuth nicht
in Verlegenheit zu bringen, und einer Dame von Welt
und gutem Tone, der künftigen Gemahlin eines hohen
Herrn, stand es am besten, den erzählten Vorfall vornehm
zu ignoriren oder scherzhaft zu nehmen, und ihn dem
jungen Künstler nicht entgelten zu lassen. Sie lud diesen
ein, an einem Abende, wo sie nicht beschäftigt war, mit
ihr zu musiciren; er kam, fand, daß die von manchen
Colleginnen als launenhaft, übermüthig, ungebildet geschil-
derte Sängerin voll Geist, Anmuth und Liebenswürdigkeit war; und sie, die ihn für einen zwar sehr takt-
vollen und feinen, aber eiteln und berechnenden Menschen
gehalten hatte, war bald von der Ueberzeugung durchdrungen, daß seine Geistes- und Herzensgaben ihn noch
mehr zu seiner glänzenden Stellung in der Gesellschaft
berechtigten, als der feine Takt, dem er jene eigentlich
verdankte. Und zwischen den beiden, die, bevor sie sich
persönlich kennen lernten, Abneigung gegen einander
gehegt hatten, entwickelte sich nach dem ersten Begegnen
ein Verhältniß, dessen eigenthümliche Ver- und Ent-
wicklungen, und dessen schnell wechselnde Phasen nur
ein Künstlerleben zu bieten vermag.

Liebe konnte das Gefühl, das sie verband, nicht genannt werden; denn sie flieht das Maskenspiel der feinen

Gesellschaft und die verkünstelten, unkünstlerischen Verhältnisse, in denen sich unsere großen Tonkünstler bewegen; auch nicht eine, von großen Damen sehr beliebte, stillschweigende Uebereinkunst, nach der man sich vereinigt, beisammen bleibt, so lange man sich convenirt und sich behaglich fühlt — sei es nun für ein paar Tage, oder auch für ein Jahr — und dann ohne Groll von einander scheidet, um nach einem neuen Zeitvertreibe, nach einem neuen Bündnisse zu suchen; dazu war Herzheim zu bedeutend, und Dorothea würde ihre Zukunft nicht so leichtsinnig auf's Spiel gesetzt haben. Was fesselte die beiden so schnell und so fest? War aus dem sonderbaren Gemische, welches die Grundlage des modernen Künstlerlebens ist — aus jenem Gemische von Leidenschaftlichkeit, Berechnung, von unbefriedigtem idealem Sehnen, wie es die Musik, zugleich mit der sinnlichen Erregung der Nerven erzeugt — von Eitelkeit und Demuth, von Selbstüberschätzung und Selbstqual — das Band geflochten, das sie umschlang? Oder lag in ihrem bisherigen Lebenslaufe die fatale Nothwendigkeit, daß sie beim ersten Begegnen einander unwiderstehlich anzogen? Sie überließen sich dem Taumel der verzehrenden Leidenschaft; obwohl ihr Verhältniß ein von der Welt ungeahntes blieb, so wußten sie sich in jeder freien Minute zu begegnen; sie sprachen in Tönen zu einander, Blick, Bewegung, die Betonung eines Wortes waren genügende, wohlverstandene Zeichen. Wie der nach einem bestimmten Ziele sprengende Reitersmann, von der Hitze ermüdet und durstig, an dem Wirthshause anhält, schnell den ihm dargereichten Wein hinabstürzt und dann weiter jagt — der Trank hat vielleicht die Kehle genetzt, aber weder Kühlung noch Erquickung gebracht — so leerten Herzheim und Dorothea in schnellen Zügen den Becher der Lust, mit immer erneuertem Verlangen, aber ohne Labung zu finden. Schon in den ersten Tagen nach dem ersten Begegnen fühlten sie den Druck einer Fessel, die sie nicht abstreifen mochten, die früher gesprengt werden sollte, als sie beide es ahnten.

33. Capitel.

Herzheim und Evelina.

In dem Zeitpunkte, wo diese Geschichte spielt, war die nach und nach eintretende Besserung in den Ansichten und Beziehungen der verschiedenen Kasten Englands fast schon bemerkbar. Das traditionelle, abgöttische Hinaufschauen des staubgeborenen Bürgers zum hohen Adel hatte zwar noch nicht abgenommen, aber es schien, als ob nicht alle Hälse so hoch gereckt wären, wie ehedem. Die feste Ueberzeugung, daß nur ein Adeliger feine Manieren haben könne, wo nicht gar allein haben dürfe, war in soweit erschüttert worden, daß einige Freidenker das revolutionäre Princip hegten, die Möglichkeit, seine

Manieren zu erlangen, müsse nicht an hohe Abstammung geknüpft sein. Alle großen Journale jeglicher Färbung beachteten noch immer die Einzelheiten der „entertainments" und „dinner parties" großer Herren mit einer Genauigkeit, die man in Deutschland nicht einmal dem servilsten Blatte zumuthen dürfte; aber sie griffen doch auch edle Lords an, und zwar nicht allein in deren politischer Wirksamkeit, sondern auch, wenn einer von ihnen, im übermüthigen Vertrauen auf seine Ausnahmsstellung, eine Schlechtigkeit im Privatleben beging, um deren willen das gewöhnliche Gericht ihn nicht verurtheilen durfte; kurz, es zeigten sich bedenkliche Spuren eines revolutionären Geistes im Volke, der in der Zeit von hundert Jahren große Veränderungen herbeiführen dürfte!

Aber auch die Aristokratie Englands war von dem Einfluß der Strömung in den niederen Schichten nicht ganz frei geblieben. Es gab schon damals einige große Familien oder mit großen Familien verwandte Häuser, die so weit gingen, daß sie anerkannten, einer, der nur von seiner geistigen Arbeit lebt, könne doch ein Gentleman sein, und könne, ohne auch nur ein younger son of a younger brother zu sein, demnach als ein **Mensch ohne alle Herkunft**, in einem großen Hause aufgenommen werden, ohne daß dieses Gefahr laufe, sich zu compromittiren, ohne daß zu befürchten stehe, er würde „rather vulgar" oder „shoking" erscheinen, oder gar am Ende Fische mit dem Messer zerlegen!

Unter den aristokratischen Familien, in welchen die

Idee der Neuzeit solche Triumphe gefeiert, war die des Sir Turfplay, Baronet, als die am weitesten vorangegangene zu betrachten. Sie gehörte zwar nicht unmittelbar zum hohen Adel, war aber mit demselben in jeglichem Grade verwandt. Der Baronet war Sohn des Bruders eines Lord, der Cousin eines Herzogs, und seine Gemahlin konnte aus dem peerage*) beweisen, daß ihres Vaters Familie den ältesten der Grafschaft, aus der sie stammte, gleich stand. Sir Turfplay, der einst sehr reich gewesen war, hatte viel Geld auf Pferde verwettet, und seine Gemahlin gehörte einstens zu den Zierden der Fashion. Später fanden sie, daß die Liebe für die Kunst weniger kostspielig war, als die für Pferde und Brillanten.

In dieser Familie — die übrigens auch in der höchsten Zeit ihres Glanzes immer sehr herablassend, ja „excentric" war — kam es vor, daß Evelina, die zweite Tochter des Baronets, nachdem ihre Erziehung vollendet, mit ihrer — — governess! der Tochter eines ganz gewöhnlichen half-pay officers, auf freundschaftlichem Fuße verkehrte, worüber eine ihrer Verwandten, Lady Charlotte Highnose — sie hieß Lady Charlotte, weil ihr Mann nur master, sie aber die Tochter eines Earl war — in Verzweiflung gerieth und behauptete, der Adel Englands degenerire; daß ein berühmter Maler, der auf das Landgut des Baronets geladen worden war, um die sämmtlichen Familienglieder zu contrefeien, mit

---

*) Das Adelsbuch Englands.

den jungen Damen ausritt, worüber Lady Magpie, die eben zum Besuche nach dem Gute der Turfplay kam, so erschrak, daß die Farbe für einen Augenblick selbst aus ihrer rothen Nase wich! In dieser Familie endlich kam es im Jahre 1854 vor, daß Herzheim, ein Klavierspieler, eingeladen wurde, des Morgens manchmal „vorzukommen". Wir wollen diesen unerhörten Fall näher erklären.

Unser kühner Freund war, sobald die Mode seinen Namen verbreitete, vielfach aufgefordert, Unterricht zu ertheilen, hatte aber jedes Anerbieten abgewiesen, weil er nicht als Lehrer wirken wolle. Nun ist Lectionengeben in London für den Instrumentalisten das einträglichste Geschäft; und jeder Musiker wird dort eben nur als ein mit Musik Geschäft-Treibender betrachtet. Was soll er auch sonst treiben wollen? Er kann sich da nicht geistreich amüsiren, wie in Paris, nicht mit gemüthlichen Herren und Frauen das Leben in vollen Zügen genießen, wie in Wien, am wenigsten sich dem beschaulichen Gemüthsleben weihen, das in Deutschland bei den elenden Verhältnissen für den besser Strebenden die einzige immer offene Zuflucht bleibt. Er muß also in London Geschäft treiben; und wenn es Herzheim gelang, sich in anderer Weise Geltung zu verschaffen, so wäre keinem zu rathen, daß er ihn nachahmen wolle. Er jedoch erreichte seinen Zweck, erregte die Neugierde. Er galt für einen Mann, der neben seiner Kunst noch bedeutende Geldmittel besitzen mußte, um die Guinee-Lectionen verschmähen zu können;

hierdurch kam er in gewaltigen Respect bei den Leuten. Er spielte bei Hofe und sogar außer der Reihenfolge*), und als die Dame, von der es hieß, daß sie die Meinung ihrer Majestät der Königin am besten kenne, „Herr"**) Herzheim für einen „nice man" erklärte, — obwohl weder sie noch irgend jemand von der Hofgesellschaft mit ihm ein Wort gesprochen hatte, da war sein Ruhm in den hohen Kreisen fast so verbreitet, wie der eines berühmten Borers.

Die aristokratischen Familien, von denen wir oben sprachen — es waren meist Tories, sogenannte Conservative, die „Whigs", die Liberalen, sind in gesellschaftlicher Beziehung die Intolerantesten —, entschlossen sich, den originellen und berühmten Künstler persönlich kennen zu lernen. Die Reichen sandten zu ihm und ließen ihn um die „terms" fragen, für welche er so und so viele Stücke bei ihnen vortragen wolle, wobei auch die Dauer dieser Stücke festgestellt wurde. Nachdem diese Vorbedingungen festgestellt wurden, welche ihm beiläufig auch

---

*) Die an den königlichen Hof empfohlenen Musiker werden nach der Reihenfolge mit Nummern eingetragen, und in dieser Weise nacheinander in die Hofconcerte berufen. Nur bei Ausnahmsfällen wird von dieser Regel abgegangen, oder die Königin läßt einen Künstler allein vor sich kommen.

Die Königin von England ist vielleicht die competenteste Beurtheilerin von Musik am Hofe.

**) „Herr", nicht Master, werden die deutschen Musiker auf den englischen Concertprogrammen bezeichnet.

den Standpunkt andeuteten, den er gesellschaftlich ein=
nehmen werde, behandelten die großen Herren den
Künstler in ihrem Hause mit jener ruhigen, nicht liebens=
würdigen, aber doch wohlthuenden Aufmerksamkeit, die als
ein eigenthümlicher Zug in dem Benehmen der englischen
Aristokratie gegen Fremde, ihr nicht Gleichstehende, die sie
auszeichnen will, betrachtet werden kann.

Lady Turfplay ging noch viel weiter; sie war, wie
wir schon bemerkten, nicht mehr reich; ihr Gemahl hatte
eben wieder eine halbe Jahresrente auf ein Pferd ver=
wettet, und sie konnte keine Concerte in ihrem Hause
veranstalten. Aber ihre Stellung in der Gesellschaft war
noch immer eine solche, daß eine Einladung in ihr Haus
selbst unter manchen Adeligen für eine Ehre galt. Und
selbst die Aeußerung jener hohen Dame nach dem Hof=
concerte war für Herzheim's Ausnahmsstellung in London
nicht von so unendlicher Wichtigkeit, als die Nachricht,
die sich blitzschnell in der Gesellschaft und unter den
Musikern verbreitete, Lady Turfplay habe ihn aufgefordert
„to call upon her".

Stolz schwoll des kühnen Musikers Herz, als er den
„knocker" (Thürklöpfel) des Hauses ergriff, über dessen
Schwelle zum erstenmale ein „professional" als Be=
sucher trat — war doch selbst jener Maler nur auf
den Landsitz geladen worden, um die Dame zu porträ=
tiren — und wenn er in jenem Augenblicke die Schranken
durchbrochen zu haben wähnte, die den Plebejer von den
Adelskasten bannt, und wenn ihn dieser Sieg seinem

schönsten Künstlertriumphe gleich dünkte, so kann man ihn darob nicht tadeln.

Unser Freund hatte die Familie Turfplay nur in den Sälen der großen Herren getroffen, die ihn als Musiker luden und bezahlten; Miß Evelina, von deren Freundschaft für ihre governess wir erzählt haben, und die für eine große Schönheit galt, konnte er nur aus der Ferne, von einem Kreise deutscher Gesandtschaftsjunker umgeben, sehen. Diese Herren aber bemühten sich, als echte Deutsche, die hochmüthigsten Lords in ihrer Steifheit und Langweiligkeit nachzuäffen, und erschienen nur lächerlich plump; und da sie den deutschen Künstler mit einer gewissen Ostentation zu ignoriren schienen, so übertrug dieser seinen Grimm selbst auf die Damen, mit denen sie sich unterhielten, und fand den Ruf der schönen Evelina übertrieben. Als er sie aber zum erstenmale in ihrem Hause sah, als dieses vollendete Exemplar einer schönen und wohlerzogenen Engländerin in ihrer ganzen Pracht vor seinen Augen erschien, da war der stolze, zurückhaltende und doch kühne Herzheim, der Löwe der Pariser Salons, der glückliche Verehrer der Fürstin Varazimoff, der Liebling so vieler anderer großen Damen, plötzlich so schüchtern wie ein Knabe, der sein erstes Schuleramen bestehen soll. Und als sie ihn anblickte mit ihren tiefbraunen, klaren, ruhigen Augen — schöne Leserin, du weißt wohl, daß in deinem Auge die Macht liegt, vor der wir alle uns beugen — da fühlte er zum erstenmale — daß er noch nicht geliebt hatte!

II.

Sie war aber auch ein herrliches Wesen, Evelina! Alle ihre Formen waren edel und zart, und doch gesund, ja kräftig zu nennen. Hoch, rein und heiter war die Stirne, die Nase von römischem Schnitt, die Nasenlöcher waren weit und fest gespannt, und hatten jene Winkelbildung, die vorzugsweise an den schönen Engländerinnen auffällt. Die Wangen waren voll und von zarter Pfirsichfarbe, der Mund fein, die Lippen voll und doch keusch, die Zähne blendend weiß, und das Zahnfleisch erschien so durchsichtig rosig, daß man glauben mußte, solch' ein Mund könne nur Rosen=Düfte ausathmen! Die Schultern hatten jene matt=glänzende Farbe, und waren so rein in den Linien, als hätte sie der Bildhauer aus Elfenbein geformt, und die Büste und der Wuchs erschienen von so herrlichem Gleichmaße, daß der Anblick entzückte, wie das Beschauen eines Meisterwerks der Kunst! Und doch war es nicht die Schönheit Evelina's, die den mächtigsten Zauber ausübte, sondern jenes unnennbare Etwas im Wesen, im Blicke, Gange, in jeder Bewegung, in der Stimme, die unbewußte Anmuth, das Harmonische, das Weibliche, dessen Wirkung sich ebensowenig beschreiben läßt, wie die Zaubermacht jener Reihenfolge von Tönen, die wir Mozart'sche, Beethoven'sche Adagios oder Schubert'sche Lieder nennen, die sich aber wie jene, nur dem Fühlenden und Verstehenden in ihrer ganzen Herrlichkeit offenbaren. Und wenn nun die Liebe für das herrliche Wesen unseren Freund plötzlich und mit aller Gewalt erfüllte und er sich ihr willig ganz und gar hingab,

wenn in dem Gedanken an Evelina all' sein Dichten
und Trachten, ja selbst seine ehrgeizigsten Pläne sich
vereinigten und darin aufgingen, wenn er thörichte
Träume nährte, sollen wir ihn darum verhöhnen? Wir
könnten wohl sagen, wie „unsinnig" es von „einem
gescheidten Manne" war, einer solchen Leidenschaft „Spielraum" zu lassen, „Utopien" nachzujagen ꝛc. Aber wir
wollen lieber an das Mitgefühl aller der Menschen
appelliren, die in unserem nüchternen Treiben noch etwas
Poesie im Herzen bewahren, und wollen ihnen sagen:
Herzheim war eine Künstlernatur! Einem echten Virtuosen dürfte ein „dummer Streich", wie unser Freund deren
wahrscheinlich mehrere begehen wird, nicht passirt sein,
denn jener läßt sich von der Leidenschaft nicht hinreißen,
und zwar aus einem sehr natürlichen Grunde. Die
Virtuosen besitzen die nöthige Geschicklichkeit für senti-
mentales Salongeschwätz, ohne welche man von den
meisten Damen für einen ungemüthlichen Menschen angesehen wird; sie verstehen es, in der Kunst wie im
Leben, erregt zu scheinen, wenn sie es am wenigsten sind,
und mögen daher anderen und vielleicht sich selbst ein-
reden, sie seien begeistert oder verliebt, sie sind aber
im Leben wie in der Kunst keines tiefen Gefühls und
auch keiner wirklichen Leidenschaft fähig; das Ma-
teriell-Praktische steht diesen musikalischen Handwerkern
doch immer am nächsten. Im übrigen sind ihnen feine
Manieren nicht abzusprechen, nur ein gewisser Clavier-
Bajazzo macht eine Ausnahme und glänzt durch Gemein-

heit und Ungezogenheit; neben ihm ein „berühmter" Clavier-Compositeur, der ebenfalls fast so gemein ist wie seine Compositionen, die sich durch besonders wohlklingende Titel auszeichnen (und an die starken Wohlgerüche, deren sich manche Leute bedienen, erinnern).

Herzheim erschien in Benehmen und Haltung so gentlemanlike, als wie ein „Geborener" nach englischen Begriffen; er gefiel der Lady Turfplay, er gefiel Evelinen, selbst ihrer jüngeren Schwester, der stolzen Hortensia, und da er mit den Damen musicirte, und sie daher keinen Wunsch äußerten, ins Theater zu gehen, was immer Geld kostete, so gefiel er auch dem Sir Turfplay, und ward immer freundlich aufgenommen und immer aufgefordert, bald wieder zu kommen. Und er kam so oft, als er es nur mit der Schicklichkeit vereinbar fand; er lebte nur in dem Gedanken an Eveline; immer tiefer prägte sich ihr Bild in sein Herz, und seine Leidenschaft wuchs um so mehr, als er ihr keinen Ausdruck zu verleihen wagte; er durfte ja auch nicht. Eveline war immer freundlich, ja gütig, aber auch so ruhig, so ehrfurchtgebietend; wie hätte er es über sich gewonnen, diesem engelgleichen Wesen gegenüber auch nur ein andeutendes Wort der Leidenschaft fallen zu lassen? nur wenn er am Klaviere saß und sie vor ihm stand, dann sprach er in Tönen zu ihr, und sie — schien ihn zu verstehen; ihr Blick ward ernster, träumerisch, ruhte manchmal auf ihm, und ihre Züge nahmen einen unendlich weichen, milden Ausdruck an. Doch das änderte sich in dem

Augenblicke, wo seine Musik endete; und er — schwieg und
duldete. Es war ein Glück, daß zu jener Zeit die
Saison ihrem Ende nahe war und die Concerte abnah=
men, denn ihm wäre das **öffentliche** Musiciren bald
ganz unmöglich geworden; wo sie nicht war, da fand
er auch keine Musik; die Tasten, die er berührte, klangen
ihm hohl und bedeutungslos, nur in ihrer Nähe erwachte
das Gefühl, das die Töne zu einem Gebilde vereinigte.

Man möge jedoch nicht glauben, daß die Leidenschaft
unseres kühnen, ehrgeizigen Freundes sich **nur** in unsinn=
lichen Träumereien bewegte, daß der Gedanke an die
Geliebte ihm schon allein genügte, daß kein anderer in
seiner Seele auftauchte, daß nicht die stolze Hoffnung,
Evelinen einst die Seine nennen zu dürfen, ihm vor=
schwebte. Es gab Momente, wo der nüchterne Verstand
durchaus in seine Rechte treten wollte, und mit der
Frage: Was soll dabei herauskommen? — vor Herrn
Herzheim rückte, und wo dieser trachtete, Rechenschaft zu
geben von seinen Gefühlen und Gedanken. Er blickte
auf seine bisherige Laufbahn zurück. Noch vor wenigen
Monaten saß er in einem Dachstübchen und darbte, ein
Unbekannter, fast Hoffnungsloser. Heute war sein Name
ein in Europa berühmter; es hing nur von ihm ab,
auch Reichthümer zu erwerben. Er hatte es so weit
gebracht, selbst in England eine höhere gesellschaftliche
Stellung zu erlangen, als sie sonst einem Musiker
erreichbar schien. Bei der Gunst, deren er sich überall
erfreute, bei seinen großen Verbindungen und bei seinem

bisherigen Glücke war es nicht unmöglich, eine Stufe
zu erklimmen, auf der mit ihm zu stehen selbst die
Tochter eines adeligen Hauses sich nicht schämen durfte.
Orden, Ehrentitel, ja die Erhebung in den Adelstand
waren nicht unerreichbar für einen, der in so kurzer
Zeit großen und auch verdienten Ruf erlangt hatte.
Und daß hochgeborene Damen eine eheliche Verbindung
mit Künstlern eingingen, gehörte auch nicht mehr zu den
unmöglichen Fällen. Hatte doch Döhler eine russische
Gräfin geehlicht, und steht doch der größte Virtuose
unseres Jahrhunderts im Begriffe, sich mit einer Fürstin
zu vermählen! Warum also sollten Evelina's Eltern
nicht einwilligen, daß sie die Gemahlin eines Mannes
würde, der zu den Ersten in seiner Kunst zählte, der
sich durch sein Talent zu einer hohen Stellung emporgeschwungen hatte? Und wird die Geliebte nicht freudig
einem Künstler die Hand reichen, der durch die Liebe zu
ihr das Höchste erreicht hatte, Ruhm und Ehren? Wird
sie nicht ebenso gerne seinen Namen tragen wollen, als
das Loos so vieler schönen Mädchen aus gutem Hause
theilen, die unvermählt verblühen oder endlich nach
langem Warten sich entschließen, eine Ehe unter ihrem
Stande einzugehen? Und hatte sie nicht schon, wenn
auch nie durch ein Wort, doch durch manchen Blick merken
lassen, daß ihr die Huldigungen des Tonkünstlers nicht
gleichgiltig waren?

So trug sich Herzheim mit stolzen Hoffnungen.
Noch hatte er — obwohl seine Beziehungen zu Fräulein

Turfplay täglich freundlicher wurden — nicht gewagt, Evelina ein Wort von seinen Gefühlen, von seinen Hoffnungen zu sagen. Er wartete einen günstigen Moment ab. Er wollte zuerst von jenen beiden Künstlern und ihren ehelichen Verbindungen sprechen, und in dieser Weise seine Erklärung einleiten. Doch er wartete vergeblich. Evelina war nie allein; ja er konnte sie zuletzt fast nicht mehr sehen; die season ging ihrem Ende entgegen und die Familie war fast jeden Abend geladen, kehrte spät und müde nach Hause, empfing oft niemanden während des Tages. Herzheim duldete unsäglich, aber er schwieg und wartete. Und das Glück schien ihn besonders begünstigen zu wollen. Sir und Lady Turfplay, die sich entschlossen, die Stadt etwas früher als gewöhnlich zu verlassen, luden ihn ein, sie auf ihrem Landsitze zu besuchen; und Evelina zeigte sich so erfreut, ihn bald, und wie sie sagte, mit weniger Störung als in der Stadt zu sehen, daß sein Herz wohl mit den seligsten Hoffnungen erfüllt sein konnte.

34. Capitel.

Das Schwinden eines Traumes und das Beginnen eines neuen.

„Und Dorothea," wird der Leser fragen, „wie ging es ihr während der Zeit? War es möglich, daß Herzheim ihrer so schnell vergaß? Konnte er so gewissenlos gegen ein Mädchen verfahren, das ihm ihre schönsten Gefühle weihte, das sich ihm, trotz aller Gefahren, die ihr dabei drohten, vertrauensvoll hingab? Wird ein Mann von Charakter so handeln? Konnte er ohne Scham vor Dorothea treten? mußte er nicht in dem Augenblicke, als er sich der Leidenschaft für Eveline überließ, sein Verhältniß mit Dorotheen lösen? Ist ein solcher Fall, wie ihn der Autor hier erzählt, denkbar, und ist nicht eher anzunehmen, er lasse seiner überreizten Phantasie die Zügel schießen, und diese jage nach Abnormitäten, um sie dann als wirkliche Erscheinungen des Seelenlebens darzustellen?"

Gemach, lieber Leser, schöne Leserin! Die Situation, in der sich unser Herzheim befand, ist allerdings eine eigenthümliche, fast unerklärbare, aber sie ist keine abnorme. Sie ist vom Standpunkte der Moral nicht zu vertheidigen; doch wir beschreiben in diesem Momente keine moralischen Zustände, sondern verkünstelte gesellschaftliche, in welchen eine kräftige, leidenschaftliche Natur sich herumtreibt, die, im Kampfe zwischen Aeußerlichem und Innerlichem, zwischen Sinnlichkeit und Liebe, zwischen Ehrgeiz und besserer Ueberzeugung, noch nicht gelernt hat, das Wahre vom Falschen zu unterscheiden. Herzheim, ein bedeutender Künstler, kämpfte noch vor wenigen Monaten mit Noth und Entbehrung; seine Verhältnisse ändern sich, fast plötzlich; das Glück lächelt ihm; wohin er sich wendet, was immer er unternimmt, es begleitet ihn; er erringt Sieg auf Sieg, und genießt dabei das stolze Bewußtsein, von seinen Principien nicht einen Augenblick gewichen zu sein; er mag also das übermüthige Wort: „Jeder ist seines Glückes Schmied" auf sich anwenden. Da lernt er zwei weibliche Wesen kennen. Die eine, schön, talentvoll, geistreich, dabei von Liebe für ihn erfüllt, fesselt ihn durch Bande der Leidenschaft; die andere erweckt ein Gefühl in ihm, über das er selbst nicht klar werden kann; er weiß nur, daß es kein höheres Glück für ihn gäbe, als ihre Liebe und ihre Hand zu gewinnen; und er bewegt sich nun in dem inneren Widerspruche, an dem manche besserstrebende Menschen leiden, die mit lebhaftem, sinnlich reizbarem Temperamente Sinn für das hegen, was den Forderungen eines solchen Temperaments am fernsten steht: den Sinn für inneres Leben und für Weiblichkeit, und die, während sie von Banden einer wilden Leidenschaft umstrickt sind, das Bild eines edlen, reinen weiblichen Wesens im Herzen tragen. Ihnen ist auch der Musiker zu vergleichen, der bei hoher Begeisterung für die Kunst, dennoch vom Ehrgeize verleitet, dem Beifalle der Menge nicht entsagen kann, und gezwungen ist, ihren Modegelüsten zu schmeicheln. Ist er stark, so wird er siegen, ist er schwach, muß er untergehen.

Als Herzheim nach seinem ersten Besuche im Hause Turfplay Dorotheen wiedersah, bemerkte diese augenblicklich, daß eine Veränderung in ihm vorgegangen war. Doch sie hielt dieselbe für äußere Anzeichen einer Laune,

vielleicht für das Ergebniß eines besonderen, aber vorüber=
gehenden Eindruckes, den eine große Schönheit in dem
impressibeln Tonkünstler zurückgelassen haben mochte. Aber
dieser Veränderung die Bedeutung einer Leidenschaft, die
tiefe Wurzeln geschlagen hatte, zuzuschreiben, war die
Sängerin weit entfernt; um so größer mußte ihr Schmerz
sein, als ihr die bittere Wahrheit klar wurde. Sie hatte
gedacht, durch erneute Beweise ihrer Liebe, durch Freund=
lichkeit, Sanftmuth und Nachgiebigkeit den Geliebten bald
wieder ganz an sich zu fesseln. Aber sie konnte nach
und nach bemerken, welchen Zwang Herzheim sich anthat,
um ihr seine wahren Gefühle zu verbergen, und wie er
es doch nicht immer über sich gewinnen konnte, nicht
zerstreut und theilnahmlos zu erscheinen. Und doch waren
seine Gleichgiltigkeit, seine Zurückhaltung ihr weniger
schrecklich, als die Momente, wo seine ehemalige Leiden=
schaft für sie wieder zu erwachen schien. Dann warf
er sich ihr zu Füßen, bedeckte ihre Hände mit Küssen,
sprach in süßen Worten zu ihr, gab sich ganz den zärt=
lichsten Gefühlen hin; und ach! im nächsten Momente
stand er wieder dumpf und verdrossen da, wie einer, der
sich selbst mit Vorwürfen foltert. Wie theuer büßte sie
den süßen Rausch der wenigen Tage, da er nur für
sie lebte, den süßen Taumel, den sie nicht bereuen konnte
noch wollte!

Aber auch auf Herzheim lastete dieser Zustand uner=
träglich; täglich wurde ihm die Fessel dieses Verhältnisses
zu Dorotheen drückender, sah er mehr ein, daß er sie

nicht länger tragen durfte, und doch fühlte er sich kraft=
los, sie zu sprengen. Hätte die Primadonna ihn mit
eifersüchtigen Vorwürfen, mit Launen quälen wollen, so
hätte er die passende Gelegenheit zum Bruche bald ge=
funden. Aber gegenüber dem stummen Schmerze, der
fast kindlichen Demuth, die sie ihm gegenüber zeigte, war
er verlegen und rathlos; und wenn er auch dem Tage ent=
gegenharrte, an welchem die Trennung geschehen mußte,
wenn er auch sehnlich irgend einen Zwischenfall herbei=
wünschte, der diese Trennung vielleicht beschleunigen konnte,
so beschlich ihn doch immer eine gewisse Angst bei dem
Gedanken an dieselbe; denn es ahnte ihm, daß dann der
Schmerz des gekränkten, beleidigten Mädchens hervor=
brechen würde, und er wußte nicht, was er ihren Vor=
würfen entgegensetzen konnte; er fühlte sich schuldig.
Und so verging ein Tag um den andern, bis er an
seinem Zustande, an den Widersprüchen der Gefühle in
seinem Busen fast eine Art von selbstquälerischem Gefallen
fand, und nicht bedachte, oder sich nicht eingestehen mochte,
wie weit wohl die Befriedigung seiner Eitelkeit an der Angst
vor dem Bruche mit Dorotheen betheiligt war! Gar viele
sogenannte Rücksichten für andere entspringen aus der
Eigenliebe, und der Mensch, dessen Schifflein auf
dem stürmischen Meere der Leidenschaften
herumtreibt, vergißt, nach dem Compasse
der Wahrheit zu blicken!

Müde und abgespannt saß Herzheim eines Abends
in seinem Zimmer. Er hatte wenige Stunden zuvor

in einem Concerte den glänzendsten Erfolg errungen.
Sein außerordentliches Talent, das Dämonische seines
Vortrages, seine mächtige Technik hatten sich vielleicht
noch nie so siegreich entfaltet; alle seine Nebenbuhler
mußten zurücktreten vor solcher Leistung, mußten aner=
kennen, daß er der Löwe der season sei! Und doch
— alle diese Gedanken vermochten nicht das Gefühl
wieder zu erwecken, das ihn manchmal erfüllte, als
er noch oben in dem kalten Dachstübchen saß, wo
wir ihn zuerst erblickt haben! Kaum sechs Monate waren
seither vergangen, er hatte Triumphe gefeiert, seine kühnsten
Hoffnungen verwirklicht gesehen, und doch — warum
seufzte er unwillkürlich, als er an jenen muntern, ge=
sunden Herzheim zurückdachte, der mit erstarrten Fingern
um ein Uhr nach Mitternacht noch an seinem Quartette
feilte, und in dessen Gehirn kein anderer Gedanke Raum
fand, als: ich will ein großer Künstler werden!? Warum
suchte er vergebens seine Phantasie zu einer Composition
zu begeistern, die er damals so mühelos schuf, als der
Graf von Starkenhof vor seiner Thür entzückt den Klän=
gen des armen hungernden Künstlers horchte? Warum
schwieg die Muse? Herzheim rief seinen Diener — er
hatte bereits seinen eigenen Diener — ließ die Lampe
anzünden, versuchte ein begonnenes Concertstück zu
vollenden — es ging nicht; er setzte sich an's Klavier
und wollte improvisiren; das mißlang auch. Er sprang
auf, ging heftig bewegt im Zimmer auf und ab, saß
wieder vor dem Instrumente nieder und raste in den

Tasten. Umsonst! Seine musikalischen Ideen waren, gleich den anderen Gedanken in seinem Kopfe, ohne Ruhe, ohne Klarheit, ohne Zusammenhang. Er ließ die Hände sinken, starrte eine Weile vor sich hin. „Nein," rief er endlich in leidenschaftlichem Tone, „es geht so nicht, es geht nicht! Das muß ein Ende nehmen, je eher, je lieber, ich muß zu Dorotheen, muß ihr sagen —"

„Hier ist sie selbst," erklang eine Stimme hinter ihm, „sprich, Eduard, was hast Du mir zu sagen?" Es war Dorothea. Herzheim sprang vom Stuhle auf, er war so verwirrt, daß er kein Wort hervorzubringen vermochte.

„Warum bist Du so erschrocken?" frug die Sängerin in mildem Tone. „Ich kam hierher. Dein Diener ließ mich unangemeldet herein, er dachte nicht, daß ich Dir unwillkommen sein würde; ich hörte Dir erst eine Weile zu, denn ich wollte Dich in Deinen Träumereien nicht stören; doch die wilden Worte, die Du so eben ausriefst, legten mir die Pflicht auf, Dich anzureden. Was willst Du mir verkünden? Doch bevor Du mir etwas sagst, laß mich Dir eine Nachricht mittheilen und eine Frage an Dich richten. Ich habe vom Prinzen einen Brief erhalten; er will in den nächsten Tagen ganz incognito hier eintreffen; der Tag der Trennung, den Du, wie ich wohl weiß, lange wünschtest, ist nahe, ganz nahe. Sage, Eduard, doch bedenke Dich wohl, bevor Du mir bestimmt antwortest — willst Du mich zum Weibe nehmen?"

„Dorothea!" rief Herzheim erschrocken, und unwillkürlich entschlüpften ihm die Worte: „Welche Zumuthung!"

„Ich wußte wohl," entgegnete die Sängerin sanft, indem sie die Thränen, die hervordrangen, zurückhielt: „daß mein Vorschlag Dich überraschen — vielleicht beleidigen würde. Doch höre mich ruhig an. Du bist ein großer Künstler, und Dir steht die Welt mit ihren Genüssen offen. Doch Du fühlst auch, daß sie Dir nicht Das zu bieten vermag, was Du wünschest, daß Du, der Componist, dessen Beruf ihn an seine Wohnung fesselt, auch in Deinem häuslichen Leben Annehmlichkeiten finden mußt, von denen die Salons und die glänzenden Gesellschaften nichts wissen. Du mußt heirathen, und Deine Gemahlin darf nicht bloß die brave, tugendhafte Hausfrau abgeben, sondern sie muß auch die würdige Gefährtin des glänzenden, berühmten Künstlers sein können; das verlangt dein Ehrgeiz, und mit Recht. Ein bürgerliches Mädchen, und wäre es noch so liebenswürdig und gebildet, kann diese Vorbedingung nicht erfüllen, denn sie wird in den Kreisen, welche Dir offen stehen, keine Aufnahme finden, und wird von den nobeln Herren, die Dich besuchen, vornehm ignorirt werden, wenn ihre Schönheit nicht eine besondere Anziehungkraft ausübt, und Deiner Ruhe bittere Stunden bereitet. Eine Adelige aber wird Dich nie glücklich machen können; sie wird vielleicht den glänzenden, ruhmumstrahlten Künstler, den Mann, dem so viele Frauenherzen entgegenschlagen, lieben, oder vielmehr zu lieben vermeinen, aber der staubgeborne

Menſch wird ihr nie höher erſcheinen, und in dem Augenblick, wo der Nimbus der Mode zu ſchwinden beginnt, den allein ſie zu ſchätzen vermag, wird ſie den Abſtand der Geburt merken, und Dich ihn unwillkürlich fühlen laſſen. O ſieh mich nicht ſo ungläubig an, Eduard! ich bin vom Theater, ich kenne die Beziehungen mancher unſerer berühmten Sänger oder Schauſpieler zu den großen Damen beſſer, ich weiß, was ſie im Augenblick der Begeiſterung, wenn ihre Phantaſie erhitzt iſt, fähig ſind, wie ſie in Liebe zu vergehen ſcheinen, und wie ſie dann, wenn der Taumel verraucht iſt, gleichgiltig und kalt auf Den herabblicken, der ſich in dem Gedanken, die Liebe einer hochſtehenden Dame gewonnen zu haben, ſo unendlich glücklich fühlte. Ja, und ſelbſt wenn die hochgeborne Frau eines Künſtlers ihre Zufriedenheit darin ſuchen würde, Freud' und Leid ihres Mannes zu theilen, muß nicht ſeine Stellung ihrer Familie und der adeligen Geſellſchaft gegenüber — und wäre ſein Ruhm noch ſo groß — eine untergeordnete, demüthigende ſein? War das Mädchen arm, ſo wird man ihn bei jeder Gelegenheit fühlen laſſen, daß es doch immer die höchſte Ehre für ihn war, eine Tochter aus hohem Hauſe ehelichen zu dürfen; und war ſie reich, nun ſo iſt er ja von vornherein ein freiwilliger Sklave. Nein, Eduard, was Du als ein Glück betrachteſt, wird, wenn Du es je erlangteſt, Deiner Ruhe, ja vielleicht Deiner Laufbahn Gefahr bringen. Ich allein, das fühle ich, kann Dir ein treues Weib ſein; ich kenne die Welt, und ich weiß, wie man ihr imponiren muß; ich bin selbst eine berühmte Künstlerin, und ich könnte deine Erfolge theilen, ohne ihnen Eintrag zu thun; uns müßte die höchste Gesellschaft Anerkennung zollen auch unserer Persönlichkeit wegen, Dir, dem vollendeten Künstler und Weltmann, mir, der Sängerin, welche Gemahlin eines Prinzen werden konnte, und auf die Erhebung verzichtete, um das Schicksal eines geliebten Künstlers zu theilen, und ihn glücklich zu machen. Ja! ich fühle es, Eduard, Du würdest mit mir glücklich sein! O laß Dich bewegen, werde mein Gatte!"

Herzheim, der die ganze Rede mit unverkennbaren Zeichen der Verlegenheit, selbst der Ungeduld angehört hatte, antwortete auf die letzten Worte: „Was fällt Dir ein, Dorothea! wie soll ich mich jetzt verheirathen, wo ich meine Laufbahn kaum begonnen, wo ich zwar einigen Ruf erlangt habe, aber für meine Zukunft nicht die mindeste Gewähr besitze, wo ich mit meinem Einkommen kaum den momentanen Bedürfnissen, geschweige den Anforderungen einer Haushaltung genügen kann? Du wirst mir doch nicht zumuthen, daß ich mich von den Einkünften meiner Frau ernähre!"

„Nein," entgegnete die Sängerin, „Du sollst einem Weibe nichts verdanken; aber Du sollst suchen, daß in Deiner Nähe ein Wesen lebe, das sich nicht blos Deiner Freude freue und Deine Erfolge mitgenieße, sondern das auch vermöge Dich zu trösten, Deinen Muth zu stärken, Dich zu erheben, wenn ein Unglück Dich befällt, wenn Du leidest, wenn Deine Kraft zu erlahmen droht; und wenn Du auch nicht von den Einkünften Deiner Frau leben sollst, so ist es doch auch besser, daß sie selbst so viel erwerben könne, um die Last des Haushaltes mit Dir zu theilen, als daß die ganze Last auf Dir allein ruhe, und die Frau nur für den Glanz nach außen hin, für das sogenannte Repräsentiren zu sorgen verstehe. Und glaube mir, Dich jung zu verheirathen, wird Dir nicht zu Schaden gereichen; besser ist's, daß der Künstler in jungen Jahren einen eigenen Herd gründe, daß er lerne seine Augen von dem falschen Schimmer nach einem wahren häuslichen Glück zu wenden, als daß er ein gewisses Alter erreiche und sich an ein vagirendes Leben gewöhnt habe, das ihm keine Befriedigung gewährt, und das er doch auch nicht aufzugeben vermag."

„Ei," meinte Herzheim zerstreut — er hatte kaum recht zugehört und nur hie und da ein Wort deutlich vernommen — „wie Du doch heute philosophirst, Dorothea! ich habe Dich nie so schön und so ruhig sprechen hören."

Alles Blut schwand aus dem Herzen der Sängerin, als sie ihre schönsten Gefühle so leichthin behandeln hörte; doch sie bezwang sich.

„Du glaubst," begann sie wieder, „mich heute zum erstenmale so ruhig und so philosophisch reden zu hören, Eduard, weil Du selbst früher mir nicht so ruhig und gleichgiltig gegenüber standest, wie heute; vergiß auch nicht, daß wir uns, so oft wir zusammen kamen, nur mit dem Momente, nie mit der Zukunft beschäftigt haben, daß jedes von sich und von seiner Leidenschaft sprach. Aber heute, Eduard, wo uns die wichtigste Angelegenheit des Lebens zusammenführt, wo wir uns vielleicht ein letztesmal sehen, heute, Eduard, denke ich an nichts, als an Dein Wohl, an Deine Zukunft. Ach, blicke mich nicht so an, als wolltest Du mir zu verstehen geben, daß mein Antrag doch nur meine Wünsche betreffe. Nein, glaube mir, nur die zärtlichste Besorgniß für Dich, die liebevollste Treue konnte mich zu dem Entschluß bewegen, daß ich Dir diesen Antrag stellte. Glaubst Du, ich wisse, ich fühlte nicht, was ein Mädchen unternimmt, wenn sie sich dem Manne zum Weibe bietet? Und doch thue ich es, ich wiederhole: heirathe mich; ich werde Dir ein treues, demüthiges Weib sein, ich werde Dich nie belästigen, Dich nie stören in dem, was Du nach außen hin unternehmen wirst, um Deinen Ruhm zu erhöhen, ich werde Dich nicht mit einem Worte des Vorwurfs behelligen, wenn Du als großer Künstler die Gunst anderer Frauen suchen und finden solltest; weil ich wissen werde, daß Du doch zu mir zurückkehrst; ich will ja nur für Dich sorgen, über Dich wachen, und glücklich leben in dem Gedanken, daß ich Deinen Namen trage, daß wir beide berühmt und geachtet sind."

Das Wort „geachtet" brachte einen eigenthümlichen Eindruck in Herzheim hervor, er näherte sich Dorotheen, ergriff ihre Hand und sprach in mildem Tone: „Dorothea, glaubst Du wirklich, daß wir — geachtet sein werden? Ich will Dir nicht wehe thun, will keine unfreundlichen

Erinnerungen hervorrufen, aber bist Du wirklich so
sicher, daß wir —"

„Ha, ich verstehe," unterbrach die Sängerin den
Künstler, „was Du gerne andeuten möchtest, aber
nicht auszusprechen wagst. Du willst keine zu Deiner
Gemahlin erheben, deren Gunst andere sich erfreut haben?
Wie, wenn ich Dir heute sagte und beschwüre, daß von
allen denen, die als meine begünstigsten Verehrer galten,
keiner es in der That gewesen ist? Wenn ich Dir be=
weise, daß ich in meinem Leben nur einen einzigen
liebte, oder zu lieben vermeinte, der nun im Grabe ruht,
und daß ein anderer, der vielleicht glauben durfte, dessen
Stelle einzunehmen, dies nie mit einem Worte verrathen
darf? Sieh, wie ich zu Dir rede! Kannst Du nicht
einem Mädchen, das nach einem bewegten Leben, in dem
Momente, wo sich ihr die glänzendste Zukunft bietet,
alles aufzugeben bereit ist, um Dir ihr Leben weihen
zu dürfen, mehr vertrauen, als einer hochgebornen wohl=
erzogenen Dame, die vielleicht, von Deinem Ruhme
eingenommen, ein Opfer bringt, ohne das Leben zu
kennen, das sie an der Seite des Künstlers führen muß?
Bedenke: die, welche Du wählen wirst, muß Dich
durch ihre Schönheit oder durch andere besondere Vorzüge
gefesselt haben, denn um des adeligen Namens allein
nimmt Herzheim kein Weib; wird nicht ein Tag kommen
müssen, wo sie denkt, daß sie mit ihren Reizen oder
Geistesgaben, und bei ihrer Abkunft eine höhere Stellung
einnehmen konnte, als jene der Frau eines Musikers, eines

Sklaven der wankelmüthigen Menge, die ihre Gunst bald ihm, bald auch dem weniger Würdigen zuwendet? Und wird in solchen Momenten der Fürst, der ihr seine Huldigungen zu Füßen legt, nicht ein willkommner Tröster sein? Du wendest Dich unwillig ab — o, glaube mir, ich kenne die Welt besser! Die wenigen hochgebornen Damen, welche Künstlern oder überhaupt Männern, die von geistiger Arbeit lebten, ihre Hand reichten, waren keine Mädchen, sie waren Frauen, hatten das Leben in der großen Welt bereits kennen gelernt und mochten nunmehr vielleicht Vergnügen daran finden, in schöngeistigen Genüssen zu schwelgen; aber ein adeliges M ä d c h e n wird ein Künstler nie ehelichen, ohne sich die größte Gefahr zu bereiten. O höre mich an, Eduard!" — und bei diesen Worten fiel Dorothea zu den Füßen des Grausamen, der verlegen und fast ungeduldig vor ihr stand — „höre mich! Du wirst nie wieder ein Weib finden, das Dich liebt wie ich, nie, nie! Nicht die Leidenschaft, deren allein Du mich vielleicht fähig halten mochtest, spricht aus mir, nicht vorübergehender Sinnenrausch fesselt mich an Dich und läßt mich diesen Schritt unternehmen. Nein, es ist das wahre Gefühl der Liebe und das reine Bewußtsein, daß Du in unserer Verbindung, die Dir jetzt eine unbequeme, unvortheilhafte dünkt, einst glücklich sein wirst. O, stoße mich nicht von Dir! Ich verlange ja nicht, daß Du mir jetzt Deine Hand reichest! Ich bitte Dich nur darum, daß Du, was ich Dir sagte, reiflich überlegen mögest, daß Du vor einem Jahre kein anderes Mädchen freiest."

Diese letzten Worte riefen plötzlich in Herzheim die Erinnerung an Evelinen wach, und ihr Bild, das vor dem Erscheinen der trostlosen, leidenschaftlichen Dorothea zurückgewichen war, trat nunmehr wieder lebhaft vor seine Seele. „Nein, Dorothea," rief er, „es geht nicht; was Du verlangst, kann ich nicht versprechen; dringe nicht weiter in mich und gib um meinetwillen nicht das glänzende Loos auf, das sich Dir bietet; doch denke nicht, daß ich Deine Liebe geringschätze." —

Mit einem wilden Schrei sprang die Sängerin auf. „Also habe ich mich doch nicht getäuscht, war meine Vermuthung richtig! Du trägst Dich wirklich mit dem Gedanken, um die stolze, hochgeborene Evelina zu werben?! Ich habe Dich wohl beobachtet, habe geschwiegen, alles erduldet, weil ich glaubte, meine Liebe und Dein Pflichtgefühl würde Dich mir wiedergeben, Du selbst würdest zu mir zurückkehren, würdest die unsinnigen Gedanken, die Dich beherrschen, aufgeben. Aber Dein ungemessener Ehrgeiz verwirrt Deine Sinne und läßt Dich nicht einmal die Schlechtigkeit einsehen, die Du an mir begehst. Nun, so folge Deinem thörichten Stolze! Gehe hin, freie die stolze Engländerin! Sie soll und wird mich an Dir rächen! Ob sich nun Deine übermüthigen Hoffnungen erfüllen mögen oder nicht, ob Miß Turfplay Madame Herzheim werde oder nicht, ich weiß, Du wirst unglücklich werden durch sie! Von mir bist Du frei, und wenn Du getäuscht, gedemüthigt, unglücklich Dich meiner erinnerst, dann lies dies" — sie warf ihm eine Rolle

Papier vor die Füße — „und entscheide, wer Dich wahrhaft treuer geliebt hätte, die hochgeborene, wohlerzogene, makellose, tugendhafte Miß, die Dich allenfalls mit ihrer Hand begnadigt, zu Dir herabsteigt, oder die von niedriger Abkunft stammende, launenhafte, zweideutige Primadonna, die sich bis zu Dir erheben gewollt!"

Sie verschwand. Verwirrt, halb erbittert, halb gerührt blickte ihr Herzheim nach. Fast hätte er sie zurückgerufen. Doch er hörte ihren Wagen rollen und die Sicherheit, daß sie sich rasch entfernte, brachte wieder Ruhe in sein bewegtes Gemüth. Er dachte über die eben vorgefallene Scene nach, und suchte sich einzureden, sie wäre eigentlich nur lächerlich pathetisch gewesen. „Wie kann sie mich beschuldigen," dachte er. „Habe ich mich ihr gegenüber verpflichtet, ein dauerndes Verhältniß mit ihr einzugehen? Wartete sie selbst nicht bereits auf den Prinzen, als ich sie kennen lernte? Was habe ich denn Arges begangen, daß ich zu einem andern herrlichen, edlen Mädchen Liebe faßte, daß ich mich bestrebte, ihr zu gefallen, daß es mir vielleicht theilweise gelang, und daß ich es mir zum höchsten Glücke anrechne, ihrer würdig zu erscheinen? Hätte ich mit Dorotheen gleich brechen sollen? War es nicht die zarteste Rücksicht, wenn ich den Zeitpunkt abwartete, wo sich unser so schnell, doch von vornherein nur auf kurze Zeit geschlossenes Verhältniß von selbst lösen mußte? Konnte ich derartige Ideen in dem Kopfe der Primadonna voraussetzen? Es thut mir leid, herzlich leid um Dorotheen; ich glaube, sie hat mich aufrichtig geliebt!

Aber — soll ich deßwegen die Hoffnung auf mein Lebensglück, auf die glänzendste Errungenschaft meiner Laufbahn, auf den Besitz Evelinens aufgeben?" Und doch konnte er sich einer gewissen Mißstimmung nicht erwehren, eines eigenthümlichen, beängstigenden Gefühls, das die Scene mit Dorotheen in ihm zurückgelassen hatte. Sein Blick fiel auf die Rolle, welche sie hingeworfen hatte. Er hob sie auf, öffnete und las: „Aus dem Leben einer Primadonna." Da er für Lectüre in jenem Momente wenig gestimmt war, sich auch an die Prophezeiung Dorotheens erinnerte, so legte er das Manuscript zu anderen Papieren in seine Mappe. Von dort wollen wir es zur gehörigen Zeit hervorholen.

Am anderen Tage verkündigten die Blätter, daß die berühmte Signora Sommeri, von plötzlichem Unwohlsein befallen, nicht mehr auftreten, London und nunmehr auch die Bühne ganz verlassen werde, um die hohe Verbindung mit dem Prinzen * einzugehen.

Herzheim begab sich auf das Landgut des Vaters Evelinens.

35. Capitel.

Ein englischer Landsitz und englisches Landleben.

In dem südlichen Theile der Grafschaft Kent, eine halbe Meile vom Meeresufer entfernt, liegt Eagleton-

House, des Sir Turfplay's Landsitz. Man darf an dieses Wort nicht den Begriff einer deutschen „Herrschaft" knüpfen. Bei uns, wo bis noch vor wenigen Jahren die Bauern frohnpflichtig und im Dorfe zusammengedrängt waren, finden wir auch das Schloß des Besitzers in der unmittelbaren Nähe seiner Unterthanen. Aber in England, wo der Boden seit undenklichen Zeiten frei, und wo die Untheilbarkeit des Erbguts durch das Gesetz festgestellt ist, haben die großen Grundbesitzer ihr Haus so entfernt als möglich von anderen Leuten gebaut. Dem Fremden, der zum ersten Male durch Ackerbaudistricte Englands reist, fällt die dünne Bevölkerung des überall fruchtbaren Bodens auf, und wenn er so von ferne ein Schloß sieht, das einige Meilen von der Eisenbahn und von allem Menschengetriebe entfernt, ganz isolirt dasteht, so mag er wohl glauben, daß dessen Bewohner das langweiligste Leben der Welt führen müssen.

So ging es auch Herzheim auf seiner Fahrt nach Eagleton-House. Er war an der Eisenbahnstation von dem zweiten Sohne des Baronet Cecil (sprich Sissel), der ihn in einem kleinen einspännigen Wägelchen nach dem Gute zu bringen hatte, erwartet worden. Sie fuhren erst eine Stunde lang durch kleine Dörfer, die mehr aus aneinander gereihten Pachtgehöften gebildet schienen, als aus Bauernhäusern, wie wir sie in Deutschland und Frankreich zu sehen gewohnt sind. Dann kamen sie in einen bebauten Landstrich, wo aber kein Haus stand. „Hier beginnt meines Vaters Boden," sagte der Engländer zu Herz-

heim, „und dort hinter jenem Walde steht das Haus."
Verwundert blickte der deutsche Künstler um sich. Vor
seinen Augen dehnte sich ein fast unübersehbares Korn=
feld aus, das in Deutschland, mit Ausnahme einiger
wenigen Gegenden von Hannover, Mecklenburg und
Holstein, seines Gleichen nicht haben dürfte und dessen
Aehren im reichsten Schmucke prangten. Hier und da
auf einer kleinen Lichtung, und dort, wo an der Wald=
grenze Wiesengrund lag, weideten Schafe. Tiefe Stille
herrschte überall, die nur momentan unterbrochen ward,
wenn irgend ein Farmer vorüberritt. „Guten Morgen,
Sir, sehr warm heute," grüßte er; „sehr warm in der
That," antwortete der junge Turfplay, und damit war
die Conversation zu Ende, und die hohe, kräftige Gestalt,
die sich auf dem starkknochigen, wohlgenährten Pferde
ganz stattlich ausnahm, verschwand auf einem Seitenwege
im hohen Korne oder hinter einem Hügel. Die Sonne
brannte heiß, die Luft war ganz heiter und der Himmel
so tiefblau, wie der von Poeten vielbesungene italie=
nische. Die Landschaft bot ein herrliches Bild des Som=
mers. Der deutsche Künstler war begeistert, der junge
Engländer blieb gleichgiltig und theilnahmlos; einmal
pfiff er ein Liedchen; einmal bemerkte er, wie auf einem
Felde der Weizen im Wachsthume zurückgeblieben war;
einmal horchte er auf den fernen Ruf eines Feldhuhns,
einmal, als der Weg einen steilen Hügel hinanführte,
bemerkte sein scharfes Auge einen schwarzen Punkt zwischen
den Kornähren, den er sofort als eine von Wilddieben

gelegte Schlinge erkannte; diese brachte ihn ein wenig aus seinem Gleichmuthe; aber nach einigen Kernsprüchen und Betrachtungen über die mangelhafte Gesetzgebung in Bezug auf Wilddieberei nahm er wieder die ruhige, selbstständige und männliche Haltung an, die man nirgends findet als bei den jungen Engländern aus guter Familie und die unsere anglomanen Junkerleins sich wohl zum Muster nehmen sollten. Wäre Herzheim in jenem Momente nicht ganz von dem einen Gedanken erfüllt gewesen, daß er Evelinen wiedersehen werde, hätte er den jungen Mann genau beobachtet, der neben ihm saß und bei aller Freundlichkeit in seinen Reden doch ein gewisses von-sich-fern-halten zu beobachten verstand, hätte er gemerkt, wie jener von allem möglichen in sehr kurzen Sätzen sprach, von Musik, von Opern, vom Wetter, von der See und von Reitpartieen, selbst von Wissenschaftlichem; wie er aber vermied, von Persönlichkeit des Adels zu reden, und selbst darauf bezügliche Fragen ausweichend beantwortete; als wäre ein Klavierspieler nicht der Mann, mit dem ein Turfplatz über englische Aristokratie reden könne, so würde unser Freund vielleicht ernsthafte Betrachtungen über das Unternehmen angestellt haben, mit einem solchen jungen Herrn, der doch nur die allgemeine Gattung vertrat, als ein Freier der Schwester, also als einer, der sein Schwager werden will, verkehren zu wollen!

Der Weg zog sich in die Länge, die Hitze wurde drückender, Cecil Turfplatz fand es zu ermüdend, zu

reden; er lenkte von der Hauptstraße nach einem
Wäldchen, wo der Schatten zwar einige Kühlung bot,
das Wägelchen dagegen über ein so schlechtes Geleise
holperte, daß Herzheim es vorzog, zu Fuße zu gehen.
„Schlechter Weg, nicht wahr," bemerkte sein Gastfreund,
„das Pferdchen ist auch müde, nun, hier ist ein Pfad,
der führt Sie direct nach der Hauptstraße vor dem
Hause, schlagen Sie denselben ein, und erwarten Sie
mich am Schlagbaume;" er nickte freundlich, pfiff dem Pony
zu und überließ den Künstler seinem Schicksale.

Kaum war dieser ihm aus dem Gesichte, da hielt
er an, band das Pferd an einen Baum, und lief nach
einem rechts im Dickicht versteckten Gehöfte, wo ein Flur=
schütze wohnte. Dem theilte er die Entdeckung der im
Felde gelegten Schlinge mit, beauftragte ihn, sich Abends
zu verstecken und wo möglich den Wilddieb zu entdecken,
und eilte dann wieder zum Pony zurück, der sich in=
dessen am jungen Laube erlabt hatte.

Herzheim verfolgte den angedeuteten Pfad und über=
ließ sich süßen Träumereien, anstatt besonnen über die
Haltung nachzudenken, die er bei seinem schwierigen Unter=
nehmen beobachten sollte; es ging ihm wie allen Ver=
liebten; diese haben das vor anderen Leuten voraus,
daß sie überall einen Anknüpfungspunkt für ihre Gefühle
finden; im Menschengewühle denken sie an die „Eine,
Einzige", weil sie unter dem lärmenden Haufen doch
keine sympathetische Seele finden; und in der Einsam=

keit, ach! da läßt sich's ja erst recht an sie denken, da erscheint ja ihr Bild doppelt schön!

Unser Freund mochte ungefähr eine halbe Stunde gegangen sein, als plötzliches Hundegebell seine Gedanken wieder auf die Außenwelt richteten. Ein prachtvoller Neufundländer sprang ihm — dem Anscheine nach nicht in der freundlichsten Absicht — entgegen, doch eine Stentorstimme rief noch zur rechten Zeit: „zurück, Hektor," und wies Herzheim an: „Bleiben Sie nur ganz ruhig stehen, wenden Sie sich nicht wie zur Flucht, dann wird der Hund auch keinen Schritt mehr gegen Sie thun." Herzheim that wie ihm geheißen; ein Mann im Jagdanzuge trat aus dem Dickicht und blickte verwundert auf den Künstler, der als Fremder sich in dem Walde erging. Dieser wartete nicht ab, daß eine Erklärung über sein Erscheinen verlangt wurde, sondern nannte seinen Namen und den Zweck seines Kommens. „Ah!" rief der Mann, „sind Sie der Musiker, den man hier erwartet? Es wurde schon seit mehreren Tagen hier von Ihnen gesprochen, und Miß Evelina hat uns zweien Ihre Ankunft verkündigt. Das ist ihr Hund, er begleitet mich fast immer, sonst ein ganz gutes Thier, nur im Walde nicht immer angenehm; ich bin ein Verwandter und Freund des Hauses, Major Philips, ein großer Verehrer der Musik, der sich sehr freut, Sie so à l'impromptu kennen zu lernen. Die jungen Herren sind nach der nächsten Landstadt, der Baronet prüft ein Füllen. Kommen Sie, ich will Sie nach einem Orte führen, wo Sie den

hübschesten Anblick auf das Haus und auf dessen Um=
gebung genießen werden." Und mit diesen Worten schritt
der freundliche Mann vor ihm her. Schon nach wenigen
Minuten gelangten sie an eine Lichtung des Waldes und
Herzheim war entzückt von dem Anblicke, der sich
ihm darbot. Vor ihm lag eine große, rasenartige
Wiese, rechts und links von Alleen begrenzt, die wohl
aus den Ausläufen des Waldes gebildet worden waren.
Am Ende derselben stand das schloßähnliche Gebäude
auf einem Hügel, der etwas tiefer als der Punkt lag,
wo der Beschauer sich befand. Rechts ab vom Hause
dehnten sich die Kornfelder, eingefriedigt von Hecken,
die von der Ferne als dunkle Streifen erschienen;
links hart am Hause begann der Garten mit mannig=
fachen herrlichen Blumenbeeten und den verschiedenartigsten
Wasserkünsten, deren Strahlen lustig in der Sonne glänz=
ten; hinter dem Hause lag ein Nadelholzwäldchen, das
eine schöne Einfassung des alterthümlichen Gebäudes
abgab; an dem Ende dieses Wäldchens, dort, wo sich
der Boden bis zu den tiefliegenden Kornfeldern herabzu=
senken schien, glitzerte etwas wie ein Silberschild. „Das
ist das Meer," erklärte der Führer dem Künstler, und
bemerkte mit Wohlgefallen das Entzücken, welchem sich
dieser hingab; „nicht wahr, 's ist hübsch hier; ja, ich
bin schon weit gereist, und habe schon viel schöne Länder
gesehen, aber unser England hat doch auch herrliche,
ruhig=schöne Punkte; und dabei ist's so comfortable."

Während er so sprach, hatte Herzheim das Haus

selbst mit größerer Aufmerksamkeit betrachtet, das, obwohl ohne im eigentlich einheitlichen Style gebaut zu sein, doch mit seinen Säulen, Balkonen und Giebeln von ferne ein sehr stattliches Ansehen hatte. In dem ersten Stockwerke standen einige Fenster offen; dort bewegten sich weibliche Gestalten; eine andere saß am Fenster und zeichnete — es war Evelina, das Auge des Liebenden erkannte sie augenblicklich; doch neben ihr schien ein Mann zu stehen; er bückte sich zu ihr herab; Herzheim fühlte sein Blut wallen; er eilte einige Schritte vorwärts, um genauer zu sehen, ohne zu bedenken, wie auffallend dies seinem Führer erscheinen mußte; ja! er hatte sich nicht getäuscht; es war ein Mann, die beiden schienen sich angelegentlich miteinander zu unterhalten, dann stand Evelina auf und die Gestalten verschwanden, es flimmerte vor Herzheim's Augen; doch beherrschte er sich zur rechten Zeit, auch erschallte von ferne die Stimme des jungen Wagenlenkers, der am Schlagbaume seiner harrte. Er eilte hin; der Major, der in dem kleinen Wägelchen keinen Platz gefunden hätte, ging indessen nach dem Hause. In dem Momente, als Herzheim daselbst mit dem Bruder Evelinens anlangte, erblickte er diese mit ihrer Mutter und Schwester an dem unteren Saalfenster, mit ihnen einen Mann; des Künstlers erster Blick fiel auf diesen, und er mußte im Innern über sich selbst lachen: der Gesellschafter der Damen war ein in Jahren bereits vorgerückter Herr mit grauen Haaren, mit sehr vornehmen Zügen und vortrefflicher

Haltung; ein Earl, der Träger eines altberühmten Namens, aber keiner, der als Freier eines jungen, blühenden Mädchens zu fürchten sein konnte. Fröhlich sprang Herzheim aus dem Wagen, die Diener kamen herbei, wiesen ihm die vorbereiteten Zimmer an und trugen sein Gepäcke hinauf; er eilte, sich umzukleiden, um den Damen aufwarten zu können. Sein Herz war seliger Hoffnung voll.

Als Herzheim nach dem Speisesaal kam, wo das zweite Frühstück (lunch) aufgetragen war, fand er den ältesten Sohn des Hauses allein daselbst vor dem mit kalten Braten und Pasteten überladenen Tische stehend. „Wir haben den Imbiß vor Ihrer Ankunft eingenommen," meinte er lächelnd, „da der Earl*, der uns besuchte, wegfahren muß, es ist aber genug für Sie und Cecil übrig gelassen worden. Und nun bedienen Sie sich, help Yourself! Mein Bruder wird gleich kommen; ich gehe nach einem nahegelegenen Pachthofe, wo wir eine kleine Brauerei angelegt haben. Guten Morgen." Und damit verließ er Herzheim, dem vielleicht in jenem Momente gar keine Gesellschaft viel lieber gewesen, als die des Wagenlenkers Cecil, der sich mit der kurzen Frage: „Sind Sie hungrig?" neben ihn setzte und alsbald eine Kaninchen-Pastete mit einer Virtuosität zerlegte und verschwinden machte, die man, mit dem dazu nothwendigen Appetite, nur auf einem englischen Landsitze erlangt. Doch müssen wir, der Wahrheit getreu, berichten, daß der junge Engländer von keinem Gerichte eher für sich nahm, bevor er es dem Gaste

schweigend angeboten hatte und daß er, nachdem das lunch
vorüber war, mit großer Höflichkeit frug, ob er Herrn
Herzheim das Haus, die Stallung und den Garten zeigen
dürfe, und daß er das Amt des Wegweisers mit vielem
Anstande durchführte. Bei dieser Gelegenheit faßte unser
Freund zum erstenmale einen Begriff von dem, was
man das Innere eines großen Haushaltes nennt; und
wenn er auch nie rechnen und berechnen gelernt hatte,
so konnte er doch ahnen, daß die verschwenderischsten Aus=
gaben eines viel erwerbenden Künstlers und das Bestreiten
dessen, was eine Tochter aus adeligem Hause in England
zu den gewöhnlichsten Bedürfnissen zählt, noch so weit
auseinander liegen, daß zwischen den beiden Ausgangs=
punkten noch die zur Erhaltung einer anständigen Bürger=
familie nothwendige Summe Platz fände. Doch wie
sollte ein junger verliebter Künstler so etwas beachten?
Herzheim bezwang seine Ungeduld Evelinen wiederzusehen,
und hörte Cecil Turfplay's genealogische Beschreibung
der verschiedenen Pferde mit anscheinend großer Aufmerk=
samkeit an, wodurch er in der Meinung des andern
nicht wenig gewann; er ließ sich über die verschiedenen
Gattungen Weizen unterrichten, die da auf einem Felde
hinter dem Obstgarten zur Probe gepflanzt worden waren;
geduldig wie ein Lamm ließ er sich durch die Sonnen=
hitze nach einem Nebengebäude führen, wo sich verschie=
dene Handwerker in immerwährender Thätigkeit für
den Bedarf des Hauses befanden, und wo eben
ein Wägelchen für Lady Turfplay zum Alleinfahren

zusammengestellt wurde; und als der junge Herr ihn frug, ob es ihn wohl interessire, den kleinen Fasanerie- und Repphuhn-Park zu besehen, den der Baronet im verflossenen Jahre angelegt hatte, da verbarg der arme Musiker so gut es ging seine Mattigkeit — er konnte kaum mehr auf den Beinen stehen — und äußerte großes Verlangen, noch eine halbe englische Meile weit nach dem bezeichneten Orte zu gehen. Endlich nach zwei Stunden war die Tortur zu Ende, Mr. Turfplatz jun. führte den Gast nach dem Bibliotheksaale. „Hier," erklärte er, „finden Sie allerhand Bücher der verschiedensten Gattung; der Vater hat erst vor einiger Zeit von seinem Onkel einen Zuwachs geerbt; hier werden auch, wenn fremde Gäste anwesend sind, die Morgengebete gesprochen. Und nun will ich sehen, ob Mama schon angezogen ist. Vor dem Essen, um halb 7 Uhr, habe ich das Vergnügen, Sie wieder zu sehen; guten Tag, Herr Herzheim." Während er fortging, dachte er sich: für einen Musiker ist dieser Deutsche wirklich wohlerzogen genug. Unser Freund eilte erschöpft auf sein Zimmer, warf sich ermüdet auf ein Sopha. „Lieber eine Doppelfuge in „motu cancrizante" componiren," rief er, „als wieder eine solche Tour mitmachen." Er schlief bis die Glocke zum erstenmale läutete und verkündigte, daß die Zeit zur Toilette für das Mittagessen gekommen sei. Eine Viertelstunde darauf sah er Evelinen; Abends musizirte er, entzückte alle durch seine Kunst, wie durch seine vortreffliche Haltung; er war wieder ganz er selbst, sobald er sich im Salon befand,

wo er sich als Künstler präsentirte; nur draußen im
Felde hatte er sich unbehaglich gefühlt; und er hörte mit
geheimem Grauen, wie der Hausherr davon sprach, am
nächsten Morgen einen nahe liegenden Maierhof zu be=
suchen, wo eine Mustervieh=Wirthschaft eingerichtet worden;
„ich bin verloren, wenn sie mich einladen, mitzugehen,"
dachte er; glücklicherweise rettete ihn Lady Turfplatz durch
die Aufforderung, mit ihr und den Töchtern auf dem
Teiche zu fahren, und dann etwas Musik zu machen;
und der Baronet stimmte bei. Der entzückte Künstler
merkte gar nicht, daß man seine Anwesenheit gleich be=
nutzte, um auf die wohlfeilste Art zu Lectionen für die
Töchter zu gelangen; er dachte nur, daß er morgen
eine Stunde mit Evelinen verbringen würde, und ging
überglücklich, ohne einen vernünftigen Gedanken fassen zu
können, zu Bette.

Acht Tage flogen vorüber wie ein Traum. Unser
Freund lernte ein Leben kennen, von dem er nie eine
Ahnung besessen hatte, das Leben auf einem englischen
Landsitze. Diese Regelmäßigkeit, verbunden mit der
größten Ungebundenheit, diese strenge Beobachtung gewisser
Regeln des äußeren Gebahrens, die aber jedem Einzelnen
so geläufig scheint, daß er sich ganz behaglich dabei be=
wegt; die unendliche Liebenswürdigkeit der jungen Damen,
die gegenüber den Männern einen freien Anstand be=
wahren, der als das sicherste Zeichen des Bewußtseins
des eigenen Werthes und der Hochachtung, die sie genießen,
betrachtet werden muß; alles dies muß dem anständigen

Fremden, der es zum erstenmale sieht, als etwas erscheinen, was er in allen anderen Ländern nicht findet, weil auch die materiellen Grundbedingungen fehlen. Selbst manche Gebräuche, die anderswo als lästiger Zwang betrachtet würden, verlieren ihr Fremdartiges noch in den ersten Tagen und üben die den englischen Gebräuchen eigenthümliche Assimilationskraft auch auf den Ausländer aus. Manchem Deutschen oder Franzosen wird es ungewohnt vorkommen, daß jeden Morgen nach dem ersten Schellen der Glocke die Familie sowie das sämmtliche Hausgesinde sich zum Gebete versammeln, und daß von ihm als Gast vorausgesetzt wird, er werde nicht dabei fehlen, wenn ihn nicht Verschiedenheit der Religion abhält; daß der Hausherr eine Erklärung über irgend ein Capitel aus dem Evangelium liest, und hierauf alle Anwesende in die Kniee sinken und Gebete verrichten; er, der Fremde, wird vielleicht einige Zweifel in die Aufrichtigkeit der religiösen Gefühle hegen, welche hierbei an den Tag gelegt werden; aber schon nach wenigen Tagen wird ihm diese Zusammenkunft einer ganzen Hausgenossenschaft als religiöse Gemeinde, sowie die strenge Beobachtung des Sonntages als etwas sehr Ehrwürdiges erscheinen, das jedenfalls bessere Früchte im Leben trägt, als das zerfahrene und einestheils stadtmodisch-elegante, anderntheils lärmend ungebundene Wesen, das in Deutschland und Frankreich mit dem Worte Landleben bezeichnet wird. Selbst die unvermeidliche weiße Cravatte beim Mittagessen, das strenge Verbot gegen das Rauchen im Hause wird nach kurzer Zeit allen

22*

Schein des Zwanges verlieren; denn wenn man alle Umgebenden ein und dasselbe thun sieht, so wird man sich nur dann behaglich fühlen, wenn man ihrem Beispiel folgt.

Ja, es ist ganz unbeschreiblich schön und angenehm das Leben auf einem englischen Landsitze! — natürlich für den Herrn und seine Gäste, nicht etwa für den Lehrer und für die Gouvernante; — es ist so schön, daß man darüber leicht zum completen Egoisten wird. Denn wenn man sich so mitten in den Bequemlichkeiten und Annehmlichkeiten aller Art befindet, wenn Geist und Körper immer bei gesundester Nahrung erhalten werden, wenn man die Menschen um sich so leben sieht, als kennten sie nichts Besseres, als das, was sie ihr Eigen nennen, wenn der Blick nichts begegnet, als Schönheiten der Natur oder Pracht, und Luxus menschlicher Erfindung, wenn man keine Unglücklichen auch nur zu Gesicht bekommt, nur wohlgenährte und lebenslustige Menschen, dann verlernt man es ganz zu begreifen, daß vielleicht in dem Momente, wo man sich, wenn auch nur als Mitgenießender, glücklich fühlt, in einer Entfernung von wenigen Stunden Hunderte bleicher abgezehrter Fabrikarbeiter, in elenden kellerartigen Wohnungen verkrochen, in elender, von Kohlendampf vergifteter Luft ein elendes Leben fristen, und ihre Kinder mit Laudanum einschläfern, um sie den Tag über nicht ernähren zu müssen. Und man lernt das Mitgeschöpf, das nicht so leben kann, wie sich's auf einem englischen Landsitze lebt, nicht blos bedauern, sondern zuletzt gar auch verachten; und der Anblick des Elenden, der schlechte Kleider trägt und unreinlich aussieht, erregt zuletzt nicht Mitleid, sondern Widerwillen. Davon steht freilich nichts in englischen Romanen und Zeitschriften. Dort ist alles schön. Der hochgeborne Sir E. L. Bulwer, der es bis zum Minister gebracht hat, darf doch seinen Standesgenossen nichts Unangenehmes zu lesen geben. Wenn er schon einen Unglücklichen schildert, so muß es wenigstens ein Lord sein, oder ein Lump. Selbst Thackeray, der so weit über Bulwer steht, wie die wahre Menschenkenntniß über falscher gleißnerischer Sentimentalität, wagt es nicht vor seinen Lesern, von dem Bilde des Elendes die Decke wegzunehmen, unter welcher es den Augen der Großen in England verborgen bleibt. Und Boz=Dickens, der es versucht hat, ist als „vulgar" (gemein) bei der bessern Gesellschaft verschrien; nur der kleinere Mittelstand bezeichnet ihn als den Freund der Armen (the poor man's friend). So hörte ihn der Verfasser in London öfters nennen; er gesteht jedoch aufrichtig, daß auch ihm Boz' Romane keine besondere Achtung einflößten und ihm den Ausdruck der Aristokratie oft unwillkürlich in's Gedächtniß riefen. Scheint es doch, als ob die Armuth in England etwas so Erniedrigendes sei, daß schon ihre Beschreibung auf Styl und Ausdrucksweise, selbst des talentvollsten englischen Autors, zurückwirkt!

Derartige Betrachtungen kamen unserem Freunde Herzheim natürlich nicht in den Sinn; er schwelgte im Entzücken. Zwar hatte er für seine Pläne auch nicht das Mindeste thun können; doch dafür ward er fêtirt wie

ein Herzog. Täglich kamen neue Gäste in's Haus Turf=
play, um den großen Künstler, dessen Preis die
Zeitungen der Hauptstadt verkündigt hatten, kennen zu
lernen und zu bewundern. Der Hausherr überhäufte
ihn mit Liebenswürdigkeiten; die Söhne, die Herzheim
gleich nach den ersten Tagen seines Aufenthaltes für
einen kapitalen Kerl (capital fellow) erklärt hatten,
zeigten sich ihm immer freundlicher und zutraulicher.
Und Eveline, die er zwar nur wenige Minuten sprechen
konnte, — sie war ja immer von Gästen umgeben —
Eveline saß, so oft er spielte, möglichst nahe bei ihm,
lächelte ihm holdselig zu, und als er nach einem Vor=
trage, welcher die Gesellschaft entzückt hatte, ihr zuzuflüstern
wagte, daß alle seine Begeisterung ja nur von ihr komme,
da erröthete sie sanft und schlug die Augen nieder, und
gab so den schönsten Hoffnungen neuen Muth.

36. Capitel.

Herzheim gewinnt einen lieben Freund und verliert eine schöne Hoffnung.

Der Leser möge jedoch nicht glauben, daß unser
Freund bei all' den Triumphen, die er in Eagleton-
House feierte, nur als Salonmensch lebte, und daß
er der Kunst untreu geworden sei; daß er vielleicht

ganz und gar übersehen hätte, wie er jene Triumphe hauptsächlich seinem Rufe in den Zeitungen und nicht seiner Kunstleistung verdankte; daß er nicht fühlte, wie die meisten Leute, die da kamen, um ihn zu bewundern und zu preisen, gar nichts von Musik verstanden. Auch war ihm nicht unbemerkt geblieben, wie selbst Evelinens Geschmack ein verdorbener war, wie sie an schalem, süßelndem Zeuge oder an Phantasien über Verdi'sche Motive den meisten Gefallen fand; er mochte hierüber manchmal in Verzweiflung gerathen, und tröstete sich nur mit der Hoffnung, es werde ihm gelingen, den Geschmack des geliebten Mädchens zu läutern. Wir müssen ihm die Gerechtigkeit widerfahren lassen, daß es Momente gab, wo er sich von der glänzenden Gesellschaft weit weg wünschte und wo es ihm klar zu werden begann, daß die englische Aristokratie unter allen Künstlern den Tonkünstler am wenigsten schätzt, wenn sie auch vielleicht gerade ihn am besten bezahlt. Aber er gedachte eben durch sein Wirken und durch das Gelingen seines kühnen Planes auch dem Musiker in England eine höhere Stellung zu verschaffen; und wo Ehrgeiz und Liebe zusammentreffen, hat die Vernunft keinen Platz.

Nach solchen Momenten innerer Kämpfe zwischen demüthigenden Gefühlen und hochstrebenden Entwürfen unterhielt sich Herzheim am liebsten mit seinem Führer im Walde, dem Major, zu welchem er in ein freundschaftliches Verhältniß getreten war. Das freie, offene Wesen dieses Mannes, das mehr eine Eigenthümlichkeit deutschen als englischen Nationalcharakters ist, seine umfassende, durch Studien und vielfältige Reisen erworbene Bildung, seine Liebe zur Musik, hatten den Künstler mächtig angezogen, und auch der Soldat fühlte Theilnahme für den jungen Deutschen, dessen tüchtige, moralische Anlagen er besser zu schätzen verstand, als die andern Besucher des Hauses. Sie unterhielten sich gleich am ersten Abende lange mit einander, es fand ein rascher Ideen= austausch statt, und es bildete sich ein sehr freundschaft= liches Verhältniß zwischen ihnen; die Damen bezeichneten die beiden lächelnd als „die Verliebten", weil sie so oft allein bei einander saßen oder zusammen in jenem Walde spazieren gingen.

Dem Major, dem feinen Beobachter der Menschen und Verhältnisse, konnte die Liebe Herzheim's nicht lange verborgen bleiben, wenn dieser sie auch mit keinem Worte verrieth und auch glauben mochte, daß niemand eine Ahnung davon besäße. Als bescheidener, rücksichtsvoller Freund vermied jener, die zarte Angelegenheit zu be= rühren; doch wartete er die Gelegenheit ab, mit dem jüngern Freunde darüber zu sprechen und diesem seine Ueberzeugung und seinen Rath mitzutheilen.

Es mochten ungefähr zehn Tage seit der Ankunft Herzheim's auf dem Landgute verflossen sein; er war während dieser Zeit bei anderen hohen Herren zum Besuche geladen gewesen und hatte sogar bei der Her= zogin X. gespeist, was alles in den Zeitungen mit der gehörigen Umständlichkeit berichtet worden war. Sir

Turfplay hatte ihn ausdrücklich gebeten, noch einige Tage bei ihm zu verweilen; der Engländer war sehr vergnügt, in seinem Hause einen Gast zu besitzen, um deffentwillen die ganze hohe Gesellschaft aus der Umgegend nach Eagleton-House kam, der also zum Amusement so viel beitrug. Die gute Lady Turfplay war entzückt, daß der liebe Herzheim ihrer Evelina und ihrer Hortensia hie und da eine Unterweisung am Piano gab. Den Söhnen war es ganz recht, daß der „kapitale Bursche" so viel junge Damen in's Haus zog, mit denen sie sich ganz gut unterhielten. Es war abgemacht worden, daß er noch etwa acht Tage bleiben sollte; nach diesem Zeitpunkte sollten die meisten Glieder der Familie, auch Evelina, das Gut verlassen, um einige Besuche bei entfernter wohnenden Verwandten abzustatten; dann wollte er nach dem Continente zurückkehren.

Es blieb also nur noch kurze Zeit, sein Vorhaben auszuführen, er mußte einen raschen Entschluß fassen; und es schien sich eine günstige Gelegenheit zu bieten. Der Schwarm der fremden Gäste hatte sich zerstreut, es waren für den nächsten Tag keine neuen angesagt noch geladen. Lady Turfplay hatte sich am Abende zuvor in freundlichst theilnehmender Weise mit ihm unterhalten, ihn um seine früheren Schicksale und seine nunmehrigen künstlerischen Pläne befragt, und die bedeutsamen Worte gesprochen: „Sie müssen sich verheirathen und eine englische Frau nehmen." Leider war es nicht möglich gewesen, diesen glücklichen Moment zu benützen; denn eben als er der hohen Dame sein Herz öffnen wollte, traten Fremde heran, und das Gespräch mußte unterbrochen werden. Doch hatte sich Herzheim fest vorgenommen, den nächsten Tag nicht ohne eine Entscheidung für sein Schicksal vorübergehen zu lassen.

Aber was sind des Menschen Vorsätze! Gerade dieser wichtige Tag mußte vorübergehen, ohne daß unser Freund auch nur einen Versuch anstellen konnte, seinen heißesten Wunsch mit Einem Worte kundzugeben. Lady Turfplatz litt den ganzen Morgen an Kopfschmerzen und kam vor dem Mittagessen nicht zum Vorschein; der Baronet war am Morgen weggeritten; auch vermied er gern, über Hausangelegenheiten zu verhandeln und überließ dies immer seinem ältesten Sohne. Selbst Evelinen zu sprechen war unmöglich; sie wartete der Mutter und befand sich auch nicht in guter Laune, hatte beim Briefschreiben das Dintenfaß umgeworfen und ihre Mappe mit Dinte übergossen, worüber sie ganz trostlos klagte. Die letzte Hoffnung Herzheim's, daß er während des Spaziergangs, der gewöhnlich nach dem Mittagessen im Garten gemacht wurde, einen Moment Gehör bei Lady Turfplatz finden werde, schlug auch fehl. Denn gerade, als die Familie vom Tische aufstand, kam ein junger Mann angesprengt, der sofort als Cousin Albert allgemein begrüßt ward und die Lady nicht mehr verließ, und diese hatte noch dazu Evelinens Arm genommen.

Der neu Angekommene war ein honourable Master *,

Sohn eines Lords, im dritten Gliede mit einer herzoglichen Familie und im zweiten mit dem alten Earl verwandt, der an dem Tage, als Herzheim anlangte, die Familie Turfplay besucht hatte und seither mehrere Male, wenn auch nur für kurze Zeit, wiedergekommen war. Seine — des Honourable — Schwester war an einen Marquis verheirathet, seine Mutter gehörte durch ihre Mutter zu den besten Familien Englands. Das alles legte die Hortensia Turfplay dem Musiker mit solcher Genauigkeit dar, als hätte sie es behufs einer Prüfung auswendig gelernt. Der Honourable war übrigens ein bekannter guter Reiter und Schütze, sonst aber ein ganz ungeschlachter Junker. Er nickte Herzheim, der ihm vorgestellt wurde, vornehm zu und nahm weiter keine Notiz von ihm.

Zum ersten Male, seitdem er in Eagleton-House war, sah sich der Künstler ignorirt; die Familie scharte sich um den Cousin; dieser war der Mittelpunkt der Unterhaltung; Herzheim, der niemanden zu amüsiren hatte, ward vergessen. Man bat ihn zwar „um etwas Musik", hörte aber nicht zu. Der Cousin schwatzte laut, und die Söhne unterhielten sich angelegentlich mit ihm; selbst Evelina widmete ihm mehr Aufmerksamkeit als der Musik, wenn sie auch hier und da nach dem Klaviere blickte; nur der Major, der mehrere Tage abwesend gewesen, nun aber wiedergekommen war, um zu sehen, wie es seinem Freunde ging, war ganz Ohr. Herzheim litt unbeschreiblich. Bei jeder anderen Gelegenheit hätte er dem unhöflichen Schwätzer seine Meinung in entschiedenen Worten gesagt oder wäre, ohne zu Ende zu spielen, vom Instrumente weggegangen, aber die Rücksicht für die gastfreundliche Familie hielt ihn zurück, er bezwang sich; nur verließ er, sobald sein Vortrag zu Ende war, die Gesellschaft und ging auf sein Zimmer.

Am anderen Morgen nach dem Frühstücke schlug der Cousin, dessen Diener mit zwei Pferden und Gepäcke angekommen war, Evelinen und deren Brüdern eine Reitpartie vor, auf die mit Freuden eingegangen wurde. Der Baronet ließ Pferde satteln, Cousin Albert überreichte Evelinen eine sehr schöne Reitgerte als Geschenk, worüber sie ganz entzückt war; Jeder eilte sich umzukleiden. Da Herzheim nicht reiten konnte, so erging selbstverständlich an ihn keine Einladung zur Theilnahme; doch proponirte ihm Sir Turfplay, mit der Lady auszufahren; sie sollten dann an einem bestimmten Orte mit den Reitern zusammentreffen. Dieser Vorschlag erschien unserem Künstler wie vom Himmel gesandt; man kann sich denken, mit welcher Dankbarkeit er ihn annahm.

Es blieben ihm beiläufig noch zwei Stunden bis zur Spazierfahrt; Lady Turfplay hatte sich zurückgezogen und wollte zur Zeit erscheinen. Er ging im Garten umher und dachte an das, was er ihr sagen sollte. Eine ungeheure Aufregung bemächtigte sich seiner, als er den entscheidenden Moment herankommen sah, und es ward ihm erst klar, welch' ein Unternehmen er durch=

zuführen wagen wollte. Und doch wußte er Gründe zu finden, vor denen alle Besorgnisse schwanden. Er war zwar ohne Vermögen, ohne Rang; aber Eveline hatte auch kein Vermögen zu erwarten, und die höchsten, einem Künstler erreichbaren Ehren zu erlangen, fühlte er Muth, ja die Sicherheit in sich. Hatte sich doch die Familie Turfplay selbst überzeugen können, mit welcher Hochachtung er von der stolzesten Aristokratie Europa's behandelt worden war. „Ja!" sprach er vor sich hin, „ich will vor die Mutter hintreten und will ihr sagen: gib mir zwei Jahre Zeit, und ich komme dann als einer wieder, dessen Hand anzunehmen sich selbst deine Tochter nicht zu schämen braucht; ja, ich werde glücklich sein." Er eilte nach dem Hause, wollte die Lady um Erlaubniß, daß er sich ihr vorstelle, bitten lassen; als er aus dem Garten trat, erblickte er den Major, der ihn an der Thüre zu erwarten schien. Jetzt erst erinnerte er sich, daß dieser, obwohl im Hause anwesend, nicht beim Frühstück gewesen war.

„Halloh, Herzheim, wohin so eilig mit gerötheten Wangen?" frug der Freund. „Ich wußte, daß eine Reitpartie vorgeschlagen werden würde, und da ich nicht dabei sein wollte, bin ich am Morgen auf die Jagd gegangen, und absichtlich zu spät nach Hause gekommen. Ich frug bei Lady Turfplay an, sie ist unwohl."

„Wie, ist die Lady leidend?" meinte Herzheim, „ich will doch hinauf gehen, und auch nach ihrem Befinden fragen."

„Nehmen Sie sich keine vergebliche Mühe; sie liegt auf dem Sopha und schlummert; wenn ihre Migräne sie befällt, dann nimmt sie irgend ein homöopathisches Mittelchen und ruht; in einer Stunde ist sie wohl besser. Was sagen Sie zu diesem Cousin Albert? Ist's nicht ein verd — ungeschlachter Bursche?"

„Ja wohl," entgegnete Herzheim, „und ich muß Ihnen sagen, es bedurfte gestern meiner ganzen Selbstbeherrschung, und meiner Achtung für die Familie, deren Gast ich bin, daß ich diesem hochmüthigen Junker nicht zu verstehen gab, wie ungezogen er sich benommen hat."

„Hm! es ist jedenfalls besser, daß Sie nichts dergleichen gethan haben. Sie würden selbst in den Augen der Familie im Unrecht geblieben sein. Er ist einmal der Sohn eines Lord, gehört zum hohen Adel, und Sie — sind ein ausgezeichneter Künstler, ein Gentleman, aber ein professional. In der Wahl zwischen Euch beiden durften die Turfplay nicht schwanken; Sie würden sich sehr uncomfortable gefühlt haben. Und glauben Sie ja nicht, daß irgend jemand Ihre Partie ergriffen hätte. Der Kerl ist ein famoser Tänzer und Reiter und ein heirathsfähiger junger Mann —"

„Würde Eveline ihn heirathen?"

„Nein, weil er nicht Geld genug hat —"

„O, sollte Eveline um des Geldes willen —"

„Nein," unterbrach der Major den Freund, „um des Geldes willen allein gewiß nicht, aber nicht ohne

Geld. Miß Eveline wird keinem reichen Cottonlord*) ihre Hand reichen, sie wird, wie jede Engländerin von guter Familie, eher unverehelicht bleiben, als unter ihrem Stande heirathen, oder eine Ehe mit einem Ebenbürtigen eingehen, der nicht Vermögen genug besitzt, sie standesgemäß zu erhalten. Ein Herzog kann eine Bankierstochter zu seiner Gemahlin erheben, der umgekehrte Fall wird nie eintreten. Erinnern Sie sich noch des jungen, hübschen Hedley, der mit dem schönen Viergespann in London herumkutschirte?"

"Ja wohl."

"Nun sehen Sie, der Mann ist aus guter Familie, ist sehr reich, und hat eben die schöne Lady X. geheirathet, die fast arm zu nennen und schon über die erste Jugendblüthe hinaus ist. Trotz seiner guten Herkunft, seines Geldes, ihrer Armuth, ihrer fünfundzwanzig Jahre, wäre die Ehe dennoch nicht zu Stande gekommen, weil Lady X. aus viel höherer Familie stammt als Hedley, hätten sich nicht ein paar von seinen Verwandten in's Mittel gelegt, und aufgefunden, daß vor hundert Jahren ein Herzog so und so eine Dame Hedley geheirathet hat, daß also der Freier im fünfundzwanzigsten Grade mit herzoglichen Familien verwandt ist. Das ist lächerlich, wie so manches in unserem Lande; aber liebster Freund, wie unser Land einmal organisirt ist, müssen wir die

---

*) Cottonlord, Spitzname für reiche Baumwollwaarenfabrikanten.

Aristokratie zu erhalten suchen, und eher Die zu uns erheben, die uns kräftigen können, als die Grundsätze außer Acht lassen, auf denen die Institution beruht. Nicht die Tugenden eines Volkes allein machen seine Stärke aus, sondern auch das Festhalten an seinen nationalen Gebräuchen, und wären es selbst Untugenden. *) Wir, der englische Adel, sind eine politische Körperschaft, nicht bloß eine gesellschaftliche Kaste, wie euer deutscher. Euer Almanach de Gotha ist ein Quark gegen unser peerage."

„Und glauben Sie," sprach Herzheim — der von dieser Abhandlung wenig gehört hatte, und nur seinen eigenen Gedanken gefolgt war — „daß Eveline nicht —"

Der Major trat auf den Künstler zu, und ergriff theilnehmend dessen Hand.

„Mein lieber Freund," sagte er, „ich weiß, was Sie sagen wollen. Lassen Sie es lieber unausgesprochen. Ich habe Sie errathen an dem Tage, als wir von der Wiese auf das Schloß herabschauten, und Sie nach dem Fenster blickten, wo Evelina saß. Es ist besser, daß niemand etwas von Ihren Entwürfen und Plänen ahnet. Denn auch nur eine Ahnung wäre hinreichend, Sie dem allgemeinen Hohn und Spotte — verzeihen Sie dem Freunde diesen harten Ausdruck — auszusetzen und Ihre Carrière in England für immer zu verderben.

---

*) Ob dieser Grundsatz richtig ist, will der Verfasser nicht erörtern, aber daß er ein englischer ist, dafür kann er bürgen.

Betrachten Sie die ganze Angelegenheit als den schönen Traum eines Künstlers, und leben Sie wieder Ihrer Kunst; in ein paar Monaten haben Sie sich alles aus dem Kopfe geschlagen."

„Aber wie sollte niemand etwas von meinen Gefühlen ahnen," frug Herzheim, „hat nicht noch vor wenigen Abenden Lady Turfplatz mir mit bedeutsamem Blicke gerathen, ich solle mich mit einer Engländerin vermählen, und konnte sie dies gesagt haben, ohne meine Leidenschaft für Evelina —"

„Die Lady denkt eher, daß Sie von der Wasserscheu befallen sind, als an eine Verbindung mit Evelina denken. Ueber die Anspielung auf eine Heirath will ich Ihnen Aufschluß geben, obwohl ich Ihnen denselben gern erspart hätte. Die Gouvernante Hortensias, das hübsche Mädchen, das, wie Sie gesehen haben werden, eigentlich nur etwas besser als eine Dienerin behandelt wird, ist von ziemlich guter Herkunft, die Waise eines indischen Capitains; sie hat jetzt eine Erbschaft von dreitausend Pfund gemacht, ist in Sie verliebt, und da faßte die gute Lady den Plan, Euch zusammen zu bringen, und meint Wunder, was das für eine gute Partie für beide Theile wäre! Sie wollte mich zuerst bereden, die Angelegenheit zu vermitteln, doch ich habe mich dafür bedankt, und nun gedachte sie selbst ihre Ueberredungskunst zu entfalten. Daher die Anspielung."

„Und", rief Herzheim verzweifelnd, „weiß Evelina hiervon? Sie, die meine Gefühle kennt, war sie im Stande, den Plan einer solchen Verbindung zu billigen?"

„Parbleu! Ganz gewiß! Evelina weiß zwar, daß Mr. Herzheim in sie verliebt ist, und sie freut sich dessen herzlich, denn sie ist eine Evastochter; sie ist dem Mr. Herzheim auch recht gut, soweit überhaupt Miß Turfplay einem musician gut sein kann und darf; aber daß dieser musician daran denkt, um sie zu freien, wird sie nicht einmal glauben, wenn man es ihr versicherte; sie wird ihn für zu vernünftig halten. Uebrigens will ich Ihnen etwas vertrauen: Evelina ist Braut, wenn dies auch erst nach der Abreise der Familie von hier bekannt werden soll —"

„Wie!"

„Ja wohl, Braut, und zwar mit dem Earl of *, den Sie ja öfter, wenn auch immer nur auf flüchtige Besuche, gesehen haben werden."

„Wie! Mit diesem Graukopfe!"

„Mit demselben! Der Earl ist sehr reich, aus sehr altem Hause. Er hat von seiner zweiten verstorbenen Frau keine Kinder, von seiner ersten ist nur ein Sohn und Erbe, der Lord *, geblieben. Evelinens und seine Söhne werden also immer noch Sir, ihre Töchter Ladies sein; wo findet sich eine ähnliche Partie für die arme Miß Turfplay? Die ganze Familie war außer sich vor Freude über den hochehrenden Antrag, und die Sache wird nur so geheim betrieben, damit der Verbindung kein Hinderniß von Seiten der Angehörigen und Ver-

wandten des Earl entgegengestellt werde. Ihnen sag ich's
im Vertrauen, damit Sie sich um so schneller resigniren
mögen. Doch stille! Da kommt Lady Turfplay! Fassen
Sie sich, Herzheim! Muth, mein Junge! Auch ich habe
geliebt — ein schönes, engelgutes Mädchen, das meine
Gefühle theilte, — aber sie war eine Lady, und ich ein
bloßer, nicht einmal ein reicher Sir; die Eltern gaben
die Verbindung nicht zu, ich verließ England, schlug
mich mit den Buschmännern am Cap herum, und Anna
— — sank in's Grab — — doch stille!"

Als Lady Turfplay herangekommen war, erschrak sie
über die auffallende Blässe Herzheim's, und wollte ihre
homöopathische Apotheke bringen lassen, um ihm ein
Mittel daraus zu suchen. Er dankte und bat um die
Erlaubniß, sich auf sein Zimmer zurückziehen und am
anderen Tage nach der nächsten Stadt fahren zu dürfen.
Er schützte vor, an einem fast alljährlich wiederkehrenden
Fieber zu leiden, das wohl durch die ungewohnte reichliche englische Kost und durch die Aufregung seines Londoner Aufenthaltes diesmal sich früher als sonst zeigte,
und zu dessen Heilung er der Aufsicht eines Arztes bedürfe. Die Lady bedauerte ihn herzlich; die jungen Leute,
als sie nach Hause kamen, waren sehr besorgt um ihn, und
schickten öfter hinauf, um sich nach seinem Befinden zu erkundigen. Im Ganzen aber war es ihnen doch lieber,
daß er sich nach der Stadt begeben wollte, als daß er
in ihrem Hause krank würde. Der Major blieb bei ihm.
Am anderen Tage reiste Herzheim ab, zuerst nach dem

nächsten Städtchen, und von dort nach Dover. So endete
der Traum.

An einem und demselben Tage verließen zwei Musiker
England: Horst, der verkommene, tief gefallene, ver-
zweifelnde, von Gott und Menschen verlassene Horst;
und Herzheim, der berühmte, hochgeehrte, siegreiche Herzheim. Das Meer war so ruhig, so spiegelglatt, daß sie
beide keine körperlichen Beschwerden von der Reise fühlten.
Aber wer, ohne sie persönlich zu kennen, das moralische
Leiden auf ihrem Antlitz sah, wer sie beobachtete, wie
sie verzweifelnd in die Leere starrten, der konnte wohl
nicht unterscheiden, wer von ihnen der verkommene Horst,
und wer der berühmte Herzheim war.

„Die stolze Engländerin soll mich an Dir rächen!"
hatte Dorothea gesagt!